Monika Barz · Herta Leistner · Ute Wild
Hättest du gedacht, daß wir so viele sind?

sanfte verschwörerinnen

es hat etwas von verschwörung in diesem land,
von frauenliebe in der kirche zu reden;
über die vorbereitung zum atomtod dagegen
darf ganz offen gesprochen werden.

ute wild

Monika Barz,
Herta Leistner, Ute Wild

Hättest du gedacht, daß wir so viele sind?

Lesbische Frauen in der Kirche

Mit einem Vorwort von
Marga Bührig und Else Kähler
und Beiträgen von Bernadette J. Brooten
und Gisela B.
unter Mitarbeit der Schreiberinnen von
Berichten, der Beantworterinnen von
Fragebogen und vieler Frauen, die mithalfen
und mitdiskutierten

Kreuz Verlag

CIP-Kurztitelaufnahme der Deutschen Bibliothek

Barz, Monika:
Hättest du gedacht, daß wir so viele sind?: Lesb.
Frauen in d. Kirche/Monika Barz; Herta Leistner:
Ute Wild. Mit e. Vorw. von Marga Bührig und Else Kähler
u. Beitr. von Bernadette Brooten u. Gisela B. H.
Unter Mitarb. d. Schreiberinnen von Berichten,
d. Beantworterinnen von Fragebogen und vielen Frauen,
d. mithalfen u. mitdiskutierten. – 1. Aufl. – Stuttgart:
Kreuz Verlag, 1987
ISBN 3-7831-0849-7
NE: Leistner, Herta:; Wild, Ute:

© by Dieter Breitsohl AG
Literarische Agentur Zürich 1987
Alle deutschsprachigen Rechte
beim Kreuz Verlag Stuttgart
1. Auflage
Kreuz Verlag Stuttgart 1987
Umschlaggestaltung: HF Ottmann unter
Verwendung einer Zeichnung aus der »Mater Verborum«
(Prag), 13. Jh.
Das Bildmotiv auf dem Umschlag und die Abbildung
auf Seite 158 wurden dem Buch »Mystik und Minne« von Eva Schirmer,
Elefanten-Press, 1984, entnommen.
Gesamtherstellung: Clausen & Bosse, Leck
ISBN 3 7831 0849 7

Inhalt

Vorwort 9
von Marga Bührig und Else Kähler

Unser Schweigen wird uns nicht schützen
Einleitung 13

Kapitel 1
Hättest du gedacht, daß wir so viele sind?
Lesbische Frauen erzählen von sich 25
Warum soll ich in einer Nische leben?
Frau A, Diakonin 32
»Da sind Sie doch endlich nicht mehr so allein...«
Frau B, Pfarrerin 36
Inkonsequent? – Ich bin immer noch unterwegs
Frau C, Theologin 40
Den Sog des »Normalen« überwinden
Frau D, Pfarrerin 44
Lesbischsein und Kirche – das schien mir doch zu abwegig
Frau E, Juristin 48
Lesbischsein – ein Nicht-Thema.
Frau F, Lehrerin 55
Lesbische Liebe – Sünde oder nicht?
Frau G, Studentin 65

Kapitel 2
Die Frauenbewegung verhalf mir zur Sprache
Politische Dimensionen lesbischer Existenz 75
Die politische Brisanz lesbischer Existenz 75
Kirche und lesbische Existenz 77
Feminismus und lesbische Existenz 78
Erziehung zur Heterosexualität 81
Heterosexualität als politische Institution 85
Frauenbeziehungen 88
Schlußbemerkungen 92

Kapitel 3
Die Bemühungen gingen in Richtung Heterosexualität
Erfahrungen lesbischer Frauen mit Beratung und Therapie
von Gisela B. 95
Was hat sich geändert? 101
Unsere Kritik und Ansprüche an Psychotherapie 103

Kapitel 4
Darum lieferte Gott sie entehrenden Leidenschaften aus
Die weibliche Homoerotik bei Paulus
von Bernadette J. Brooten 113
Weibliche Homoerotik in der griechisch-römischen Welt 116
Die Verurteilung weiblicher Homoerotik bei Paulus ... 126
Folgerungen und Implikationen 135

Kapitel 5
Meine Schwester, meine Braut, kostbarer ist mir deine Liebe als die Liebe der Männer
Die Suche nach frauenliebenden Vorschwestern in unserer
christlichen Frauengeschichte 139
»Geistliche Freundschaft« in klösterlichen Gemein-
schaften vom frühen Christentum bis zum Mittelalter .. 145
   Homoerotische Freundschaft unter dem Klerus 145
   Freundschaft unter Frauen im frühen Christentum ... 148
   Eine Theologie der Freundschaft aus dem
   12. Jahrhundert 151
   Frauenliebe im Kloster: Liebesdichtung von Nonnen 153
   Hildegard und Richardis, eine geistliche Freundschaft 162
   Minnedichtung im Beginenhof und in der höfischen
   Gesellschaft 167
   Geistliche Freundschaft bei Teresa von Avila 171
   Das Kloster als alternative Lebensform für Frauen
   im Mittelalter 173
Passionsgeschichte von Frauen 177
   Verurteilung von Frauenbeziehungen durch Kirchen-
   männer im Mittelalter 177
   Mittelalterliche Bußbücher und sexuelle Beziehungen
   unter Frauen 178
   Mittelalterliche Theologen zu Frauenbeziehungen
   nach Römer 1,26 179

*Verfolgung lesbischer Liebe im Zusammenhang mit der
Verfolgung von Ketzern und Hexen* 181
Die Bestrafung lesbischer Liebe als Kapitalverbrechen 182
*Das Christentum reflektiert eine gesellschaftliche
Einstellungsänderung – verursacht sie jedoch nicht* . . 184
*».. . und man soll sie, der gemeinen Gewohnheit nach,
mit Feuer vom Leben zum Tod richten«* 187
Romantische Freundschaft und Liebe zwischen Frauen
im 18. und 19. Jahrhundert 193

Heute, nachdem du frei entscheiden kannst...
Schlußbetrachtung 207

Anmerkungen 213

Anhang 231
Fragebogen 231
Auszüge aus dem Aktenstück Nr. 179 231
Empfehlenswerte Literatur zum Thema 233
Adressen 234
Die Autorinnen 235

Vorwort

Wir leben seit bald vierzig Jahren zusammen, haben gemeinsam eine Wohngemeinschaft von Studentinnen geleitet und dann mehr als zwanzig Jahre lang in einer Evangelischen Akademie zusammen gearbeitet. Jetzt, in unserem Ruhestand (dies Wort paßt schlecht zu uns), leben wir mit einer dritten, viel jüngeren Frau zusammen, mit der wir auch schon fünfundzwanzig Jahre lang befreundet sind. Auch heute noch können wir sagen, daß die Kraft unserer Beziehung(en) ein (oder der?) tragender Grund unseres Lebens ist. Immer weniger begreifen wir, warum unsere Gesellschaft und unsere Kirchen Ehe und Familie als die einzige von Gott gegebene und gewollte verpflichtende Gemeinschaft ansehen. Unser gemeinsames Leben zu zweit und zu dritt betrachten wir nicht als Ersatz für Ehe und Familie, sondern als eine eigenständige und in einer patriarchalen Welt und Kirche wesentliche und wichtige Lebensform. Für uns selbst ist sie immer wieder neu spannend; sie nötigt uns, beweglich zu bleiben, auf nicht festgelegte Rollen einzugehen und neuen Erwartungen standzuhalten. Es ist uns bewußt, daß unsere gemeinsame Existenz viele Fragen provoziert, aber wir sind nur sehr bedingt bereit, detailliert darauf zu antworten. Die Tatsache, daß wir als Frauen zusammenleben, daß wir uns für diesen Weg entschieden haben und dazu auch stehen, daß wir uns gemeinsam und jede für sich für die Anliegen von Frauen einsetzen, scheint uns genug. Das *ist* bereits eine »politische« Aussage im Sinne einer Herausforderung an eine rein familienbezogene Umwelt. Wie wir unser persönliches Leben im einzelnen gestalten, ist kein Thema für die Öffentlichkeit. Hier denken wir manchmal: Wird heute nicht zu vieles in vermeintlicher Wahrhaftigkeit an die Öffentlichkeit gezerrt?

Damit sind wir bei unserer Schwierigkeit, ein Geleitwort für dieses Buch zu schreiben. Um das zu erklären, müssen wir ein wenig in unsere Geschichte zurückblenden. Wir, Marga Bührig und Else Kähler, wurden im Jahre 1959 gemeinsam in die Arbeit der Evangelischen Akademie für den Kanton Zürich berufen. Vorangegangen war unsere gemeinsame Arbeit im Studentinnenhaus, aber auch gemeinsame theologische Arbeit, ein wachsendes Engagement in der evangelischen Frauenarbeit (Else Kählers Dissertation »Die Stellung der Frau in den Briefen des Apostels Paulus«), die ständige Mitarbeit im Bayerischen Mütterdienst und die Anfrage von dort, doch ganz nach Nürnberg überzusiedeln. Frauen und Männer in der Schweiz, die uns kannten, starteten eine Gegenaktion. So kam es zu der oben erwähnten Berufung. Im Laufe des Gesprächs tauchte dabei die an und für sich verständliche, den »normalen« Arbeits- und Lebensbeziehungen durchaus entsprechende Frage auf: Könnte nicht Else Kähler nach Deutschland gehen und Marga Bührig in der Schweiz bleiben? Uns kam dieser Vorschlag absurd vor, denn für uns stand fest, daß wir zusammenbleiben wollten. Ohne lange zu überlegen, sagten wir also: »Entweder beide oder keine.« Die sehr männlich geprägte und auch fast ausschließlich aus Männern bestehende Wahlbehörde blieb daraufhin bei der Berufung von uns beiden. Was sie dabei dachten, wußten wir nicht. Es interessierte uns im Grunde genommen auch nicht.

Nachdem wir in der Akademie (auf Boldern) während zehn Jahren unter anderem Tagungen mit »homosexuellen Männern und Frauen« – mehr Männern als Frauen – veranstaltet haben, nachdem wir 1980 einen Studienurlaub in Berkeley/Kalifornien verbracht und viele Frauen kennengelernt haben, die sich als »lesbian« bezeichnen, und nachdem wir die Lebensberichte in diesem Buch gelesen haben, fragen wir uns, ob das, was wir 1959 erlebt haben, heute noch möglich wäre, und wir neigen zu einem Nein. Heute würde unvermeidlich die Frage gestellt, offen oder hintenherum: »Sind die nicht lesbisch?«, und heute wäre vermutlich die Unbefangenheit (oder sollen wir sagen: die Naivität), mit der wir damals »entweder beide oder keine« gesagt haben, nicht mehr möglich. Wie würden wir heute antworten? Würden wir sagen: »Ja, wir sind lesbisch«? Wir glauben das nicht, und hier liegt wiederum unsere Schwierigkeit mit diesem Vorwort.

Für uns sind die Wörter »lesbisch« und »Lesbe«, jedenfalls im deutschen Sprachbereich, viel zu stark von Begriffen wie »Andersartigkeit« oder gar »Abartigkeit« gefärbt, und beides wird zentral auf Sexualität bezogen. Da liegen für uns die Grenzen dieser Bezeichnungen. Wir haben uns immer als »normale« Frauen verstanden, die durch ihre Lebensgeschichte zu dieser

Lebensform geführt wurden, die wir nicht gesucht hatten. Uns in ein bestimmtes Schema pressen zu lassen, uns in eine von bestimmten Vorstellungen und Erwartungen fixierte »Minderheit« einordnen zu lassen, hat für uns nie gestimmt und stimmt auch heute nicht. Trotz der wachsenden Solidarisierung mit jüngeren Frauen, die sich selbst als Lesben bezeichnen, können wir auch heute diese Bezeichnung für uns selbst nicht gebrauchen. Sie ist uns zu eng und zu sehr belastet, sie ist mißverständlich. Natürlich wissen wir, daß sie von anderen in bezug auf uns gebraucht wird, und wir tun nichts dazu, das abzuwehren.

Es ist uns klar, daß wir uns von denen, die dieses Buch herausgeben, fragen lassen müssen: Ist das nicht Feigheit? Wir glauben das eigentlich nicht, wir denken eher, hier bestehe ein Unterschied zwischen den Generationen. Eins aber verstehen wir gut, gerade auch in den Lebensberichten auf den folgenden Seiten, nämlich die Not mit und die Angst vor einer weitgehend verständnislosen Kirche. Gemeint ist die Institution, nicht die Kirche als Gemeinschaft von Menschen, die gemeinsam unterwegs sind, herausgerufen aus alten Bindungen und einem engen Rollenverständnis, unterwegs zu einem Miteinander, in dem die Verschiedenheiten zwar nicht eingeebnet, aber nicht mehr mit Macht gekoppelt sind. Weil wir wissen, wie weit wir davon noch entfernt sind, schreiben wir dieses Vorwort. Denen, die jünger sind als wir, wünschen wir, daß sie mit einer neuen Form von Unbefangenheit zu ihren Beziehungen stehen können. Wir wünschen ihnen die innere und äußere Freiheit, in selbstgestalteten, vielfältigen Beziehungen zu leben. Wir Frauen brauchen heute noch viel zuviel Kraft, um eigene Wege gehen zu lernen. Wir und die Welt könnten diese Kräfte für Besseres als für Schuldgefühle, Schleichwege, Selbstzerfleischung und Bekenntniszwang brauchen. In Amerika gibt es eine starke Bewegung von Frauen, lesbischen und »Hetero«-Frauen, die kühn von sich sagen: »Wir *sind* Kirche.« Wir brauchen nicht darauf zu warten, daß uns diejenigen, die heute das Sagen in den Kirchen haben (und das sind mehrheitlich Männer), uns das bestätigen. Wir sind Kirche. In dieser Kirche wollen wir nicht nur die Erfahrungen von Unterdrückung und Diskriminierung miteinander teilen, sondern auch die von Stärke, von »power« und Freude. Wir wollen leben als die, die wir sind. Wenn wir das gemeinsam, solidarisch tun, wird es hoffentlich einmal kein schmerz- und krampfhaftes »coming-out« mehr brauchen, kein Bekenntnis: »Ja, ich bin eine lesbische Frau, ich bin eine Frau, für die die Beziehung zu Frauen an erster Stelle steht.« Lesben sollten sich nicht verteidigen müssen, ihr Leben in Freiheit sollte für sich selbst sprechen dürfen.

Wir sind überzeugt, daß dieses Buch ein wesentlicher Schritt auf dem Wege dorthin ist. Es kann dazu beitragen, den Worten »Frauenliebe« und »Lesbe« etwas von ihrem Schrecken zu nehmen. Wir wünschen denen, die das Jahr 2025 noch erleben werden (vergleiche den Schluß dieses Buches), daß sie dann wirklich in einer Gemeinschaft der Liebe und der Gegenseitigkeit leben können, und für den Weg viel Mut und Freude am Leben.

Marga Bührig und Else Kähler

Unser Schweigen wird uns nicht schützen
Einleitung

»Habt ihr keine Angst, wenn ihr dieses Buch herausgebt?« wurden wir während der Zeit des Schreibens oft gefragt. Es scheint innerhalb der Kirchen offensichtlich ein Risiko zu sein, zur lesbischen Lebensform zu stehen, sie sichtbar zu machen und die damit verbundenen Fragen aufzuwerfen.

»Natürlich habe ich Angst, weil die Verwandlung von Schweigen in Sprache und Aktion ein Akt der Selbst-Entdeckung ist, und dieser Akt scheint immer voll Gefahr«, sagt Audre Lorde, eine schwarze lesbische Dichterin [1].

Es ist Zeit, das Schweigen zu brechen.

Homosexualität ist in den letzten Jahren in den Kirchen zu einem heftig diskutierten und umstrittenen heißen Eisen geworden. Ausgelöst wurde die Diskussion vor allem durch die beabsichtigte und tatsächliche Entlassung eines Pfarrers der Hannoverschen Landeskirche, der sich offen zu seiner Homosexualität bekannte. Es gab zur Frage der Homosexualität Stellungnahmen von Theologen, Juristen, Sexualwissenschaftlern, Betroffenen, Befürwortern und Gegnern. Die meisten dieser Männer reden und schreiben so, als ob ihre Abhandlungen über Homosexualität gleichermaßen Männer und Frauen beträfen, obwohl sie sich einseitig auf männliche Homosexualität beziehen. Einige Autoren [2] geben an, daß sie sich nur mit männlicher Homosexualität befassen. Und so beantwortet dann Helmut Kentler die Frage nach dieser Einengung: »Aufgebrochen ist die Problematik der Homosexualität von kirchlichen Mitarbeitern an der männlichen Liebe, während die lesbische Liebe bisher weder Anstoß erregt hat noch diskutiert wurde; ich wollte nicht etwas problematisieren, was noch gar kein Problem ist.« [3]

Es mag noch kein Problem für die Kirchenleitungen sein,

und das ist eher typisch dafür, daß Frauen in dieser Gesellschaft und damit auch in den Kirchen noch immer nicht ernst genommen werden, ihnen letztlich keine eigene Sexualität zugestanden wird und sie so der Nichtbeachtung anheimfallen.

Für lesbische Frauen ist das aber ein Problem, denn sie leiden an ihrem Doppelleben, am Verschwiegenwerden und am eigenen Schweigen. Wenn die Diskussion um (männliche) Homosexualität in den Kirchen so geführt wird, daß in den Verlautbarungen einfach an alle männlichen Bezeichnungen ein »in« (Mitarbeiter/in, Pfarrer/in) angehängt wird, und man damit meint, auch die Frauen betreffenden Fragen im Griff zu haben, können wir das nicht kommentarlos hinnehmen. Damit wird wieder einmal in der Geschichte von Männern definiert, wie Frauen sind und was ihre Beziehungen bedeuten.

Wir Frauen werden das Schweigen brechen und unseren Standort selbst bestimmen.

Nächstenliebe

Ihr
meine Schwestern und Brüder
im Herrn
übt christliche Nächstenliebe:
singt
betet laut
mit fester Stimme
ich schweige
soll ich mich verstecken
verstellen!
Ihr wundert euch
wie schlecht mir's gelingt
Ich schreie vor ohnmächtiger Wut!
Ich liebte
und werde lieben
das Meine
Gottes Liebe zu bezeugen

Gertrud Hanefeld

Die Nichtbeachtung ist einerseits – oberflächlich gesehen – Schutz für lesbische Frauen, denn so kommen sie nicht in die Gefahr, ihre Arbeitsstelle zu verlieren. Andererseits ist es aber auch eine Diskriminierung. Denn viele lesbische Frauen in den Kirchen erleben sich als gespalten, weil sie in ihren Institutionen und dem, was dort gelehrt wird, nicht vorkommen oder sich abgelehnt fühlen und deshalb ihre Empfindung, ihre Lebensform verstecken. In dem Brief einer Frau heißt es: »Meine Verbindung zur Kirche führt mich zu innerem Gespaltensein. Ich tauche nicht als ganze Person in dieser Kirche auf. Zwischendurch gibt es Phasen, wo ich mich frage, ob es überhaupt wahr ist oder eine Phantasie, ein Hirngespinst. Dann brauche ich Kontakt zu anderen Lesben, um zu sehen, ja, es ist doch wahr, uns gibt es, und es ist keine Einbildung; auch wenn Lesbischsein in meinem Alltag nicht vorkommt. Dieses ›Nicht-Vorkommen‹ schafft für mich Distanz zu Kollegen, Gemeindegliedern, zum Gottesdienst, zur Kirche überhaupt. Es ist eine Steigerung des Nicht-Vorkommens von Frauen in der Kirche.«

Ein gespaltenes und stummes Leben ist ungesund. Es führt dazu, daß wir den Ärger in uns hineinfressen, die Wut gegen uns selber kehren, bis womöglich eines Tages die Schutzdämme brechen und das Aufgestaute in Krankheit, Sucht oder Selbstmord sich Bahn bricht. Es ist demnach auch eine psychische Notwendigkeit, aus dem Schweigen herauszukommen.

Bezeichnend war und ist, daß lesbische Frauen in den Kirchen selbst das Schweigen wahren und die Diskussionen, die Aktionen und die Öffentlichkeit den Schwestern in der autonomen Frauenbewegung überlassen. Im Bereich der Kirchen hüllen sich Frauen, die Frauen lieben und so nicht in die Norm der Frau-Mann-Beziehung passen, in dichte Gewänder des Schweigens. Bei ganz seltenen Gelegenheiten werden solche Verhüllungen abgelegt. Da zeigen sich einige bei einer feministischen Theologie-Werkstatt, als ein Film Frauenbeziehungen thematisiert und zu Gesprächen herausfordert. Oder am Ende einer anderen Tagung weint eine Frau bitterlich, weil sie mit ihrer Lebenssituation als lesbische Frau nicht vorkam. Einzelne Frauen erspüren, daß auch andere in Frauenbeziehungen leben, wagen aber kaum, einander darauf anzusprechen. Und doch sind sich die meisten sicher, daß es viele lesbische Frauen in der Kirche gibt, denn jede kennt noch eine oder vermutet bei anderen...

Wo sind die Frauen? Wo leben sie? Was sind ihre Themen, ihre Fragen? Wie verstehen sie sich selbst? Was sind die Gründe für die Verschleierung, für das Schweigen?

Ein Aufruf an Frauen und Frauenorganisationen in den Kirchen mit der Frage: »Gibt es denn überhaupt lesbische Frauen in der Kirche – wenn ja, so meldet euch doch!«[4] brachte erste Kontakte. Im Jahr 1984 versuchten wir dann im Schneeballsystem, lesbische Frauen im Umfeld Kirche zu erreichen. Wir wollten nicht offen über Zeitschriften, Akademieprogramme und ähnliches zu Treffen einladen. Wir nahmen an, daß bei einer solchen Öffentlichkeit viele Frauen nicht zu kommen wagen. Ein Brief, mit dem das Interesse für Treffen erkundet werden sollte, ging an uns bekannte Frauen mit der Bitte um Weitergabe. Zwei Tagungen mit rund hundert Frauen aus der ganzen Bundesrepublik kamen ein Jahr später zustande. Aufatmen, daß da Schwestern sind, die so etwas organisieren; teils Ärger über die Heimlichkeit, aber auch große Ängste vor dem Sich-Bekennen und Entdeckt-Werden wurden wach.

Sich selbst als lesbisch oder als Lesbe zu bezeichnen fiel und fällt vielen schwer. Frauen lieben Frauen, beziehen sich auf Frauen, auf sich selbst – das geht alles viel besser. Werden dafür aber die Worte »lesbisch« und »Lesbe« benutzt, wächst die Distanzierung, denn da schwingt die politische Bedeutung, das klare Dazustehen bedrohlich ins Privatleben hinein. Susanne v. Paczensky behauptet in ihrer Untersuchung zur Situation lesbischer Frauen in der Gesellschaft: »Die befürchteten Folgen – Rausschmiß, Existenzverlust, Ächtung und ähnliche katastrophale Einbrüche in das bisherige Leben, deren Risiko als wesentlicher Teil der Diskriminierung gilt – treten nur äußerst selten ein und sind noch seltener von Dauer.«[5]

Nur: Frauen in den Kirchen haben vor Augen, was zum Beispiel in ihren Dienstverträgen steht: »Eine *fristlose Entlassung* ist außerdem zulässig wegen Austritts aus der evangelischen Kirche oder *wegen groben Verstoßes* gegen die besonderen Pflichten und die *Lebensführung* eines kirchlichen Mitarbeiters.«[6]

Und sie hörten, was ihre Kirchenleitungen schon mit Blick auf männliche Homosexuelle entschieden haben[7]. Die Devise heißt: Du darfst homosexuell sein, aber das nicht leben; wenn du nicht freiwillig zölibatär lebst, hast du im Kirchendienst nichts zu suchen. So formuliert ein Ausschuß in seinem Bericht

Einleitung

für eine Landessynode: »Ein homosexueller Mitarbeiter, der nicht bereit ist, die homosexuelle Praxis aufzugeben, bzw. in einer Partnerbeziehung lebt, ist mit Rücksicht auf das biblische Gesamtzeugnis und die verkündigende Wirkung durch das Beispiel von seinem kirchlichen Auftrag zu entbinden, wenn nicht eine eindeutige Erklärung des Verzichtes auf homosexuelle Betätigung erfolgt. Wer diesen Verzicht nicht meint auf sich nehmen zu können, dem ist eine Tätigkeit im kirchlichen Dienst in der Regel zu versagen.«[8]

Das bringt nur wenige dazu zu sagen: »Jetzt erst recht müssen wir sichtbar werden«, und treibt weiterhin in Doppelleben, in Schweigen – es gab ja schon immer Frauen, die mit Frauen zusammenlebten, und niemand hat darüber geredet!

Wenn die Situation in den Kirchen so ist, was hält lesbische Frauen dann noch in der Kirche? Wie sind sie mit ihr verbunden? Und wie erleben sie ihr Verhältnis zur Kirche? Das haben wir unter anderem in einer Fragebogen-Aktion für dieses Buch erkundet[9] und bekamen folgende Antworten:

»Ich bin beruflich mit der Kirche verbunden, und der christliche Glaube ist mir von Kindheit an eingepflanzt und mir als Lebenssinn und Orientierung wichtig.

In meinem Glauben gibt es kein Problem mit meinem Lesbischsein, auch wenn es in der Kirche ›Sünde‹ ist. Ich halte mich an Jesus, der den Umgang mit Außenseitern/innen dem mit frommen Moralisten vorzog und dem die Liebe das wichtigste Kriterium war. In der Kirche wurde mir nie offen etwas über gleichgeschlechtliche Liebe vermittelt. Über Sexualität wurde kaum geredet, es war dazu nur zwischen den Zeilen etwas zu hören, gerade weil nur die Liebe von Mann und Frau thematisiert wurde. Getuschelt haben wir, wenn wir im Religions- und Konfirmandenunterricht in der Bibel Stellen über Sexualität aufstöberten, die dann aber immer von Männern handelten. Und es war uns deutlich, daß das Sünde war (z. B. Sodom und Gomorrha). ›Lesbisch‹ war ein unbekanntes Wort. Da aber immer das Bild von der Ergänzung von Mann und Frau herausgestellt wurde, war schon die alleinlebende Frau nichts Vollständiges und verdächtig. Also erlebe ich mich in jeder Hinsicht nicht dem traditionellen kirchlichen Menschenbild entsprechend.«

»Ich wuchs in einem von christlichem Gedankengut geprägten Elternhaus auf, in dem diesbezüglich relative Offenheit herrschte. Als Mädchen konnte ich mich im Gottesdienst nirgends finden. Heute arbeite ich in einer diakonischen Einrichtung. Frauen opfern sich auf – Männer treffen Entscheidungen. Ich gehe täglich mit Menschen um, denen das Recht auf Sexualität abgesprochen wird, geschweige denn Annäherungen, Zärtlichkeiten auf gleichgeschlechtlicher Ebene. Der Bereich der Sexualität ist tabu. Meine Gefühle kann ich nicht offen zeigen, sondern ich lebe nach innen, in Träumen, und hoffentlich irgendwann einmal wirklich.

Sätze, die mir von engagierten Christen gesagt wurden, wie: ›Als homosexueller Mensch kannst du nicht Christ sein‹, verunsicherten mich und rissen mir den Boden unter den Füßen weg; zumal dies noch Menschen sagten, die ich mochte und die mir wichtig waren.

Ich soll mich entscheiden, wurde mir immer wieder gesagt, zwischen Jesus und meinem Lesbischsein. Und für mich war immer die Frage: Wie denn?, denn mein Lesbischsein habe ich nie als Wahl empfunden, als freie Entscheidung, sondern so war ich, von Kind an.

Kirche ist für mich keine Lobby. Vorbilder fand ich darin keine. Auf welche lesbische Frau, die akzeptiert ist, sollte ich mich beziehen können? Eher auf den Teufel, der in mir steckt, wie mir gesagt wurde.«

»Ich bin hauptberuflich in der Gemeinde und in kirchlichen Gruppen tätig. Ich muß mich verstecken, weil ich sonst meine Anstellung gefährde.«

»Durch religiöse Sozialisation und verwandtschaftliche Beziehungen zu kirchlichen Mitarbeitern (Mitglieder der Bekennenden Kirche im Dritten Reich), später durch jahrelange ehrenamtliche Tätigkeit als Kirchenvorsteherin und als Mitarbeiterin in der Altenarbeit bis heute bin ich der Kirche immer verbunden gewesen. Dazu kommt, daß ich zusammen mit meiner Partnerin an Selbsterfahrungsgruppen, die in der Gemeinde angeboten und vom Gemeindepfarrer durchgeführt wurden, teilgenommen habe.

Persönlich habe ich also Kirche und Gemeinde als Ort kennengelernt, wo ich als Mensch in meiner Lebensform toleriert werde.«

»Ich bin zur Zeit mit der Kirche nicht mehr in Verbindung, habe auch schon mit dem Gedanken gespielt, aus der Kirche auszutreten. Diesen Schritt habe ich aber noch nicht getan, teilweise aus Angst vor beruflichen Nachteilen, teilweise wohl auch aus Bequemlichkeit. Mein Interesse an Kirche war schon einmal ganz geschwunden, ist aber durch bestimmte Strömungen wie ›Frau und Kirche‹, ›Feminismus und Theologie‹ wieder wach geworden. Für mich ist die Kirche immer noch eine Kirche der Männer, und ich finde mich als lesbische Frau in ihr ziemlich fehl am Platze.«

»Ich bin evangelisch, sehr fromm, sehr kirchlich und mit viel Begeisterung aufgewachsen. Glaubensmäßig hat sich sehr viel verändert seit meiner Entdeckung des Lesbischseins. Wenn, dann würde ich mich noch am ehesten matriarchal gläubig bezeichnen, kann in diese Definition auch die intensiven, teils aus der charismatischen Bewegung stammenden Glaubenserfahrungen und persönlichen tiefgreifenden Veränderungen integrieren, umfassender deuten und weiterentwickeln.

Zu regulären Gottesdiensten gehe ich nicht mehr – aus Überzeugung.

In Verbindung stehe ich mit evangelischer und katholischer Kirche zum einen aus Berufsgründen, als Referentin usw.; zum anderen dort, wo es um feministisch-theologische Auf- und Umbrüche geht. In spezieller Verbindung zur evangelischen Kirche stehe ich auch durch die Teilnahme an lesbisch-feministisch-theologischen Tagungen und durch die Kirchentage, wo in meinen Augen ganz wichtige politische Arbeit geleistet wird. Wenn überhaupt, dann fühle ich mich durch diese Kirchentage ganz bewußt der evangelischen Kirche zugehörig und bin auch stolz darauf.«

Aufgrund der Aussagen der Frauen, unserer Erfahrungen von Seminaren, Gesprächen und Diskussionen lassen sich einige Schwerpunkte zusammenfassen, die hier im Buch angesprochen werden sollen, sicher aber noch weiterer Bearbeitung bedürfen:
▶ Lesbische Frauen in den Kirchen sind nahezu unsichtbar, deshalb kämpft jede ihre Identitätsfrage als einzelne durch. Es gibt dort keine Modelle, nicht einmal literarische; denn über Frauengeschichte(n) wird kaum berichtet, geschweige denn über Frauenliebe. So finden Frauen nicht in der Kirche, son-

dern eher in feministischen Bewegungen Möglichkeiten, sich mit ihrer Lebensform auseinanderzusetzen.

Es ist wichtig, die verschwiegene Geschichte aufzudecken, in die Vergangenheit zu gehen, zu zeigen, daß Lesbischsein Frauengeschichte ist; aber ebenso wichtig, sich heute als lesbische Frauen zu treffen und sichtbar zu werden.

▶ Lesbische Frauen werden oft als »abweichend«, »neurotisch«, »fehlentwickelt« hingestellt, und es wird ihnen Therapie empfohlen, damit sie sich »normalisieren«!

Egal aus welchen Problemstellungen heraus lesbische Frauen Therapie suchen, sie sehen sich dort oft mit offener und versteckter Diskriminierung konfrontiert.

Es ist dringend nötig, daß lesbische Frauen ihre Erfahrungen reflektieren und ihre Forderungen nach »stärkender« Therapie einbringen und daß sich vor allem auch kirchliche Beratungsarbeit dazu eine neue Konzeption und Schulung der Therapeutinnen und Therapeuten überlegt, die darauf basiert, Lesbischsein als eine lebenswerte Existenz und Lebensform anzuerkennen.

▶ Viele lesbische Frauen sind aktive haupt- und ehrenamtliche Mitarbeiterinnen der Kirchen. Sie sind engagierte Frauen, die sich in ihrem Beruf einsetzen. Ihre Lebenserfahrung stellt eine Bereicherung dar, sie leben und erproben Liebe unter Gleichen, Beziehungen der Freundschaft und sind so gesehen auch Modelle, die der kirchlichen Diskussion Impulse geben können.

▶ Lesbische Frauen sehen sich mit einer Kirche konfrontiert, die in ihren Verlautbarungen einzig und allein die Mann-Frau-Beziehung auf die göttliche Schöpfungsordnung zurückführt: »In den Schöpfungsberichten werden Mann und Frau in ihrer gegenseitigen Angewiesenheit aufeinander als vom Willen des Schöpfers einander zugeordnete Menschen verstanden. Mann und Frau finden ihre Erfüllung erst im wechselseitigen Gegenüber. Diese Ergänzung von Mann und Frau zur Ganzheit eines Gegenübers wird als Ziel des göttlichen Schöpferwillens bezeugt.«[10] Und: »Jesu Verkündigung des göttlichen Heilswillens versteht das geschlechtliche Leben als allein in der Ehe erfüllt und diese als ausschließliche Einehe (Matth. 19, vgl. 1. Mose 2,23).«[11]

Für viele stellt sich damit die Frage, ob sie nicht lieber aus einer Institution mit solchen Einstellungen ausscheiden sollten, oder ob sie viel Kraft investieren und ihren eigenen positiven Beitrag zum Thema »Menschliche Beziehungen« und »Gottesbeziehungen« einbringen wollen. Ohne Konflikte wird das letztere kaum möglich sein.

▶ Lesbische Frauen fallen aus der Norm der Mann-Frau-Beziehung heraus; durch ihre Einstellungen und ihre Lebensformen lehnen sie die Bezogenheit auf den Mann ab. Sie stellen damit in einer auf Heterosexualität aufgebauten Gesellschaft zentrale Werte in Frage, was ihren Lebensformen eine deutlich politische Dimension gibt.

▶ Lesbische Frauen haben sich mit einer theologischen Ethik auseinanderzusetzen, die ihnen falsche Alternativen aufzwingen will, wie sich in der Aufforderung frommer Christen zeigt, die verlangen, daß frau sich zwischen Jesus und dem Lesbischsein entscheiden soll.

Die Aussagen zur Homosexualität, wie sie in kirchlichen Verlautbarungen – zum Beispiel in der »Denkschrift zu Fragen der Sexualethik« oder im »Evangelischen Erwachsenenkatechismus« – auftauchen, sind ambivalent. Man will einerseits tolerant sein und eine neue Einstellung zur Homosexualität finden – es darf »die weitverbreitete unreflektierte Verurteilung der Homosexualität als widernatürliches, schuldhaftes Verhalten nicht beibehalten werden«[12] und »es gehört zu unseren Aufgaben, auch den homosexuellen Nächsten voll anzunehmen und zu tolerieren«[13]. Andererseits meinen die Autoren doch sagen zu müssen: »Die evangelische Kirche versteht die Homosexualität als sexuelle Fehlform und lehnt ihre Idealisierung ab. Das ist aber eine andere Beurteilung als die frühere moralisch verurteilende, die die Bestrafung als einzige Reaktionsmöglichkeit kannte.«[14] Damit wird letztendlich deutlich, daß viele Homosexualität immer noch ähnlich wie Paulus sehen, der Frauen- und Männerliebe als widernatürliche Unzucht, als Sünde bezeichnete, die »die, welche solches verüben, des Todes würdig«[15] macht.

Nur selten wagt eine Organisation der Kirche, eindeutig positiv Stellung zu beziehen und sich dafür schwere Kritik einzuhandeln, wie das durch eine Handreichung des Diakonischen Werkes der Evangelischen Kirche von Westfalen geschah:

»Handeln von Christen hat seinen Ausgangspunkt in der Liebe Gottes zu allen Menschen, wie sie in Jesus Christus offenbar wird. Diese Liebe umgreift alle Schöpfung, obwohl diese gefallen, entfremdet und geschädigt ist. Sie gilt allen Menschen, ob sie hetereosexuell oder homosexuell sind... Christen wirken um der Menschen willen daran mit, daß Ordnungen geschaffen und erhalten werden, die menschliches Leben und Zusammenleben fördern. Das gilt für Ehe und Familie ebenso wie für andere Formen menschlichen Zusammenlebens. Alle Verantwortlichen in Kirche und Diakonie sind aufgerufen dazu beizutragen, daß auch homosexuelle Menschen in Freiheit, ohne Versteckspiel und ohne von andern verurteilt zu werden, einander begegnen können. Heterosexuelle und Homosexuelle sollen miteinander bedenken können, was der Erbauung der Gemeinde und den Menschen dient. Nicht nur die Verwirklichung des eigenen Soseins oder die Durchsetzung eigener Wertvorstellungen können dabei Thema sein. Unter diesen Voraussetzungen können Homosexuelle grundsätzlich in allen Bereichen der Diakonie beschäftigt werden.«[16]

▶ Frauen finden kaum Identifikationsmöglichkeiten im christlichen Glauben, wie er in der von Männern dominierten Kirche gelehrt wird – lesbische Frauen nahezu gar keine. Wir wissen, daß die Bilder und Vorstellungen, die von Menschen für das Göttliche verwandt werden, aus deren sozialer und geschichtlicher Wirklichkeit stammen. So ist die Norm der höheren Wertschätzung des Mannes und der Mann-Frau-Beziehung auch in der Bibel zu finden, da sie Teil patriarchaler Kultur ist und diese auch heute noch durch die Auslegung stabilisieren hilft.

Wir glauben an einen Gott, der sich ausschließlich in männlichen Bildern entfaltet, der Vater, Sohn und Heiliger Geist ist. Das Weibliche wird »nur« als Mutter des Sohnes geachtet. Es ist notwendig, daß auch lesbische Frauen sich auf den Weg machen und sich selbst als Subjekte des Glaubens verstehen. Sie müssen ihre Erfahrungen einbringen, neue Bilder und Deutungen wagen und so Sinnzusammenhänge für sich schaffen, damit ihre Wertschätzung der Frau und ihre Beziehungen zu Frauen auch in ihrer Religion und ihrem Glauben vorkommen.

Viele lesbische Frauen haben sich auf den Weg der religiösen Identitätsfindung gemacht. Und viele von uns tun dies außerhalb der Kirche in neuen matriarchalen, spirituellen Gemeinschaften[17]. Viele wollen das immer noch innerhalb der Kirche oder zumindest innerhalb des christlichen Glaubens tun, wo sie ihre Wurzeln, ihre Schwestern und Brüder haben. Oft kostet es viel Kraft, den Satz »Wir sind Kirche« zu leben. So schreibt eine Frau: »›Wir sind Kirche‹, sagt meine Freundin immer, und dann braucht uns auch nicht so sehr zu kümmern, was Kirchenleitungen sagen und tun – aber ich kann das immer nicht so ganz nachvollziehen. Ich mache mir schon Gedanken, warum ich meine Kraft in eine Institution stecke, die mich gar nicht haben will. Eine Kirche, in der Frauen eh schon kaum vorkommen und Lesben gleich gar nicht – was will ich in der? Habe ich Ziele zur Veränderung? Woraufhin? Woher nehme ich die Kraft? Irgendwie fehlt mir meist das ›Dennoch des Glaubens‹, wie es oft so schön heißt.«

Aber wenn wir Veränderungen erreichen wollen, dann nur, wenn wir nicht aus Angst schweigen, sondern uns einbringen. »Euer Schweigen wird euch auch nicht schützen«[18], sagt Audre Lorde, denn »natürlich habe ich Angst, weil die Verwandlung in Sprache und Aktion ein Akt der Selbst-Entdeckung ist, und dieser Akt scheint immer voll Gefahr... Wo es um die Verteidigung des Schweigens geht, zeichnen sich für jede von uns die Züge unserer Angst ab – Angst vor Verachtung und Zensur, vor irgendeinem Urteil oder davor, erkannt zu werden. Angst vor der Herausforderung oder der Vernichtung. Aber ich glaube, am meisten Angst macht uns unsere bloße Sichtbarkeit, ohne die wir andererseits gar nicht leben können... Diese Sichtbarkeit, die uns am verwundbarsten macht, ist aber gleichzeitig die Quelle unserer größten Kraft.«[19]

Wir drei Autorinnen, zusammen mit anderen Frauen, wollen zum Prozeß des Sichtbarwerdens beitragen. Wir möchten anderen lesbischen Frauen Mut machen, die Herausforderung ihres sogenannten »Andersseins« anzunehmen, im Wissen darum, daß es Schwestern gibt, und wir wollen die sogenannten »normalen« Frauen und Männer in den Kirchen einladen, sich dem Thema des Buches zu stellen.

Kapitel 1
Hättest du gedacht, daß wir so viele sind?
Lesbische Frauen erzählen von sich

»Der Gedanke, ständig gegen Gottes Willen zu handeln, weil ich nicht anders kann als lesbisch zu fühlen, belastete mich eine Zeitlang sehr. Ich hatte wirklich Angst, daß ich mich gegen Gott stelle, und glaubte die schrecklichen Drohungen, die die katholische Kirche bereithält für Menschen, die wider besseres Wissen gegen Gottes Willen handeln, fühlte mich verloren, empfand mich als unwert, ein schlechter Mensch ohne Anrecht auf Erlösung, hatte Selbstmordgedanken.

Für mein Selbstwertgefühl war es notwendig, die Erlösungsnormen der Kirche, ihr Sündenverständnis, ihre Vorstellung von einem Leben nach dem Tod, Himmel, Hölle, Fegefeuer abzustreifen, um mich erstmals so okay finden zu können, wie ich bin, mit meiner Sexualität.

Öffentliche Diskriminierungen habe ich in der Kirche nie erlebt, nur das massive Gefühl, mit meiner Sexualität entweder nicht ernst genommen oder nicht akzeptiert zu werden. Eine Zeitlang habe ich – erfolglos – um Verständnis geworben, dann habe ich mich aus der Kirche zurückgezogen.

Die Frauenbewegung ist meine geistige, seelische und spirituelle Heimat geworden. Feministische Theorien und Lebenszusammenhänge, Frauengruppen, feministische Therapie, matriarchale Spiritualität haben mir zu einem angenehmen, unabhängigen Lebensgefühl verholfen.«

Diese Aussagen einer jungen katholischen Frau zeigen geradezu typisch, wieviel Kraft lesbische Frauen im kirchlichen Raum investieren müssen, um zu einer Selbstakzeptanz zu kommen – und das bei einer zentralen Botschaft, die sagt, daß Gott uns liebt und annimmt! Und es ist zu vermuten, daß viele, die wir gar nicht mehr erreichen, die Konsequenz gezogen haben, den Kirchen den Rücken zu kehren.

Für viele lesbische Frauen, die in den Kirchen arbeiten oder als Christinnen dazugehören, sind die Veröffentlichungen, Analysen, Gruppen und Aktionen der autonomen Frauenbewegung wichtig. Dadurch gestärkt, kommen sie dazu, sich selbst »okay« zu finden. So antworten sie uns auf die Frage: »Was bedeutet dir die Frauenbewegung, der Feminismus?«:

»Die Frauenbewegung war sehr hilfreich! Endlich wurde in Artikeln, Zeitschriften, Büchern über lesbische Frauen offen geredet. Es war ein Angebot zur Identifikation – ach, es gibt also wirklich auch andere Frauen. Und ich bekam Angebote, wie ich Lesbischsein verstehen konnte. Die Frauenbewegung verhalf mir zur Sprache und langsam auch zum Mut, in der Kirche andere lesbische Frauen zu suchen.«

»Frauenbewegung, Feminismus ist für mich Unterstützung, zu wissen, ich stehe nicht allein. Ohne die Frauenbewegung würde ich sicher heute nicht da stehen, wo ich jetzt stehe. Denn die zehn Jahre Frauenbewegung haben den Frauen allgemein doch sehr viel Selbstbewußtsein gegeben. Ich denke, daß ich auch nicht so selbstbewußt und selbstverständlich sagen könnte, ›ich bin lesbisch und ich habe ein Recht, so zu leben‹, ohne die Frauen-, die Lesben-Bewegung.«

»Ich fühle mich und bezeichne mich als Feministin. Ich merke aber, daß mir auf der persönlichen Kommunikationsebene die lesbischen Kirchenfrauen häufig näher sind.«

»Ich bin nicht mit allem einverstanden, was unter Feminismus läuft. Doch hat mich die Frauenbewegung sensibler und aufmerksamer für Unterdrückungsstrukturen gemacht.«

»Mit dem Zusammentreffen von Frauen aus der Frauenbewegung hatte meine Ich-Findung begonnen. Für mich war die Zeit in den Frauenzentren sehr wichtig. Hier sind mir die ersten Lesben begegnet, und ich konnte mich dann zu meinem eigenen Lesbischsein stellen.«

Die sich hier äußern, sind Frauen, die (noch) nicht mit der Kirche brechen wollen, die lieber ihr Schweigen brechen, weil sie (noch) an dem Wort festhalten, »wir sind Kirche«, weil ihnen Kirchentage, Akademietagungen, die Organisation »Homosexuelle und Kirche« (HuK) Raum verschaffen und weil die feministische Theologie-Bewegung hoffen läßt, Identifikation in Glaubensvorstellungen, neue Ausdrucksformen und neues Frauenbewußtsein, das lesbische Existenz einschließt, zu finden. Wie weit die schreibenden und forschenden Frauen der feministischen Theologie Fragen der Heterosexualität und der lesbischen Existenz einbeziehen, ist eine eigene Frage, die noch deutlich gestellt werden muß, die aber den Rahmen dieser Arbeit sprengen würde.

hättest du gedacht daß wir soviele sind?

die kraft und die stärke
und die weiblichkeit
(in seligkeit amen)
von frauen
die frauen lieben
fühl ich in mir:
unsere lebendigkeit
unsere intuition
unsere leiden
unsere freude
aneinander
unsere neugier
füreinander
unsere konflikte
miteinander
unsere wärme
unsere zärtlichkeit
unsere lust
schwesterlichkeit zu lernen
das schweigen zu durchbrechen
das uns doch nicht schützt
zu fühlen und zu sehen
und zu hören
daß wir da sind
so viele lesben
in der kirche
das macht mir mut

ute wild

Es ist schwirig, Genaueres über lesbische Frauen im Bereich der Kirchen zu sagen. Sie werden dort nicht wahrgenommen. Es gibt keine uns bekannten allgemeinen oder wissenschaftlichen Arbeiten. Zwar werden die Themen »unverheiratete Frau«, »Alleinstehende«, »Berufstätigkeit« oder »Ehe« aufgegriffen, aber schon der Versuch, den Forschungsschwerpunkt auf Frauenbeziehungen (im frühen Christentum) zu legen, bringt der betreffenden Forscherin massive Schwierigkeiten im deutschen Wissenschaftsbetrieb[1]. Dies spiegelt nur wider, was auch allgemein im Blick auf wissenschaftliche Untersuchungen zur Homosexualität gilt. »Würde Frauen irgendwelche Beachtung geschenkt, so führte dies im günstigsten Fall dazu, sie in männliche Verhaltensmuster einzuordnen. Im schlechtesten Fall wurden Frauen in Fußnoten oder im Nachwort zu Forschungsberichten erwähnt, die sich mit Männern befaßten«, schreibt Annabel Faraday[2].

Frauen haben insgesamt in dieser Gesellschaft und damit auch in der Kirche immer noch eine über Männer vermittelte Identität, was ihr »Anhängsel-Dasein« erklärt. Und lesbische Frauen haben dann gar keine gesellschaftliche Identität, denn sie beziehen sich ja nicht auf Männer[3]. Die Sexualität von Frauen ist nach allgemeinem Verständnis auf Männer bezogene Sexualität[4]. Das bedeutet, daß Frauen, die Frauen lieben, nicht existent sind. Sie stellen die »normale«, »natürliche« und »gottgewollte« Heterosexualität in Frage. Die Hauptdiskriminierung für lesbische Frauen heißt totschweigen, so tun, als gäbe es sie gar nicht[5].

In diesen Zusammenhang gehört auch der Rat führender kirchlicher Frauen und Männer, wir lesbischen Frauen sollten mit unseren Tagungen nicht an die Öffentlichkeit gehen. Zum einen ist damit sicher Schutz für in den Kirchen arbeitende lesbische Frauen gemeint, und »frau soll keine schlafenden Hunde wecken«. Aber dahinter steht eben doch die Furcht vor der Herausforderung, die sie nicht annehmen wollen. Lieber sollen diese Frauen weiterhin totgeschwiegen werden.

Wir waren davon ausgegangen, daß es wenig oder gar keine Daten über lesbische Frauen in den Kirchen gibt. In unseren Aussagen können wir uns nun auf rund 150 Frauen beziehen, die wir von Tagungen kennen. Es ist sicher so, daß diese Frauen nur ein sichtbarer Teil der vielen Frauen sind, die lesbisch empfinden oder leben und zu den Kirchen gehören.

Dafür gibt es verschiedene Gründe. Es ist schwer, die Frauen überhaupt zu finden, wenn um des Schutzes willen nicht öffentlich geworben wird. Zu einer Tagung zu gehen ist eine Entscheidung, die Mut fordert; denn es heißt – wenn auch im geschützten Raum –, sich dazuzuzählen, und wer weiß, über welche Kanäle das dann doch bekannt wird und Folgen hat. Und für viele stellt sich auch die Frage: »Gehöre ich zu dieser Gruppe – will ich dazugehören?«

Wir haben die Daten zusammengestellt:

Altersmäßige Zusammenstellung
20–29 Jahre	42%
30–39 Jahre	33%
40–49 Jahre	17%
50–59 Jahre	4%
60–69 Jahre	4%

arbeits-/berufsmäßige Verteilung:
Theologiestudentinnen	21%
Vikarinnen, Pfarrerinnen, Diplom-Theologinnen	11%
Beschäftigte im Bereich Theologie/Universität	5%
Diakoninnen, Katechetinnen	6%
kirchliche Erwachsenenbildung	10%
Lehrerinnen (teils mit Religionsunterricht)	18%
Psychologinnen, Sozialarbeiterinnen, Krankenschwestern (teils in der Diakonie beschäftigt)	16%
Beschäftigte im Öffentlichen Dienst und in der Industrie	10%
Schülerinnen	3%

Die Aufschlüsselung nach Berufen und Arbeitsplätzen zeigt, daß eine große Anzahl der uns bekannten Frauen (mindestens 33%) beruflich in den Kirchen tätig ist. Erstaunlich, daß die besonders gefährdete Gruppe der Vikarinnen, Pfarrerinnen, Theologinnen stark vertreten ist. Die stärkste Gruppe bilden die Theologie-Studentinnen. Das hängt sicher damit zusammen, daß sie einer Generation angehören, die schon früh mit der Frauenbewegung in Kontakt kam, daß sie noch nicht im kirchlichen Dienst sind, sich aber mit der Frage beschäftigen, ob dort ihr Platz sein könnte und wie es ihnen dort wohl ergehen wird.

Die bis Dreißigjährigen sind mit 42% am stärksten vertreten, aber auch die über Dreißigjährigen machen ein Drittel aus; dann wird es rasch »dünner«. Vielleicht können wir die These wagen, daß Frauen über 40 Jahre, falls sie hauptberuflich in den Kirchen tätig sind, sich weniger an die Öffentlichkeit wagen. Die Gründe mögen verschieden sein, darüber läßt sich nur spekulieren: Sie haben gelernt, sich zu verstecken; haben sich mit der Situation arrangiert, Störungen sind unerwünscht; »lesbisch« wurde nicht als Selbstdefinition angenommen; sie haben Positionen in den Kirchen und wollen nicht ins Gerede kommen; sie haben Angst vor Konsequenzen.

Daß trotzdem Frauen bis ins Alter von 70 Jahren dazukommen, die oft noch viel verdeckter leben mußten, ist eine große Bereicherung. Daß es wenige sind, ist zu bedauern. Denn gerade der Mangel an Vorbildern wird von vielen von uns als schmerzlich empfunden.

Wenn wir von lesbischen Frauen reden, klingt das, als ob es sich um eine klar definierte Gruppe handele. In Wirklichkeit geht es um eine Vielfalt von Lebenswegen und Lebenssituationen. Die einen sind schon immer frauen-identifiziert, lesbisch; andere fragen sich, ob nicht auch die Beziehung zu einem Mann noch möglich wäre, fühlen sich bisexuell; viele haben sich in langen Prozessen aus Männerbeziehungen gelöst und nun bewußt Frauen gesucht; manche sind verheiratet und haben daneben Frauenbeziehungen; manche beziehen Sexualität ein, andere nicht; die einen haben lange Identitätskämpfe hinter sich, andere empfinden es als kein Problem, so zu sein; manche leben allein, manche schon lange mit einer Freundin zusammen, manche mit verschiedenen Freundinnen, manche mit Freundin und Kindern; es gibt Probleme mit Mehrfachbeziehungen, ungelebten Wünschen und vielem anderen mehr.

»Ich habe meine Situation oder Lebensgeschichte immer als ziemlich atypisch und wenig repräsentativ angesehen. Aber es gibt so wenig Untersuchungen über lesbische Frauen, daß ich gar nicht sagen könnte, was repräsentativ oder typisch wäre«, schreibt eine Frau zu ihrer Geschichte. Gerade die Unterschiedlichkeit und Vielfalt weisen darauf hin, daß es sich nicht einfach um eine Außenseiterinnengruppe handelt, sondern daß hier Grundfragen der Identität von uns Frauen aufgeworfen sind.

Sieben Frauen haben uns ausführlicher über ihr Leben geschrieben. Ihre Erlebnisberichte vermitteln einen Eindruck davon, wie sich Frauen selbst sehen, empfinden, verstehen und erleben. Fünf von diesen Frauen arbeiten hauptberuflich in der Kirche als Pfarrerin, Diakonin, Referentin; eine ist Lehrerin, war zeitweise hauptberuflich und ist nun ehrenamtlich in der Kirche engagiert, und eine Studentin schildert ihren mühsamen Weg heraus aus evangelikalen Kreisen.

Fremd

Dich
meine ich
Du
meiner Liebe Traum
doch
kaum nenne ich Dich
Freundin
    Schweigen
    Lächeln
    Flüsterspott
    grenzen mich
    aus

  heimatlos
mein Sehnen

Ich liebe
doch anders
als alle

    Fallensteller
    treten an
    mit Psycho-Malklexen
    und Bibelwort
    im Gleichschritt
    Ordnung und Norm

ich
  suche
    Dich
ich Du
heimatlos
wir

    Normsteine
    zielen
    und treffen

Fremdlinge
dem Schöpfer bekannt
vertraut geborgen
sehen wir Land
schmalen Lebensraum
unter Christen
kaum

Gertrud Hanefeld

Warum soll ich in einer Nische leben?
Frau A, Diakonin

»Was habt ihr denn letzte Woche in der Jugendgruppe gemacht?« frage ich C., die 17jährige Gruppenleiterin.

»Es war ganz toll«, sagt sie, »wir haben diskutiert – über Homosexualität.«

Ich bin froh, daß das Gespräch am Telefon stattfindet und sie meinen überraschten Gesichtsausdruck nicht sehen kann.

»Und was habt ihr da beredet?«

»Naja, wie wir reagieren würden, wenn Freunde von uns oder unsere Kinder homosexuell wären – also das Ergebnis war, daß wir sie nicht gleich rausschmeißen würden, sondern mit ihnen reden würden, ob da nicht vielleicht doch noch was zu ändern ist.«

Mir ist das Gespräch noch lange im Kopf herumgegangen. Durch die AIDS-Hysterie in den Medien ist das Thema Homosexualität in die Öffentlichkeit gerückt. Wie hätte ich reagiert, was hätte ich gesagt, wäre ich an jenem Abend in der Jugendgruppe dabeigewesen? Sicher hätte ich einige Vorstellungen geraderücken können, hätte über »die« Homosexuellen gesprochen. Vielleicht hätte ich sogar gesagt, daß ich Lesben und Schwule kenne, und hätte versucht, Homosexualität als lebbare Alternative zur »normalen« Heterosexualität darzustellen. Aber das Einfachste, das Naheliegendste hätte ich nicht getan, zu sagen: »Ich bin homosexuell, ich bin lesbisch, ich liebe Frauen.«

Das ist weniger meine persönliche Entscheidung. Ich würde mir schon zutrauen, mit Jugendlichen in einer Gruppe, die ich gut kenne, über meine Lebensweise zu sprechen. Doch was kommt dann? Als Diakonin arbeite ich in der Institution Kirche. Die »Fälle« Pastor Brinker und Pastor Meyer in Hannover zeigen, wie eindeutig die Kirchenleitung reagiert, wenn ein Mitarbeiter zu seiner Homosexualität steht. Also bleibt mir das Schweigen, das Leben mit einer Doppelidentität.

Das ist die Spannung, die ich so oft in meinem Berufsalltag erlebe. Als Diakonin arbeite ich in einem Beruf, der Nähe und Offenheit und für mich auch Echtheit gegenüber den Menschen erfordert, mit denen ich zusammenarbeite. Gleichzeitig weiß ich, daß ich mich selbst gefährde, wenn ich zuviel von mir zeige. Das macht mich oft wütend und unzufrieden in diesem Beruf und in dieser Kirche, die früher für mich immer so etwas wie ein Zuhause war.

Ich komme aus einem recht unkirchlichen Elternhaus. Zugang zur Kirche und zum christlichen Glauben bekam ich durch Schulfreundinnen. Sie nahmen mich mit zum Kindergottesdienst, in die Mädchenjungschar, auf Freizeiten. Das Gemeindehaus wurde allmählich ein zweites Zuhause für mich. Hier traf ich meine Freundinnen, hier erlebten wir was und wurden schon anerkannt. Als Kindergottesdiensthelferin und Begleiterin bei Kinderfreizeiten waren wir schon wer.

Dieses langsame Hineinwachsen in den Betrieb Kirche hat letztlich auch meine Berufswahl bestimmt. Die Diakoninnen, die ich kannte, waren alleinstehende Frauen und gingen voll in ihrem Beruf auf. Es war mir wohl nicht völlig bewußt, aber meine Berufswahl hatte auch viel mit der Entscheidung für einen bestimmten Lebensstil zu tun. Familie und Kinder – das konnte ich mir für mich noch nie so recht vorstellen, und hier lebten mir Frauen Selbständigkeit und Unabhängigkeit vor, wie ich es von den Frauen in meiner Familie und näheren Umgebung nicht kannte.

Ich hatte mir nie konkrete Gedanken gemacht, wie ich leben wollte, aber ich wußte ziemlich genau, was ich nicht wollte. Als Teenager habe ich zum Beispiel oft Jungen angeschwärmt und auch andere Mädchen bewundert, die einen Freund hatten – für mich selbst konnte ich mir eine solche Freundschaft jedoch letztlich nie so richtig vorstellen.

Gleichzeitig habe ich auch Mädchen angeschwärmt, war oft richtig verliebt, habe mich aber in meinem Tagebuch immer wieder selbst vergewissert, daß dies rein platonisch sei, daß ich nur »menschliche Wärme« suche. Ich kannte zwar das Wort »lesbisch«, aber keine Frauen, die so lebten – weder persönlich noch in Büchern oder Filmen. Deshalb habe ich meine Gedanken und Gefühle in dieser Richtung immer wieder weggeschoben. Und ich wußte instinktiv, daß ich mit niemandem darüber sprechen könnte. Ich habe mich zwar nicht schlecht oder schuldig gefühlt, aber mich nicht ernst genommen.

Heute kann ich rückblickend sagen, daß ich vieles an Wünschen auch umgesetzt habe in mein Tun für andere; meine Wünsche nach Nähe und Zärtlichkeit, auch von Frauen, habe ich mir erfüllt durch das Anerkanntsein als Gruppenleiterin, als zuverlässige Ehrenamtliche in der Kirchengemeinde.

Während des Studiums hat sich für mich viel verändert. Ich wohnte in einer anderen Stadt, nicht mehr bei meinen Eltern, lernte viele neue Menschen kennen. Ich lernte auch »Kirche« und ihre institutionellen Strukturen viel umfassender und auch kritischer zu sehen. Ich bekam Kontakt zur Frauenbewegung, habe mich viel mit Frauenliteratur beschäftigt, auch mit feministischer Theologie. Auf diesem Wege kam ich auch zu Lesben-Büchern, ich erfuhr Lebensgeschichten von Frauen, die Frauen lieben, und merkte recht bald: Das bin ich, da ist ganz viel von meinen Wünschen und Sehnsüchten enthalten. Gleichzeitig bekam ich Angst: Wenn sich diese Gefühle für mich bewahrheiteten – wie würde ich sie leben können? Beim Kirchentag in Nürnberg hatte ich eine Podiumsdiskussion zum Thema: »Kirche und Homosexualität« besucht und an der Schärfe der Äußerungen erstmals gemerkt, wie brisant dieses Thema innerhalb der Kirche ist.

Ich habe dann einige lesbische Frauen kennengelernt, die jedoch alle eine total ablehnende Haltung gegenüber der Institution Kirche hatten, und meine inneren Zweifel wurden immer größer. Kann ich als Lesbe nur außerhalb der Kirche leben, und heißt Diakonin werden für mich gleichzeitig, mir nicht eingestehen dürfen, daß ich nicht den »normalen« Weg in Ehe und Familie gehen will?

Das war mein Stand vor dem Kirchentag in Hannover. Dort fand ich eine Veranstaltung im Rahmen der »Frauenwerkstatt«: »Lesbische Frauen informieren«. Mit ganz viel Herzklopfen und Ängsten bin ich dort hingegangen und war total überwältigt: Etwa 50 Frauen waren gekommen, und im Gespräch ergab sich, daß die meisten selbst lesbisch und fast alle in kirchlichen Berufen tätig waren oder in einer entsprechenden Ausbildung. Das war etwas, was mir sehr viel Mut gemacht hat. Zum einen war diese Veranstaltung für mich ein Zeichen für die Vielfalt unserer Kirche, zum anderen hat sie mich in dem Gedanken unterstützt, daß ich ein Recht habe auf mein »So-Sein«, auch in der Kirche, einfach dadurch, daß ich erlebt habe: Ich stehe nicht allein, wir sind viele.

In der ersten Zeit danach ging es mir sehr gut. Endlich war für mich die lange Zeit der Zweifel und Überlegungen vorbei –

ich konnte zu dem stehen, was ich fühlte. Es war wie eine Befreiung.

Diese Euphorie ließ allerdings nach einiger Zeit nach. Ich war mit der Ausbildung fertig und begann, mich in verschiedenen Kirchengemeinden um eine Stelle zu bewerben. Vor jedem Kirchenvorstand, bei dem ich mich vorstellte, hatte ich die Frage im Hinterkopf: Was würden sie sagen, wenn sie es wüßten? Ich hatte das Gefühl, daß ich gar nicht als »ich« eingestellt würde. Denn diese junge, alleinstehende Diakonin, die ich darstellte, gab es überhaupt nicht. Ich war zu dieser Zeit in einer festen Beziehung und begann, mit einer Doppelidentität zu leben: hier als alleinstehende Diakonin und zusammen mit meiner Freundin in der Großstadt, in der sie lebte, als Paar, als Lesbe.

Das hat mich sehr zerrissen gemacht und die Beziehung belastet, obwohl meine Freundin mich sehr unterstützt hat und meinen Beruf und das damit verbundene Nicht-offen-leben-Können akzeptiert hat. Ich merkte, wie ich gegenüber Gemeindegliedern meine Worte abwägte und mich zurückhielt mit Erzählungen über mich – immer in der Angst, entdeckt zu werden. Außerhalb der Wohnung mit meiner Freundin unterwegs zu sein war für mich immer mit Selbstkontrolle verbunden: Darf ich mit ihr Hand in Hand gehen, wenn mir danach zumute ist? Ihr mitten in der Stadt einen Kuß geben, einfach weil ich mich freue, daß sie da ist?

Mit der Zeit stellte sich allerdings das Gefühl ein, daß diese Überlegungen völlig überflüssig waren. Niemand käme auf die Idee, daß die Freundin, die mich regelmäßig besucht, auch Geliebte ist. Es scheint die Norm zu bestehen: Es ist nicht, was nicht sein darf!

Heute fühle ich mich viel selbstbewußter und freier. Ich habe auch einigen Kollegen/Pastoren von mir erzählt und werde akzeptiert oder zumindest toleriert. Und doch bleibt bei jedem neuen Kontakt wieder die Ungewißheit: Was wird es bedeuten, wenn ich sage, daß ich lesbisch bin? Wer geht mit der Information gut um, wo muß ich mich schützen? Bei engeren Bekanntschaften oder Arbeitsverhältnissen ist es mir schon wichtig, auch von mir zu erzählen, um als ganze Person dazusein.

Deshalb gehen meine Gedanken heute eher in eine andere Richtung als früher: Warum soll ich in einer »Nische« leben, das heißt privat so, wie ich es für richtig halte, und im Beruf eine andere oder nur eine bestimmte, akzeptierte Seite von mir zeigen? Das ist unehrlich und schafft Distanz zu den Jugendlichen, mit denen ich arbeite, und in mir eine Spannung, die ich eigentlich unnötig finde.

Ich sehe keinen theologischen oder gemeindepädagogischen Grund für eine Ablehnung homosexueller Mitarbeiter/innen in Kirchengemeinden. Die Begründung der Kirche, es gelte Rücksicht zu nehmen auf die unterschiedliche Gewissensprägung der Gemeindeglieder, scheint mir sehr schwach. Ich verlange ja nicht, meine Lebensform als allgemeingültige, einzig wahre Form darzustellen, aber als *eine* neben anderen, die ebenso echt und glaubhaft und ernsthaft ist. Und schließlich: Nimmt das Evangelium denn Rücksicht auf die verschiedene Gewissensprägung von Menschen, oder ist es nicht vielmehr sehr eindeutig auf der Seite derer, die in der damaligen Gesellschaft »durchgefallen« waren?

Letztlich ist es für mich immer noch eine brennende Frage: Wie lange noch will ich meine Kraft und Energie, mein Wissen, meine Phantasie in eine Institution stecken, die von mir verlangt, mit einer Lebenslüge zu leben, und die eindeutig sagt, daß sie mich nicht haben will? Zum Glück ist Kirche aber nicht allein Gesetz und Institution.

»Da sind Sie doch endlich nicht mehr so allein«
Frau B, Pfarrerin

Alles ist ganz selbstverständlich: daß wir zusammenleben, wie wir zusammenleben und wo. Niemand hier im Ort scheint sich Gedanken darüber zu machen. Wenn zwei Frauen zusammenleben, dann ist das in Ordnung, zumal, wenn beide kirchliche Mitarbeiterinnen sind. Daß da mehr sein könnte als eine Wohngemeinschaft, mehr als eine Freundschaft, liegt außerhalb der Vorstellungsmöglichkeit der meisten. Dahinter steht wohl die Auffassung, daß Frauen keine eigenständige, das heißt vom Mann unabhängige Sexualität haben. Für uns ist diese Einstellung ein Schutz: Sie schafft Verborgenheit, wo doch alles ganz offensichtlich ist.

Offensichtlich ist, daß wir seit mehreren Jahren gemeinsam

im Pfarrhaus leben: ich, die Pfarrerin, und meine Freundin. Offensichtlich ist, daß wir einen gemeinsamen Haushalt haben, zusammen auftreten, verreisen, auf Frauentagungen gehen, die Verwandten zusammen besuchen.

Als wir uns vor Jahren kennen- und dann lieben lernten, erschien uns die gemeinsame Zukunft als ein großes Problem. Hinsichtlich der Wohnungsfrage durchdachten wir alle möglichen Lösungen. Die einfachste, daß meine Freundin zu mir ins Pfarrhaus ziehen könnte, hielten wir eine Zeitlang für die allerschwierigste. Wir befürchteten Einwände von seiten der Gemeindeleitung, Rückfragen und Tuscheleien in der Gemeinde. Aber alle diese Phantasien erwiesen sich schnell als haltlos. Der Einzug meiner Freundin wurde von vielen in der Gemeinde begrüßt: »Da sind Sie doch endlich nicht mehr so allein im großen Haus!« oder: »Frau X. ist Ihnen wohl eine große Hilfe!« waren typische Äußerungen.

Natürlich hat alles das auch seine Schattenseiten. Auch wenn wir hier ohne Schwierigkeiten zusammenleben können, heißt das noch nicht, daß wir offen leben könnten. Die wohlgemeinten Äußerungen der Gemeinde haben für mich etwas Verletzendes, weil sie unsere Beziehung reduzieren auf eine Zweck- und Wohngemeinschaft, gegenseitige Stütze (sonst alleinlebender) Frauen, bestenfalls Freundschaft. Einen wichtigen Teil meiner Persönlichkeit bekomme ich abgesprochen und muß ihn auch selbst verbergen: Wo mein Herz schlägt, darf ich nicht zeigen, weil ich sonst verurteilendes Gerede und Sanktionen fürchten muß. Nicht, daß ich das Bedürfnis verspüre, jedem und jeder meine intimsten Gefühle mitzuteilen, aber es wäre einfach schön, so offen sein zu können, wie wenn ich in einer heterosexuellen Beziehung leben würde. So ist es immer eine Sache des Abwägens, wer erfahren darf, daß wir in einer lesbischen Beziehung leben: In der Gemeinde möglichst niemand, von den Kolleginnen und Kollegen auch nicht alle, in der Verwandtschaft manche ja und manche nein. Wir entscheiden das von Fall zu Fall und nach Gefühl. Und wir sind froh darüber, daß wir mittlerweile einen recht großen Kreis von Leuten haben, bei denen wir uns nicht verstecken müssen.

Dennoch leide ich immer wieder an dem Unterschied, der in unserer Kirche und Gesellschaft zwischen hetero- und homosexuellen Beziehungen gemacht wird. Ich selbst habe diesen Unterschied am eigenen Leib erfahren. Denn lange Zeit hielt ich mich selbst für heterosexuell und lebte in verschiedenen Beziehungen mit Männern. Ganz gleich, ob als Jugendliche, Studentin, Vikarin, Pfarrerin: Für den Jungen/Mann an meiner Seite interessierte sich meine Umwelt; wir wurden als Paar akzeptiert und vielfältig anerkannt. Als heterosexuelles Paar wird man zusammen eingeladen, bekommt selbstverständlich Grüße für den anderen oder die andere aufgetragen, wird sogar gelegentlich vorschnell als zusammengehörig identifiziert, wird nach gemeinsamen Plänen gefragt. Mit meiner Freundin muß ich schon sehr deutlich und massiv auftreten, um ein ähnliches Echo hervorzurufen. Ich mag ja auch nicht ein Schild mit mir herumtragen: »Ich bin lesbisch.« Da wird eben nicht vorausgesetzt, daß wir wieder zusammen in Urlaub fahren, obwohl das in den vergangenen Jahren immer so war; da werden wir auseinanderdividiert; gefragt, wann wir uns denn trennen werden; im schlimmsten Fall bekommen wir einzeln und im Vertrauen gesagt, daß wir uns doch nicht gegenseitig die Heiratschancen verderben sollten. Natürlich gibt es da ein ganzes Spektrum von Reaktionen, abhängig auch davon, wie nahe uns die Betreffenden stehen. Gelegentlich gibt es auch Überraschendes: wenn etwa Leute, zu denen wir nur lose freundschaftliche Kontakte haben, uns »wie ein Ehepaar, nur nicht verheiratet« einschätzen, ohne aber selbst zu merken, was sie damit sagen.

Bisher habe ich im wesentlichen erzählt, wie ich als Pfarrerin die Reaktionen unserer (kirchlichen) Umwelt auf unsere Beziehung erlebe. Wie ist es mir selbst ergangen bei der Entdeckung, daß ich eine Frau liebe? Zuerst habe ich gedacht: Das kann doch nicht wahr sein. Und: Du bist sicher die einzige Frau um die Dreißig, die diese Erfahrung macht! Denn lesbisch ist frau sonst doch von Anfang an, oder? – Es hat Monate gedauert, bis ich mir, bis wir uns eingestehen konnten, was wirklich mit uns los war. Unsere Gefühle versetzten uns in Erstaunen, Aufregung; da waren Scheu, aber wenig Zweifel. Als wir schließlich voneinander wußten, daß wir uns lieben, ging alles sehr schnell: Nach wenigen Monaten lebten wir bereits zusammen und waren froh dabei.

Immer noch hielten wir uns aber für zwei recht exotische Frauen und meinten, mit unserer Erfahrung ziemlich allein dazustehen. Nachdem die Stürme des Umzugs überstanden waren, begannen wir unsere Köpfe hervorzustrecken: Wir hielten Ausschau nach Literatur, Zeitschriften, nach anderen Lesben. Allmählich erfuhren wir, daß da noch andere Frauen waren wie wir: Frauen in der Kirche, Frauen, die erst im Lauf der Jahre zur Liebe von Frauen fanden.

Immer noch hatte ich Angst vor der »Öffentlichkeit«. Mit Zittern und Zagen ging ich bei einer Frauenwerkstatt zur Gruppe »Frauen lieben Frauen«. Prompt traf ich dort eine junge Frau aus der Gemeinde – zur nächsten Tagung fuhren wir gemeinsam. Es war gut, Frauen in ähnlicher Lebenssituation zu treffen, eine Pfarrerin war allerdings nicht dabei, um miteinander offen reden zu können. Zu einer Tagung für lesbische Kirchenfrauen fuhr ich mit meiner Freundin, und wir genossen es, lauter frauenliebende Frauen um uns zu haben.

Dies waren für mich/uns wichtige erste Schritte heraus aus der – auch selbstgewählten – Verborgenheit. Für mich brachten sie die Konsequenz, nicht verdeckter zu leben als unbedingt notwendig. Als »notwendig« habe ich für mich definiert: vor allem Gemeinde und Vertreter/innen der kirchlichen Hierarchie.

Da ist natürlich auch noch die ganz alltägliche Praxis im Feld Gemeinde. Abgesehen von vielen Dingen, die ich selbstverständlich und zufrieden tun kann, gibt es auch einige, die mir mehr Schwierigkeiten machen, seitdem ich lesbisch lebe. Vor allem die kirchlichen Trauungen hängen mir zum Hals heraus, auch das kirchliche Gerede von Ehe und Familie. Liturgieteile, Gebets- und Liedertexte gehen ausnahmslos vom allgemein-anerkannten Standard »Hetero«-Glück aus. Ich selbst komme im kirchlichen Geschehen – soweit es sich um die engsten Beziehungen dreht – nicht vor: schizophren! Mit anderen soll ich über ihre Beziehung einen Gottesdienst gestalten, Fürbitte halten für das »Brautpaar« – wo in der offiziellen Praxis der Kirche komme ich vor, wer betet für mich, für uns? Eine Kirche, die für einen Teil ihrer Mitglieder, wie homosexuelle Männer und Frauen, Alleinlebende, in Wohngemeinschaften Lebende, nur einen seelsorgerlichen Betreuungs- und Beratungsdienst anzubieten hat, gelegentlich noch mit dem Ziel, die »Verirrten« auf den rechten Weg zu führen, ist für mich unglaubwürdig. Und doch arbeite und lebe ich selbst in dieser Kirche. Bis auf längere Sicht wird es für mich immer noch und immer wieder eine Frage des vorsichtigen Probierens sein, wie weit ich mich hervorwagen kann mit den Versuchen einer nicht-sexistischen Sprache, dem Eintreten für die »anderen« Lebensformen, der Offenheit im persönlichen Bereich.

Noch ist nicht abzusehen, ob und wann die Kirchenleitungen die homosexuellen Frauen als »Problem« entdecken. Bisher profitiere ich von der weitverbreiteten Meinung, lesbische Frauen gäbe es in der Kirche so gut wie nicht. Vor zwei Jahren war ich noch der Auffassung, es sei ganz gut, wenn die offiziellen Kirchenvertreter/innen nichts von uns lesbischen Frauen wüßten. Inzwischen denke ich anders: Ich möchte nicht mehr und nicht weniger als alle andern Männer und Frauen in der Kirche, nämlich akzeptiert und wahrgenommen werden, so wie ich bin, mit allem, was zu mir gehört. Natürlich ist das heute noch eine Hoffnung, eine Vision von einer Kirche, die wirklich allen Menschen dient. Der Weg dahin ist vielleicht noch weit. Um so wichtiger, daß viele Frauen sich zusammentun, sich unterstützen, stärken und das Schweigen brechen.

Inkonsequent? – Ich bin immer noch unterwegs
Frau C, Theologin

Wir saßen uns an meinem Tisch gegenüber, meine Freundin und ich. Es war einer dieser wenigen ruhigen Abende, an denen wir miteinander aßen und tranken und redeten, bei Kerzenlicht und einer leisen Flötenmusik. Einmal sagte sie ganz unvermittelt: »Du, ich mag dich so sehr.« Da war ein tiefes gegenseitiges Verstehen, das den ganzen Abend über mitschwang, da war eine große Freude über unsere gemeinsame Gegenwart.

Als sie dann später nach Hause gegangen war, gingen mir, wie oft in der letzten Zeit, Fragen und Antworten durch den Kopf und wieder neue Fragen.

Ich bin zum zweitenmal verheiratet, jetzt lebe ich vorübergehend getrennt von meinem Mann. Wirklich vorübergehend? Warum klammere ich mich an meinen Wunsch zurückzukehren? Die Beziehung zu ihm kostet mich, sicher auch ihn, viel Kraft. Und diese ruhige, selbstverständliche Sicherheit, wie ich sie eben erlebt habe, die gibt es zwischen uns so nicht. Warum also? Was sind eigentlich die Hintergründe meines Weges in die Beziehung zu Männern? Waren die so selbstverständlich, wie ich lange Zeit angenommen hatte?

Wenn ich mich der Reise in meine Kindheit überlasse, taucht als erstes Bild das Paar meiner Großeltern auf. Sie sitzen sich am Eßtisch gegenüber oder an ihren Schreibtischen im Büro des kleinen Unternehmens, dessen Chef mein Großvater war. Ich sehe sie auch nebeneinander auf dem Sofa sitzen, mein Großvater hat meine Großmutter untergefaßt. Mittags halten sie ihren gemeinsamen Mittagsschlaf. Sie vermittelten mir ein Bild der Gemeinsamkeit und Vollständigkeit, während meine Mutter, ein gestrandetes Schiff, beladen mit mir, in diesem Hafen geborgen wurde, nachdem ihre Ehe im ersten Jahr gescheitert war und mein Vater ohnedies nicht mehr lebte.

Ich war sehr klein damals. Was ich mehr spüre als deutlich erinnere, ist, daß meine Mutter ihrer Verstörung kaum Herr wurde, bis aus den Nachkriegswirren ein Freund der Familie auftauchte und dann ihr Freund wurde. Damals war ich knapp drei Jahre alt.

Meine Mutter begann aufzuleben, und ich, am Rande und auch irgendwie im Wege stehend, spürte und sah das. Ich begriff – wie man als kleines Kind begreifen kann –, daß es männliche Wesen sind, die einen zum Leben erwecken, die einen erlösen, die einen heil und vollständig machen, so wie es meine Großmutter in der Beziehung zu meinem Großvater war. Als meine Mutter auch diesen Freund verlor, begriff ich auch, daß man halbwegs daran starb, wenn man einen Mann verlor. Wo ich ging und stand sozusagen, begann ich die Zuwendung männlicher Wesen zu suchen, um mit der Mangelhaftigkeit meiner Situation fertig zu werden. Ich suchte sie bei den wenigen erwachsenen Männern, die in unser Haus kamen, ich suchte sie bei Gleichaltrigen im Kindergarten, in der Grundschule, bei meinen Vettern. Ich suchte sie bei meinem toten Vater und dann vor allem bei Gott.

In den Kindergottesdiensten und Kindergruppen der Kirche lernte ich Gott als überaus gestrengen Vater kennen und fürchten, und ich erinnere mich an große Anstrengungen, seine Billigung und Zuwendung zu erhalten. Noch im Konfirmandenunterricht lernte ich mehr als die andern, und das hatte nichts mit dem etwas gequält und langweilig unterrichtenden Pfarrer zu tun, sondern mit meinem Wissen um das »Schaffet, daß ihr selig werdet mit Furcht und Zittern«. Jahrelang, so erinnere ich mich, war ich hin- und hergerissen zwischen Vertrauen und unmäßiger Angst. Körperlich wohl die Unterentwickeltste meiner Klasse, hatte ich doch mit 14 Jahren als erste einen Freund, rein platonisch natürlich, einen Jungen, der groß und stark und sehr bestimmend war und zugleich sehr warmherzig und respektvoll in bezug auf meine körperliche Verklemmtheit und Prüderie. Mit ihm zusammen fühlte ich mich sicher und ganz, ohne ihn war ich unruhig und zerrissen. Die Beziehung hielt drei Jahre, und als mein Freund mich verließ, brach die Welt für mich zusammen. Ich konnte lange überhaupt nicht glauben, daß wir keine Zukunft miteinander haben würden. Meine Träume, Alpträume über diese Beziehung und ihr Ende, reichen bis in die jüngste Vergangenheit. Ich fühlte mich damals buchstäblich in Stücke gerissen, und alles, was ich in der folgenden Zeit unternahm, sollte mich wieder »vollständig« machen.

Ich hatte während der Schulzeit intensive Mädchenfreundschaften, und die eine oder andere hatte eine erotische Komponente, die uns vage bewußt war. In eine meiner Freundinnen war ich nahezu verliebt. Wir schrieben uns Briefe, die mit Baudelaire gespickt waren; der Gipfel meiner Zuneigung war erreicht, als wir uns gemeinsam betranken, nachdem sie in der Schule hängengeblieben war.

Aber diese liebevollen Gefühle für die eine oder andere Freundin blieben irgendwo am Rande der Notwendigkeit, von einem männlichen Wesen anerkannt, umsorgt, geliebt zu sein. Nur so kann ich es mir erklären, daß die hemmungslose Schwärmerei einiger Klassenkameradinnen für eine Lehrerin, die wir alle sehr mochten, mich nicht mitriß. Und dies war möglicherweise auch der Grund, weshalb unsere Klassenerste, eine schon damals sehr interessante Persönlichkeit, sich nach einer vorsichtigen Annäherung an mich von mir zurückzog. Sie ist heute eine engagierte Lesbe in der Berliner Frauenbewegung. Damals faszinierte sie mich, aber ich hatte einfach keine Energien frei.

Ich habe dann im Studium sehr früh geheiratet, jemanden, zu dem ich aufsehen konnte, wie ich meinte, jemanden, der mir helfen sollte, mich aus meiner verqueren Beziehung zu meiner Mutter zu befreien, jemanden, der mich heil und ganz machen sollte, jemanden, der deshalb natürlich auch wußte, daß ich mich in der theologischen Richtung meines Studiums im Irrtum befand, und der mir dann den »richtigen« Weg wies. Daß dies Unternehmen scheitern mußte, wollte ich lange Zeit nicht wahrhaben.

Ich erinnere mich, daß ich, als ich Mitte Zwanzig war, eine langjährige Freundin in Schweden besuchte. Wir sahen uns selten, aber wir waren uns, wenn wir uns sahen, immer wieder so nah, daß ich diese Freundschaft für eine der wenigen stabilen meines bisherigen Lebens hielt. Bei dem Besuch damals meinte ich in unseren intensiven Gesprächen zu spüren, daß ihre Probleme, vor allem die Unfähigkeit, männliche Nähe zu ertragen, ihre Wurzeln in ihrer uneingestandenen und darum nicht gelebten Homoerotik hätten. Ich hätte ihr sehr gerne geholfen damals. Es war eine seltsame Mischung aus Mitleid und Zuneigung, an die ich mich erinnere, und ich hatte damals keine Angst davor, sie in zärtliche körperliche Zuwendung umzusetzen. Aber da war ihre Angst, und wie hätte sie mir auch vertrauen sollen angesichts der Männerfixiertheit, die sie bei mir zehn Jahre lang erlebt hatte!

Auf Männer fixiert, das bin ich heute nicht mehr, denke ich, fühle ich. Ich verdanke das wohl der jahrelangen therapeutischen Arbeit und der damit verbundenen Emanzipation aus einer krankmachenden Beziehung zu meiner kranken Mutter, der ich so gerne geholfen hätte – aber ich war kein Mann!

Und ich verdanke es der feministischen Theologie, die mir geholfen hat, Gott und mich in der Beziehung zu »Ihm« neu zu verstehen, zu glauben, zu erleben. Dies verdanke ich den Frauen, mit denen ich bekannt und befreundet bin. Ich kann das Gefühl tiefen gegenseitigen Verstehens zulassen, aber auch die Freude an ihrer Schönheit, ihrer Lebendigkeit, der Zärtlichkeit ihres Ausdrucks, das Bewußtsein der mitschwingenden Erotik.

Einmal, erst kürzlich, habe ich mich spontan verliebt. Ich war von der Begegnung mit einer Frau in meiner ganzen Existenz berührt und konnte dies »Ereignis« in Worte fassen, ohne Angst zu haben und ohne mich selbst zu Spielen zu verleiten. Wie anders wäre ich mit einem Mann und auch mit mir selbst in solch einer Situation umgegangen! Ich fühlte mich in Einklang mit mir selbst wie selten. Vielleicht bedeutet dies ja

»frauenidentifiziert« sein, jedenfalls etwas davon. Sexualität in einer solchen Beziehung wäre für mich kein Ziel, sondern *eine* Möglichkeit, die Zuneigung, die Liebe auszudrücken.

Meine Einstellung zu Männern hat sich also verändert, auch die Beziehung zu meinem jetzigen Mann. Ich bin kritischer geworden, unduldsamer, aber auch gelassener. Mein Leben hängt nicht mehr von ihnen ab, vor allem meine Gottesbeziehung hängt nicht mehr von ihnen ab. Meine Fähigkeit, meinen Mann zu lieben, ist sicher gewachsen dabei, aus mir ist bis jetzt keine Frau geworden, für die es nur noch andere Frauen gibt und die deshalb ihrem Mann den Rücken kehrt. Sicher werden manche Frauen mich inkonsequent finden und glauben, daß ich mich, vielleicht aus Angst, selbst belüge. Ich kann nur beschreiben, was jetzt ist. Ich bin immer noch unterwegs in meiner Beziehungsfähigkeit Männern und Frauen gegenüber.

wegkreuzung

du bist du
und ich bin ich
einen augenblick
lang – ein traum –
haben wir uns getroffen
vor dem
auseinandergehen
das ist mehr
als ich erhoffte

ute wild

Den Sog des »Normalen« überwinden
Frau D, Pfarrerin

Wenn ich mit lesbischen Frauen zusammen bin, spricht kaum eine davon, daß sie vielleicht auch Mutter ist. Ich auch nicht. Ich habe sehr lange gebraucht, zu mir, zu Frauen zu finden. Zwanzig Jahre lang war ich verheiratet und habe zwei Kinder. Für uns Frauen, die so lang »normal« gelebt haben, ist es noch einmal ein ganz anderer Weg, lesbisch zu werden, lesbisch zu sein. Das »Normale« steckt tief in mir drin, es ist auch nach mehreren Jahren des Lebens und Heil-Werdens mit Frauen ein Teil von mir. Quält mich. Immer noch.

Gelebt hatte ich nach außen. Ich, Theologiestudentin, wollte einen angehenden Pfarrer heiraten. Ich verliebte mich nicht so sehr in den Menschen, sondern in das, was er für mich verkörperte: Autonomie, Normalität und Sicherheit. Ich erlebte damals die Männer als Menschen, die sicher sind, die wissen, wo es lang geht. Das wollte ich für mich. Ich wollte dazugehören, fand darin Geborgenheit, kurzum das, was mir gut tat. Denn bis dahin hatte ich nur rastlos gesucht nach mir, nach einem Sinn. Ich wußte nicht, wer ich war. Mit der Heirat gab ich mich dem »Normalen« hin, gab mich damit aus der Hand. Von der Gesellschaft wurde ich bestätigt als Verlobte, Verheiratete, Mutter. Doppelt und dreifach gefangen war ich in diesen Fallstricken, denn ich war ja auch noch Pfarrfrau. Irgendwo geisterte in meinem Hinterkopf das Ideal Luthers vom evangelischen Pfarrhaus. Als ärgerlicher Stachel und ganz und gar nicht im Sinne Luthers blieben meine eigenen Ansprüche, Pfarrfrau *und* Pfarrerin zu sein. Doch all dies war nur halb: Den Kindern wurde ich nicht gerecht, dachte ich; ständig in Hetze, mit schlechtem Gewissen. Der Vorwurf der Mutter: »Wie kannst du das deinen Kindern antun?« traf mich tief, hielt meine Unsicherheit wach; die Arbeit als Gemeindepfarrerin befriedigte mich nicht, weil ich sie nur neben der Familie ausführen konnte. Ein bißchen politische Arbeit, Bürgerinitiativen entstanden, die Studentenbewegung entwickelte sich. Überall machte ich nur halb mit, hatte nur begrenzt Zeit und keine Kraft, mich so zu engagieren, daß es auch für mich etwas gebracht hätte. Außerdem störten mich zunehmend die ewig redenden und alles bestimmenden Männer.

Ich wurde nicht wütend, sondern krank.

Genau so hat frau ja auch zu reagieren. Die Anfänge der zweiten Frauenbewegung verbrachte ich deshalb auf der Couch des männlichen Analytikers. Noch galt es, mein Verhalten an die »Normalität« anzupassen, dachte ich. Doch mehr und mehr merkte ich, daß der Mann, mit dem ich lebte, den ich ja auch liebte, kein Gesicht für mich hatte. Dies zu erkennen tat sehr weh. Eigentlich war immer noch alles richtig, so wie ich das gewollt hatte und wie es von mir erwartet wurde. Ich hatte eine Tochter, einen Sohn, es stimmte alles. Ich gehörte dazu. Etwas in mir war zufrieden, diese »Normalität« gab eine enorme Sicherheit. »Du mußt nicht ständig Wege für dich suchen, sie sind schon da, vorgegebene, ausgetretene. Du bist anerkannt, auf Familienfeiern zum Beispiel.« Offensichtlich habe ich das auch gebraucht.

Auch heute noch, da ich mit Frauen lebe, zieht dieses »Richtigsein«, dieses »Dazugehören«. Wenn ich wenigstens ganz eindeutig sagen könnte: »Ich war schon immer anders.« Ich beneide manchmal die lesbische Frau, die von sich sagen kann: »Ich habe mich von Anfang an zu Frauen hingezogen gefühlt.«

»Der liebe Gott hat das so nicht gewollt. Er hat doch Mann *und* Frau gemacht.« So reagierte meine Mutter, als ich ihr sagte, daß ich lesbisch sei. Diese biblische Schöpfungsordnung ist eine Ordnung, die Halt und Sicherheit gibt. Alles ist an seinem Platz, du weißt, wer du bist, wo du hingehörst und was du zu tun hast. Gefangen in den Fallstricken des Herrn, der Herren. Und wir Frauen verwechseln das mit Liebe! Wen oder was habe ich da zwanzig Jahre lang geliebt? Wo sind meine Gefühle, meine Hoffnungen? Ich gehörte zwar dazu, aber nicht zu mir. Wo bin ich da geblieben?

Diese Fragen benennen Wunden.

Vielleicht ist die Antwort, daß es keine Antwort gibt. Immer wieder muß ich mich auseinandersetzen: Die Tochter bringt einen Freund mit nach Hause, im Sohn sehe ich immer mehr auch den Mann. In solchen Momenten muß ich immer wieder ganz bewußt loslassen. Vor allem in meiner Beziehung zu den Kindern erliege ich sehr leicht dem Sog des »Normalen«.

Nach all den Jahren weiß ich, wo ich hingehöre. Auch ohne der äußeren Ordnung Genüge zu tun, die sich in christlicher Schöpfungsordnung manifestiert. Immer wieder muß ich mich mit dieser verordneten »Normalität« auseinandersetzen. Mir geht es gut in meinem »Anderssein«. Ich liebe Frauen. Ich liebe eine Frau. Ich spüre das Netz von uns Frauen, es fängt mich auf, ich fühle mich frei – die Fallstricke der Herren, des Herrn, halten mich nicht mehr gefangen.

Ich lebe nicht mehr nach den Spielregeln der sogenannten Normalität, lasse mich nicht mehr von außen her bestimmen. Ich gehe ganz nach innen, treffe in der Begegnung mit der Geliebten auf meine Quelle, auf unsere Freundschaft. Ich erlebe, daß die feministische Parole »Frauen gemeinsam sind stark« nicht nur für politische Aussagen zutrifft.

Religiös gesprochen, nenne ich sie Godh. Der Begriff Godh kommt aus dem keltischen Kulturkreis und meint *die* Gottheit. Später hat das von Männern dominierte Christentum daraus *den* Gott gemacht. Ich spreche bewußt von der Godh und nicht von der Göttin. Göttin ist von Gott abgeleitet und damit dem Patriarchat weiterhin verhaftet.

Seit ich Frauen liebe, habe ich die Godh erkannt, bin ich gläubig geworden. Eine heilende Erfahrung. Als ich Ehefrau, Pfarrfrau, Gemeindepfarrerin war, konnte ich nicht glauben. Ich litt darunter. Jede Verkündigung war Kampf und wurde zum Krampf. Die Quelle, aus der ich trinken konnte, war mir noch verborgen. Immer wieder wurde ich krank, weil dieses Leben über meine Kräfte ging. Es hatte nichts mit mir, mit uns, mit unserer Kraft zu tun. Diese Kraft nenne ich heute Godh. Ich freue mich, daß immer mehr Frauen auch in der Kirche diese geistliche Kraft entdecken. Sie ist die Kraft der Erinnerung. Wir sehen Spuren und Zeichen von ihr in den ersten steinzeitlichen Funden, den Idolen, den Abbildungen auf Felswänden, vor Zehntausenden von Jahren. Da kommen wir her, da gehen wir hin. Auch die Bibel weiß – wenn auch überwiegend nur in Abgrenzung – von dieser göttlichen Kraft zu berichten. Diese Kraft ist stärker als der Sog des »Normalen«. Vielleicht bleibt dieser Sog, die Sehnsucht nach dem »allgemein Anerkannten«. Aber im Kreis der Frauen, im Netz der Erinnerung, ist das andere stärker: die Sehnsucht, wie es einmal war und wie es wieder sein wird. Wir können Grenzen überschreiten, Lebensgrenzen, Todesgrenzen. Wir Frauen sind keine Opfer. Wir *sind*.

abschied

es ist so still geworden
in der wohnung meines herzens.
auch ein wenig kalt und leer
seitdem du ausgezogen bist
du liebe zärtlichkeit
und auch ihr meine träume

habt mich verlassen
und meine erinnerungen
an die liebste
und mein verlangen nach ihr
und ach, mein lachen.
doch auch ihr
meine schwestern tränen
ganz leise gingt ihr fort
nach sieben monden.
und ich, ich hänge ein schild
an meine tür
derweil ich ausfege
und es mir gemütlich mache
in mir selbst:
wohnung zu vermieten.

ute wild

Lesbischsein und Kirche – das schien mir doch zu abwegig!
Frau E, Juristin

Ich bin Feministin und schon lange in der autonomen Frauenbewegung aktiv. Dort fühlte ich mich wohl, lernte Frauen kennen, lernte mich kennen, handelte und kämpfte. Unipolitik war für mich in dieser Zeit ebenso selbstverständlich wie die Arbeit, das Aufgehen in der autonomen Frauenbewegung.

Gemeinsam mit anderen Frauen erlebte ich Nähe in Selbsterfahrungsgesprächen, in Gesprächen über uns, unsere Sexualität und unsere Beziehungen zu Männern. Das erste Mal ein Erzählen darüber, was uns so nahe schien und doch zu dieser Zeit noch nicht mit anderen beredet wurde. Es war die Aufbruchstimmung der neuen Frauenbewegung. Das Private ist politisch! Diese Befreiung! Ich sprach mit Frauen über meine Erfahrungen mit meinem Freund, über das Verhalten anderer Männer, die mich in Gesprächen kaum zu Wort kommen ließen, die mir angst machten – und all dies war politisch!

Es war wirklich die Zeit des Wachwerdens. Kirche und

Glaube waren für mich in dieser Zeit weit weg. In dieser Zeit trat ich aus der katholischen Kirche aus. Gefühlsmäßige Verbundenheit mit der Kirche gab es nicht. Die Position des Papstes zu § 218 war für mich untragbar und Anlaß, die innere Trennung von der Kirche politisch zu untermauern. Ich fühlte mich gut dabei, politisch gehandelt zu haben. Ich hatte keine Angst, wegen dieser Entscheidung eventuell beruflich Nachteile zu erfahren. Diese Aussicht verunsicherte mich nicht. Zu stark war meine Ablehnung der zutiefst frauenfeindlichen Politik des Vatikans und zu wenig bedeutete mir zu dieser Zeit die Gemeinschaft der Kirche.

Ich lebte also in dieser Welt der autonomen Frauenbewegung und studentischen Szene. Dort gab es keinen Platz für Besinnlichkeit, Religiosität, Meditatives oder gar Spirituelles. Alles war von nach außen gerichteten Aktivitäten, von Aufbruch und Power bestimmt.

Im Frauenzentrum arbeitete ich erstmals in meinem Leben bewußt mit Frauen zusammen. Ich erlebte, wie anregend Frauen sein können, spürte die Nähe zu ihnen, nahm sie als politische Diskussionspartnerinnen wichtig. Ausgerechnet ich, die ich bisher nur auf Männer als adäquate Gesprächspartner gebaut hatte! Männer waren in meinen Augen bis dahin die Erfahreneren, politisch Ernsthafteren gewesen und überhaupt einfach nicht so »doofe Weiber«! Dort im Zentrum also lernte ich Frauen als interessante und spannende Partnerinnen kennen. Eine schöne Zeit. Indem ich andere Frauen wichtiger nahm, wuchs auch mein Bewußtsein über meine Bedeutung als Frau.

Ich verliebte mich! Herzklopfen und Bauchweh stelten sich ein, wenn ich *sie* sah. Ich wußte nicht, was dies zu bedeuten hatte. Von lesbischer Liebe hatte ich bis dahin nichts gehört. Ja, es war tatsächlich so. Ich wußte nicht, daß Frauen sich in Frauen verlieben konnten. Wie alt war ich damals? 21, 22 Jahre!

Das Bauchweh, das Herzklopfen, das ich erst nicht einordnen konnte, zwang mich dazu, diese Gefühle zu Frauen anzuschauen. Ja, ich war verliebt in eine Frau! Nur zaghaft wagte ich, es ihr zu sagen. Sie mochte mich, doch Verliebtsein schien ihr fremd. Allein, es ihr gegenüber ausgesprochen zu haben, war für mich ein Akt der Befreiung. Ich wollte gar nicht mehr, wußte eigentlich gar nicht, wie und was ich wollte. Hatte ich doch seit Jahren einen festen Freund, mit dem ich zusammenwohnte und den ich liebte. Mit ihm sprach ich über meine Gefühle. Er war ruhig. Meine Liebesgefühle zu ihr verunsicherten ihn nicht. Schließlich mochte er sie auch ganz gern leiden, und so schien alles nicht so von Bedeutung.

Ich glaube, im nachhinein war es für uns alle etwas, was wir nicht kannten und deshalb nicht ernst nahmen. Zwei Frauen mochten sich halt etwas intensiver als sonst üblich. Wir waren zwei Freundinnen, die gerne Hand in Hand oder Arm in Arm spazierengingen oder gemütlich auf dem Bett lagen und sich stundenlang erzählten. Sexualität, Küsse, Nacktsein waren noch nicht im Bereich des Möglichen und nur zaghaft im Bereich der Wünsche und Sehnsüchte. Mehr als freundschaftliche Nähe konnte ich mir kaum vorstellen, obwohl ich mit allen Symptomen von Verliebtsein zu kämpfen hatte: Warten auf ihren Anruf, Zweifel, wenn sie mich nicht freundlich anlächelte, Bauchweh, Vorfreude, wenn ich mich mit ihr traf, und Sehnsucht nach Nähe.

Die Gefühle des Verliebtseins zu Frauen wühlten mich zwar auf, verunsicherten mich jedoch nicht. Schließlich schienen mir die Theorien der Bisexualität – obwohl, wie gesagt, das Sexuelle zu Frauen noch gar nicht gelebt war – eingängig und nahtlos in mein aufgeklärtes Weltbild integrierbar.

Einige Jahre später: Ich hatte die studentische Insel der Großstadt verlassen, war nun im Beruf, und es war nicht leicht, mein feministisches Engagement am Arbeitsplatz in der Kleinstadt weiterzuleben. Ich verliebte mich, weit ab von Frauenbewegung, Frauenzentrum und politischer Arbeit, in eine Frau, die von Feminismus noch kaum etwas gehört hatte. Sie lebte ihre Gefühle ohne den sozialen Hintergrund einer sich progressiv verstehenden Szene. Ich verliebte mich.

Das erste Mal Sexualität, das erste Mal die gleichzeitige Liebe zu ihr und meinem Freund als Doppelbödigkeit erlebt, als Unklarheit. So heimlich, wie ich meine Liebe zu ihr gelebt habe, war ich dabei nie mit konkreter Ablehnung von irgendwelchen Seiten konfrontiert. Keine abwertenden Äußerungen oder Witze beeinträchtigten meine Gefühle, meine gelebte Liebe zu ihr. Massiver hingegen wirkte zu dieser Zeit noch das schlichte Unvermögen, mir meine Zukunft mit einer Frau – analog zur lebenslangen Mann-Frau-Bindung – vorzustellen. Ich sah sie nirgends vorgelebt, sie war zum Scheitern verurteilt.

Ich fragte mich, ob ich aus Sicherheitsdenken, aus Feigheit bei meinem Freund blieb und warum ich nicht wagte, Frauenliebe offen zu leben. Offen, das heißt für alle erkenntlich als *meine* Beziehung.

Zum Abschied schrieb ich ihr damals folgenden Text:

Ich habe dich kennengelernt
Habe ich mich verliebt?
Verliebt in eine Frau, die Gefühle nicht wegschiebt,
sondern lebt und dazu steht?

Totales Durcheinander:
Was denken die anderen?
Wenn das herauskommt? – Das Kollegium, die Nachbarn
nach außen: Heimlichkeiten, sich verstecken
nach innen: Offenheit, mich immer mehr öffnen können,
angstfreies Verliebtsein, Berauschtsein, Gemeinsamkeit spüren.

Entscheidungskarussell
Selbstverleugnung oder lesbisch sein?
mein Freund oder meine Freundin?
»Sicherheit« oder Unsicherheit?
»Normalität« oder Außenseiterin?

Anpassung
Ich bleibe mit meinem Freund zusammen,
bleibe »normal«
mit dem progressiven Gefühl, eigentlich ja auch lesbisch
zu sein!
War es Spielerei?
Bereicherung auf Deine Kosten?
Auf Kosten aller Lesben?

Ich habe die Sicherheit gewählt – doch was für eine?
Du bist *Dir* sicher
Du bist stärker, konsequenter und ehrlicher als ich

Jetzt verstehe ich die Skepsis der Lesben gegenüber uns Heterofrauen!

Ich entschied mich also für ihn. Er war meine Zukunft, nicht die Liebe zu ihr. Zu neu, zu unsicher und zu ungewohnt und ohne Vorbilder waren die Empfindungen zu ihr. Zu bekannt, zu verlockend die Sicherheit und Selbstverständlichkeit mit ihm.

Trotz der letztendlichen Entscheidung für den Mann waren meine inneren Auseinandersetzungen mit Liebesgefühlen zu Frauen in keiner Phase von moralischen Zweifeln geprägt. Was ich erlebte, war gut. Es gab keine Einschränkungen in mir von wegen Sünde oder so. Kirchliche Moralvorstellungen über gleichgeschlechtliche Liebe waren scheinbar spurlos an mir vorübergegangen.

Und doch wäre ich nie auf die Idee gekommen, daß auch in der Kirche Frauen sein könnten, die intensive Gefühle zu Frauen lebten. »Lesbischsein und Frauenbewegung« ja, aber »Lesbischsein und Kirche« – das schien mir doch zu abwegig. Diese unbewußte Trennung wurde mir erst deutlich, als ich mich Hals über Kopf in eine »Kirchenfrau« verliebte. Sie war im Glauben verwurzelt, arbeitete bei der Kirche, liebte Frauen und sprengte dadurch mein Bild von der Kirche als einer verhärteten, weltfremden Institution. Durch sie erlebte ich die Kirche von einer anderen Seite. Ich sah feministische Theologinnen, die, ausgehend von ihrem Glauben, ihrer Religiosität und ihren Erfahrungen, als Frauen eine Veränderung eingefahrener Verhältnisse anstrebten. Es war eine neue Welt für mich. Ich mußte mich umstellen. Themen, die bei »uns« (in der Frauenbewegung) selbstverständlich angesprochen wurden, waren hier noch zaghaft am Wachsen. Die Selbstverständlichkeit von reinen Frauengruppen mit dem bewußten Ausschluß von Männern war hier noch etwas Neues.

Ich fühlte mich zu diesen Frauen hingezogen, die in einer von Männern geprägten Institution bei ihrem Frausein geblieben waren, sich als Frauen begriffen und die Interessen von Frauen auch innerhalb der Kirche gewahrt sehen wollten. Es waren starke Frauen, die mitten in der Institution überlebt hatten und täglich aus der Gemeinschaft mit Frauen die Kraft schöpften, ihren Weg zu suchen und zu gehen.

Durch meine »Kirchenfrau« sah ich eine neue Kirche. Mit ihr gemeinsam erlebte ich das erste Mal in meinem Leben Gottesdienste, die mich einbezogen, die schön waren, die besinnlich waren, die mich ansprachen, weil ich mich in der Gemeinschaft wiederfand. Ich erfuhr mehr über Frauen in der Kirche. Über den Weltgebetstag von Frauen, die weltweit gegen Ungerechtigkeit kämpften und sich im Glauben verbunden fühlten. Ich war beeindruckt. Lernte Frauengestalten in der Bibel kennen, die ich bis dahin noch nicht kannte, Frauengestalten, an denen ich Probleme und Konflikte, Fragen von mir heute, vorgelebt sah. Diese Neuentdeckungen, die ich durch sie in diesem Bereich machen konnte, bereicherten mich. Meine Ablehnung gegenüber der Institution Kirche ließ nach.

Jahre später kam es zur Trennung von meiner Freundin. Und doch hatte ich meine Berührungsängste mit der Kirche durch sie verloren. Ich trat in die evangelische Kirche ein. Ich sah die Möglichkeit, in ihr Menschen zu finden, die für die Erhaltung der Welt und ein gerechtes Leben eintraten. Friedensmärsche, Schweigekreise, Friedensgottesdienste, Kirchentag, feministische Bibelarbeit. Dies alles unterschied sich nur noch wenig von meinem politischen Engagement und meinen Diskussionen innerhalb der autonomen Frauenbewegung.

Ich fühlte mich wohl in kirchlichen Kreisen. Und doch blieben meine Fragen. Wo blieb meine Religiosität? Jesus, Gott waren für mich immer noch nur Worte, mit denen ich kaum tiefere Gefühle verband.

Dann kam die Entscheidung: Nehme ich eine Stelle in einer kirchlichen Einrichtung an? Nach den positiven Erfahrungen mit den in der Kirche arbeitenden Männern und Frauen schien es mir eigentlich keine echte Frage mehr zu sein. Voll Elan stürzte ich mich in meine neue Arbeit im kirchlichen Dienst.

Was wurde aus meiner Liebe zu Frauen?

Ich hatte mich mittlerweile von meinem langjährigen Freund getrennt. Meine »Zweigleisigkeit« konnte ich nicht mehr länger ertragen, nachdem ich mich erneut in eine Frau verliebt hatte. Ich wollte diese Liebe und Gemeinschaft nicht länger verstecken, sie als zweitrangig einstufen.

Die Trennung von meinem Freund verlief mit all der Trauer und den Schmerzen, die eine Trennung mit sich bringt, und trotzdem verlief sie ohne inneres Hadern und Zögern. Ich hatte nun endgültig die Kraft, entgegen der gesellschaftlich erwarteten Liebe zu Männern meine Liebe zu Frauen offen zu leben.

Ich hatte mich – vermutlich nicht zufällig – in eine Frau verliebt, die kompromißlos ihr Lesbischsein lebt. »Warum verschweigen? Das können doch ruhig alle wissen. Um so weniger brauchen sie hinten herum zu reden«, war ihr Standpunkt. Die Selbstverständlichkeit, mit der sie ihre Liebe zu Frauen lebte, war wohltuend und zugleich eine Herausforderung an mich. Die Klarheit, die ich mir nun mühsam in meinem privaten Leben erarbeitet hatte, zog das Bedürfnis nach sich, mich auch in meinem Beruf als ganze Person einbringen zu können.

Doch ich arbeitete bei der Kirche. Ich hatte Angst, meine Stelle zu verlieren und meine Existenz zu gefährden. Wie realistisch diese Angst war/ist, weiß ich nicht. Es fiel mir leichter, zu meinem feministischen Engagement zu stehen als zu meinem lesbischen Leben, obwohl gerade ersteres nicht einfach ist, da Feministinnen im kirchlichen Bereich schnell als Bedrohung erlebt werden. Als Feministin und Lesbe hatte ich nicht nur Angst, unter die Rubrik »homosexuell« – und somit für den kirchlichen Dienst nicht tragbar – zu fallen, sondern zusätzlich durch meine feministische Kritik an der Männergesellschaft bei gleichzeitigem männerlosem Privatleben eine Angst zu erzeugen, die zu irrationalen Repressionen führen konnte.

So war ich also stets auf Ausgewogenheit bedacht. Im Gegensatz zu mir formuliert meine verheiratete Kollegin viel radikaler ihre Kritik am Patriarchat. Sie wagt klarere Positionen gegen Männerstrukturen und Frauenunterdrückung und zeigt offen ihre Parteilichkeit für Frauen. Durch ihr heterosexuelles Privatleben über alle Zweifel erhaben, getraut sie sich eher, anzuecken und Männergewalt dort zu benennen, wo sie ihr begegnet. Ich wünsche mir, daß auch ich diesbezüglich mehr Selbstsicherheit bekomme. Mittlerweile wissen mein Chef und auch einzelne Kollegen und Kolleginnen um mich und meine Freundin, und trotzdem habe ich immer noch das Gefühl des Aufpassen-Müssens.

Meine Freundin war einige Male auf meiner Arbeitsstelle. Ich fühlte mich dabei nicht sonderlich wohl, war aufgeregt, verhalten und unsicher im Umgang mit ihr. Keine Zärtlichkeiten, keine verliebten Blicke. Nur Schwesterlichkeit und selbst die weniger als beispielsweise mit meiner Kollegin, mit der ich schon mal Arm in Arm laufe. Meine Freundin und ich hätten uns das nicht getraut.

In meiner Selbstsicherheit stark beeinträchtigt haben mich die Vorgänge um schwule Pastoren. Homosexualität und Kirche ist an einigen Präzedenzfällen in der Öffentlichkeit diskutiert worden. Und ich habe real vorgelebt bekommen, daß Homosexualität und Kirche als Arbeitgeberin sich schlecht vertragen. Das macht mir angst, macht mich insgeheim abhängiger vom Wohlwollen meines Chefs. Mein Arbeitsplatz ist meine Existenzsicherung.

Meine Arbeit bei der Kirche hat auch mein Verhältnis zum Glauben schrittweise verändert. Ich suche zunehmend den Kontakt zu Frauen, die im Glauben verwurzelt sind. Das ist kein Zufall, und ich bin neugierig, was an Religiosität noch in mir schlummert. Meine Suche nach Frauen, mit denen ich Spiritualität, Besinnlichkeit, Meditation und Gemeinsamkeit leben kann, geht weiter. In meiner Liebe zu Frauen fühle ich mich durch mein Wissen um matriarchale Religionen, um Göttinnen, weibliche Kräfte, Fähigkeiten und Spiritualität bestärkt. Die feministische Theologie bestätigt mir, daß diese Kraft, die ich zwischen Frauen spüre, Tradition hat, gut ist und Leben spendet, wenn sie gelebt wird.

Meine Beziehung als lesbische Frau zur Kirche ist leider noch widersprüchlich. Als Arbeitgeberin flößt sie mir Angst ein. Da bin ich mir nicht sicher, wie weit sie mich als lesbische Frau mit trägt und hinter mir steht. Als Theologie und Gemeinschaft gibt sie mir Kraft, und ich bin dankbar, innerhalb der Kirche so viele Frauen zu finden und täglich neu zu treffen, die mir bei der Suche nach meinem Glauben und meiner Identität als lesbische Frau weiterhelfen.

Lesbischsein – ein Nicht-Thema
Frau F, Lehrerin

In irgendeiner Art und Weise habe ich immer in Verbindung zur Kirche gestanden, durch familiäre und kirchliche Sozialisation und vor allem auch durch den Religionsunterricht in der Schule, der mich lange stark prägte. Dieser Religionsunterricht war evangelikal, fundamentalistisch ausgerichtet, und ich habe lange Zeit gebraucht, mich davon zu lösen und meine eigenen Gedanken zu denken, meinen eigenen Weg zu gehen.

Als ich meine erste Lehrerinnenstelle antrat, habe ich auch Verbindung mit dem Gemeindepfarrer aufgenommen und ein bißchen Jugendarbeit gemacht. Dann arbeitete ich als Entwicklungshelferin in einem Schulprogramm im Ausland. In meinem Einsatzland hatte ich es mit einer ziemlich konservativ-evangelikal geprägten Kirche zu tun. Was ich an Kirchenstrukturen und -politik mitbekam dadurch, daß die Kirche meine Arbeitgeberin war, fand ich oft desillusionierend und wenig erfreulich.

Jetzt unterrichte ich wieder im deutschen Schulsystem, habe guten Kontakt zum Gemeindepastor, bin in einem Gesprächskreis und habe vor, etwas aktiver in der eigenen Gemeinde zu werden (Jugendarbeit, Vorträge über meine Auslandsarbeit). Außerdem gehöre ich zu einer kirchlichen Frauengesprächsgruppe einer benachbarten Stadtgemeinde.

Vor neun Monaten habe ich sozusagen mit meinem »coming-out« angefangen. Dabei bin ich einfach von der Annahme ausgegangen, daß, so wie ich christlichen Glauben verstehe und lebe, es möglich sein muß, weiter in diesem Glauben bleiben zu können und gleichzeitig mir selbst und anderen gegenüber zum Lesbischsein stehen zu können. Es ist im Verlauf der Anfangsphase so gewesen, daß ich gerade durch die Kirche Hilfe bekommen habe. Ich hatte zu Anfang ein Gespräch mit einer Diakonin aus der Nachbarstadt; es war nicht einfach, mit einer fremden Frau über meine sehr persönlichen Probleme zu sprechen, aber hinterher fühlte ich mich bestätigt und bestärkt. Ein Gespräch mit einem befreundeten Pastorenehepaar verlief genauso positiv, ich fühlte mich akzeptiert ohne Vorbehalte, und unsere Freundschaft hat eine besondere, offene Qualität dazubekommen. Was mich an der Denkweise meiner Freundin besonders faszinierte, war, daß sie Homosexualität und Heterosexualität absolut gleichrangig ansah. Sie tat das mit einer logischen Konsequenz, die mich anfangs verblüffte und mich auf dem Weg meiner Selbstannahme vorwärtsbrachte.

Dann auf dem Kirchentag in Düsseldorf habe ich sehr schöne und zum Teil umwerfende Erlebnisse und Gespräche gehabt. Ich bin sehr viel im HuK-Zentrum (HuK = Homosexuelle und Kirche), in der Markus-Gemeinde, gewesen und habe so, mit Hilfe der Kirche quasi, meine ersten Begegnungen mit Homosexuellen gehabt. Ich habe mich dort auch mit einer Frau angefreundet, woraus sich dann meine erste Frauenbeziehung entwickelte.

In der Kirchengemeinde hier fange ich langsam an, Fuß zu fassen, mit dem Pastor bin ich befreundet, ich habe ihm von meinem Lesbischsein erzählt und fühle mich von ihm voll akzeptiert. Seine offene und positive Einstellung gegenüber dem Problem Homosexualität bemerkte ich in einem Gespräch, als er den Fall Brinker/Hannover erwähnte und die Haltung der Kirche verurteilte. (Ich selbst war damals eigentlich noch leicht schockiert bei dem Gedanken, daß es homosexuelle Pastoren gibt!)

Ich kann mich nicht erinnern, daß früher in der Kirche explizit etwas gegen Homosexuelle gesagt worden ist. Ich habe nur eine vage Erinnerung, daß gleichgeschlechtliche Liebe vom christlichen Glauben her betrachtet nicht richtig sein könne, da nach dem Schöpfungsbericht Gott den Menschen als Mann und als Frau schuf und *diese beiden* eng zusammengehören, daß also Heterosexualität das eigentlich Gottgewollte sein müsse. Ansonsten war Homosexualität eigentlich viel mehr ein Nicht-Thema, tabu. Für mich selbst bedeutete das, daß ich mit meinen speziellen Problemen und meinen Gefühlen gar nicht vorkam; dadurch fühlte ich mich außerhalb des Normalen gestellt. Ich war mir dessen bewußt, daß ich Frauen liebte, aber ich habe das nie vor mir selbst als Lesbischsein oder Homosexualität bezeichnet. Ich habe mich dem Problem nie richtig gestellt, sondern es an den Rand gedrängt, so daß ich damit weiterleben konnte, wobei ich mir meines »Nicht-Normalseins« aber immer schmerzhaft bewußt war.

Etwa bis zur Pubertät habe ich mir vorgestellt, später einmal viele Kinder zu haben (ich komme aus einer kinderreichen Familie), allerdings habe ich nie sehr an den Mann dabei gedacht. Gleichzeitig habe ich immer gegen meine Mädchenrolle opponiert, ich habe mich nie mit ihr identifizieren können in bezug auf Kleidung, Spielen, Bücher, Verhalten und so weiter. Ich fand Mädchen meistens »doof«, mit Jungen zu spielen war viel interessanter, und selbst ein Junge zu sein wäre das beste gewesen.

Während der Pubertät verliebte ich mich dann in Frauen, wohingegen meine Mitschülerinnen, zum Beispiel während der Tanzstundenzeit, ein fürchterliches Theater um die Jungen machten – ich war auf einem reinen Mädchengymnasium, also waren Begegnungen mit Jungen nur bei besonderen Gelegenheiten möglich. Zu dem Zeitpunkt hat sich bei mir eine Haltung entwickelt, die sich im Laufe der Jahre verfestigte: Bei dem Affenzirkus machst du nicht mit (flirten, Jungen irgendwie auf sich aufmerksam machen), außerdem stehst du sowieso im Abseits und hast keine Chancen, und dieser Konkurrenzkampf ist dir viel zu albern.

Gegen Ende der Schulzeit, mit achtzehn Jahren, war für mich klar, daß ich nicht nach dem üblichen Muster leben würde; ich hatte keine Jungenfreundschaften, auch keine Gelegenheit und Lust gehabt, welche anzuknüpfen. Ich verliebte mich weiterhin in Frauen, himmelte sie von fern und im Verborgenen an und stand damit außerhalb dessen, was allgemein als normal angesehen wurde. Ich reagierte sehr allergisch und aggressiv gegen Anfragen und Andeutungen in bezug auf Freund oder Heirat, und im Laufe der Zeit wurde mein Single-Dasein allmählich akzeptiert. Insgeheim hatte ich tief innen eine panische Angst, daß jemand mich fragen oder es im Gespräch herauskommen könnte, daß ich mich noch nie in einen Mann verliebt hatte, geschweige denn, daß ich eine Männerbeziehung gehabt hätte. Ich empfand das als sehr peinlich oder, genauer gesagt, eigentlich als Versagen meinerseits. Ich weiß noch, daß ich lange Zeit »Blut und Wasser« schwitzte, wenn andere vom ersten Verliebtsein erzählten oder von ihren Erfahrungen mit glücklicher oder unglücklicher Liebe. Ich bin nie auf den Gedanken gekommen, meine Gefühle Frauen gegenüber, meine gleichgeschlechtlich ausgerichteten Sehnsüchte als gleichwertig zu betrachten.

Da alles um mich herum (Familie, Freundeskreis) heterosexuell geprägt war, hatte ich kein alternatives Verhaltens- oder Orientierungsmuster vor Augen, ich kam nirgends vor. Konsequenz daraus: Das, was ich fühlte, war falsch, mußte an den Rand gedrängt werden. Ich fand mich mit meinem »Single-Status« ab, sah ihn im Laufe der Zeit auch mit etwas mehr Humor, unverkrampfter, und versuchte, ihn als Aufgabe zu betrachten, seinen positiven Seiten auch Gutes abzugewinnen.

Ich habe nie eine richtige Beratung oder Therapie mitgemacht, aber zwei Erlebnisse fallen mir ein, die mich in eine Sackgasse brachten:

Vor mehr als zehn Jahren erzählte ich einer guten Freundin, die ich damals sehr liebte, wie meine Gefühle zu ihr stünden; sie meinte, wenn das wirklich so sei, sollte ich mal zum Psychologen gehen. Dieser Rat empörte mich; denn ich war doch nicht so »unnormal«, daß ich zum Psychologen gehen müßte! Und damit war dies wieder ein Nicht-Thema geworden, ich konnte über meine lesbischen Gefühle nicht mehr mit meiner Freundin reden, da sie offensichtlich nichts damit zu tun haben wollte.

1977 auf dem Kirchentag in Berlin ging ich ins Seelsorge- und Beratungszentrum, ich unterhielt mich mit einer Frau über meine gleichgeschlechtlichen Gefühle, was mir damals wahnsinnige Schwierigkeiten machte. Wir kamen in eine Sackgasse, als sie mich fragte, ob ich mir vorstellen könne, mit Frauen auch sexuelle Beziehungen zu haben. Ich verneinte das vehement, ich dachte, »so eine« bin ich doch nicht, ich habe nur *Gefühle* Frauen gegenüber. Ich bekam noch die Adresse einer Beratungsstelle in X. mit, aber ich hatte im Grunde nicht vor, dort hinzugehen. Statt dessen war für mich klar, daß ich nun die Möglichkeit, als Entwicklungshelferin in Übersee arbeiten zu können, mit Nachdruck verfolgen wollte, um so von meiner Freundin wegzukommen und um mir zu beweisen, daß ich auch ohne sie leben könne. (Das war nicht die einzige Motivation für mich, in den Entwicklungsdienst zu gehen; aber wohl eines unter mehreren Motiven.) Über fünf Jahre lang bin ich dann auch in Übersee gewesen, aber mein Problem, meine Gefühlsorientierung ließ ich – natürlich – nicht in Deutschland; ich verliebte mich auch dort mehrere Male, allerdings auch wieder in die falschen Frauen.

Ich bin manchmal wütend, oft traurig, weil mir meine Lebensmöglichkeiten beschnitten werden. Ich bin traurig, weil es so wenige Vorbilder, Modelle in Literatur und Film gibt, und ich bin oft enttäuscht, wenn ich Literatur über Homosexualität lese und dann bemerken muß, daß das meiste sich auf männliche Homosexuelle bezieht. Da finde ich nur in Ansätzen Identifizierungsmöglichkeiten; die Erfahrungen sind unterschiedlich. Ich habe Probleme damit, die Homosexuellen im Bereich ihrer Sexualität zu verstehen, ihren Umgang damit, ihre Bedürfnisse und die Art, sie zu befriedigen (Park- und Klappensex, Eine-Nacht-Beziehungen u. ä.). Dabei ergibt sich für mich die Frage, ob Sexualität bei Männern grundsätzlich anders ausgerichtet ist als bei Frauen, sozusagen mehr triebgerichtet als persongerichtet. Ist das unter gesellschaftlichen Zwängen entstanden, erworben, anerzogen, oder gibt es einfach diesen Unterschied? Oder beruht meine Schwierigkeit, Schwule zu verstehen, auf meiner persönlichen Auffassung von Sexualität?

Unbewußt muß ich doch auch von der Kirche her stark negativ gegen Homosexualität geprägt worden sein, da ich manchmal noch Anflüge von Schuldgefühlen bekomme und Angst habe, ob meine neue Art zu denken, zum Lesbischsein zu stehen, nicht doch ganz falsch ist und im Gegensatz zu dem steht, wie der Mensch von Gott gedacht ist. Aber diese Angst- und Schuldgefühle tauchen meist nur für Momente auf, und die Rückerinnerung an Gespräche und Bücher zu diesem Thema bestätigen und bestärken mich dann wieder auf meinem Weg.

Es war für mich ein großes Erlebnis, auf Bücher über Frauenbeziehungen zu stoßen (M. Weber: Die dunkle Seite meines Lebens; I. Miller: Patience und Sarah) und beim Lesen nachzuempfinden und mitzuerleben, wie die Liebe zwischen den Frauen als etwas Gutes, Schönes, Überwältigendes, Helfendes und Heilendes beschrieben wurde. Bei der Lektüre wurde mir eigentlich zum ersten Mal klar, daß Liebe gut, stark, schön und wunderbar ist, ganz egal, ob zwischen Männern und Frauen oder zwischen Frauen. Ausschlaggebend ist, daß es das gibt: gegenseitige Liebe zwischen zwei Menschen.

Wütend (aber nur innerlich) werde ich, wenn immer und überall alles nur auf das heterosexuelle Muster ausgerichtet ist und ich ständig um mich herum beobachten muß, wie es als ganz selbstverständlich angesehen wird, daß mit Hochzeit und Eheschließung zwei Menschen ihren Lebenszweck und ihr Ziel erreicht haben (zumindest wird es so gesellschaftlich sanktioniert). Damit wird mir dann signalisiert: Mit dir stimmt etwas nicht. Wütend bin ich dann nicht, weil ich etwas gegen diese Menschen habe, sondern weil nur dieser Weg in unserer Gesellschaft als der richtige angesehen wird, weil andere Lebensentwürfe nicht positiv gewertet sind (vor allem nicht in meiner dörflichen Umgebung) und weil ich mich nicht dagegen wehren kann. Ich fühle mich frustriert, an den Rand gedrängt, und kann diese Gefühle meinen heterosexuellen Freunden kaum klarmachen; bei einigen fehlt das Verständnis für die Konsequenz, die es für mich hat.

Ich verschweige mein Lesbischsein am Arbeitsplatz Schule. In meiner Umgebung, einem Dorf, glaube ich nicht, daß ich toleriert würde. Ich vermute, daß ich von Schülern und Eltern nicht akzeptiert, eher ausgestoßen und verlacht würde. Ich habe sogar die Befürchtung, daß sie zum Schulrat gehen könnten, um zu erreichen, daß ich ihre Kinder nicht mehr unterrichten darf. In der Schule wäre es wahrscheinlich ein tägliches Spießrutenlaufen. Das alles sind nur Vermutungen, ich habe keine konkreten Anhaltspunkte, wie die Reaktion wirklich wäre. – Meine Kollegen schätze ich unterschiedlich ein, da wir ein Kollegium mit starker Fraktionsbildung sind. Die konservative Minderheit würde wahrscheinlich ablehnend bis empört reagieren, und von der mehr liberalen bis linken Mehrheit könnte ich mir vorstellen, daß einige gleichgültig, einige ein wenig spöttisch, einige aber auch akzeptierend reagierten.

Insgesamt gesehen kann ich mir – realistisch betrachtet – nicht vorstellen, in der Schule offen über mein Lesbischsein zu reden; ich glaube, daß eine mehr oder weniger offene Häme und Verachtung einsetzen würde, und ich habe ziemlich viel Angst bei dieser Vorstellung. Vielleicht schätze ich die Situation auch falsch ein! Die Leute müßten mich eigentlich als »normalen und vernünftigen« Menschen kennen. Allerdings meinte auch mein Gemeindepastor, daß ein Offensein wahrscheinlich nicht angebracht wäre, da es mich und meine Kraft überfordern würde.

Im Privatleben verschweige ich es den meisten Bekannten gegenüber: bei einigen, weil ich Angst habe, daß sie mich nicht verstehen und mich verurteilen würden, bei einigen, weil sie mir nicht so wichtig sind, daß ich mich so »offenbare«, bei einigen, weil ich Angst habe, daß sie es weitererzählen würden und es dann im Dorf oder in der Schule durchsickern könnte.

Innerhalb der *Familie* habe ich es bis auf einem Bruder noch keinem gesagt. Zum einen fehlte mir bisher die Zeit und die passende Gelegenheit, zum anderen ist dies coming-out gerade in der Familie bei mir mit besonderer Angst oder Scheu besetzt, die ich mir rational nicht erklären kann, da wir untereinander ein gutes Verhältnis haben.

Ich bin offen gegenüber sehr guten Freunden (heterosexuelle Männer und Frauen), an denen mir sehr liegt, bei denen es mir sehr wichtig ist, daß ich wirklich ganz offen sein kann, und mit denen eine Vertrauensbasis besteht, die ein solches »Geständnis« zuläßt. Denn es ist für mich nach wie vor eine Art Geständnis, wenn ich jemandem von meinem Lesbischsein erzähle. Mir ist bei dieser Wortwahl sehr wohl bewußt, daß man im Grunde nur etwas gestehen kann, was schlecht ist und mit dem man

Schuldgefühle verbindet. Diese negative Sichtweise möchte ich mit der Zeit ablegen und mein Lesbischsein positiv empfinden, nur kann ich Normen, die ich seit über dreißig Jahren verinnerlicht habe, nicht innerhalb von einem knappen Jahr überwinden.

Wenn ich offen war, habe ich bisher nur gute Erfahrungen gemacht, mir wurde zum Beispiel gesagt: »Ich finde es unheimlich toll, daß du mir davon erzählt hast, und ich möchte dir sagen, daß ich dich auch weiterhin sehr gerne mag.« Durch mein Offensein sind einige Freundschaften sogar intensiver und enger geworden.

Ich warte Situationen ab, in denen ich das Gefühl habe, daß die Atmosphäre entspannt, vertraut und sicher für meine Offenheit ist. Allmählich entwickle ich ein Gespür dafür, wann eine Situation reif dafür ist. Manchmal habe ich es mir bei einem Besuch vorher vorgenommen, darüber zu sprechen, und bin dann hinterher glücklich, erleichtert und in meinem Selbstgefühl bestärkt, in meiner Selbstbejahung einen Schritt weiter, wenn es zu einem offenen Gespräch gekommen ist. Entwickelt sich aber eine Situation nicht so, daß ich mich danach fühle zu sprechen, dann sehe ich das inzwischen gelassen und warte auf eine bessere Gelegenheit. Ich will mich nicht zu etwas zwingen, wozu ich nicht wirklich schon bereit bin.

Ich habe in Zukunft vor, gegenüber all den Menschen offen zu sein, an deren Freundschaft und Verständnis mir wirklich liegt. Bei einigen habe ich ein wenig Angst, wenn ich an dieses Offensein denke; Angst, verachtet zu werden, nicht akzeptiert zu werden, als »nicht-normal« angesehen zu werden, eventuell auch Angst, die Freundschaft dieses Menschen zu verlieren oder auch einen Vertrauensbruch zu erleben. Aber allgemein stelle ich die Forderung an eine echte Freundschaft, daß mein Lesbischsein akzeptiert werden muß und ein Freundschaftsverhältnis dadurch nicht beeinträchtigt werden sollte.

Liebe zu Frauen bedeutet mir: Zärtlichkeit, sanft miteinander umgehen, Sexualität, Geborgenheit, Nähe, Wärme, ein gegenseitiges Geben und Nehmen, Zeit füreinander haben, Fröhlichkeit, Freude, Ausgelassenheit, so sein, wie ich bin, einander entdecken, vertrauensvolle, angstfreie Atmosphäre, Konflikte offen miteinander besprechen, meine Gefühle äußern können, zuhören können, sich gegenseitig Stärken und

Schwächen aufdecken können und sie anzunehmen lernen. – Sie ist ein Teil meiner Person, die für mich etwas Natürliches ist, die ich mir aus meinem Leben nicht mehr wegdenken kann und will und die ich mir auch für die Zukunft wünsche. Sexualität spielt für mich dabei eine große Rolle, aber nicht die einzige. – Sexualität verstehe ich umfassend als Körpersprache, nicht nur als das, was man mit »genitaler Sexualität« bezeichnet. Mein ganzer Körper ist mit einbezogen. Ich hatte und habe keinerlei Schuldgefühle, weil ich mit einer Frau geschlafen habe, und ich habe auch keine große Hemmschwelle überwinden müssen. Ich habe es als selbstverständlichen und »natürlichen« Ausdruck meiner Liebe angesehen.

Mein Lesbischsein leben kann ich momentan sozusagen gar nicht, da meine Beziehung zu einer Frau gerade zu Ende gegangen ist. »Offen« leben kann ich mein Lesbischsein nur in den eigenen vier Wänden, wenn ich eine Beziehung habe; nach außen muß es wie eine normale Freundschaft aussehen. Frauenlokale habe ich nie aufgesucht, sie befinden sich nur in größeren Städten. Ich habe auch keine Kontakte zu irgendwelchen Lesbengruppen. Die nächste HuK-Regionalgruppe ist in einer Stadt, etwa zwei Stunden Autofahrt entfernt. Was tue ich also? Ich versuche, mich gezielt in das Thema »Homosexualität«, »Lesbischsein« einzulesen, speziell auch unter dem Aspekt Kirche/christlicher Glaube (Wiedemann und Kentler sind da hilfreich), und ich spreche ab und zu mit guten Freunden darüber. Aber im Grunde reicht mir das nicht, ich brauche Gespräche mit »betroffenen« Frauen, und ich hoffe natürlich, irgendwann eine neue Beziehung zu finden.

Was mir bei meinen Frauenbeziehungen immer wieder Probleme macht(e): Ich versuche, sehr stark festzuhalten, zu klammern, und habe immense Schwierigkeiten mit dem Loslassen, der Distanz in einer Beziehung oder Freundschaft. Ich denke, daß ich in den Beziehungen noch immer die Mutter suche – ich habe meine Mutter sehr geliebt – und Ablösungen erneut als Verlustschmerz erfahre. Sie starb, als ich achtzehn war. Mit dem Kopf kann ich's erfassen, aber mein Bauch kommt nicht so schnell mit.

Beziehungen zu Männern, männliche Sexualität ist bei mir ziemlich stark angstbesetzt, verursacht durch diverse unangenehme Erlebnisse mit dem »fremden oder guten Onkel« in

Kindheit und Pubertät. Dazu kommt, daß ich im Ausland bei einer Buschwanderung von mehreren Männern vergewaltigt worden bin. Die Vergewaltigungserfahrung hat nicht dazu geführt, daß ich beschloß, nun lesbisch zu werden, das wäre Unfug, denn ich war ja schon längst homosexuell orientiert. Aber sie hat mir männliche Sexualität nicht gerade attraktiver gemacht. Ich habe auch keine persönlichen Rachegefühle gegen die Männer gehabt, die mich vergewaltigt haben, und die Peinlichkeiten und Demütigungen, denen frau bei dem anschließenden Gerichtsverfahren ausgesetzt ist, habe ich nicht den Einheimischen angekreidet, da sie nur ein Gerichtssystem übernommen haben, das von uns kommt. Aber ich werde traurig, empört und zornig, wenn ich immer wieder erfahre, wie vielen Frauen hier bei uns dasselbe passiert – und wir brüsten uns so mit unserer Fortschrittlichkeit, Kultiviertheit und Gleichberechtigung.

Früher habe ich immer wieder darüber nachgedacht, warum ich lesbisch bin, und habe mir mit dieser Frage das Gehirn zermartert. Inzwischen stehe ich auf dem Standpunkt, daß das nicht so wichtig ist. Viel wichtiger ist mir – die meisten Menschen fragen sich ja auch nicht, warum sie heterosexuell sind, geschweige denn, daß sie das zu rechtfertigen hätten –, mich anzunehmen, wie ich bin, mich so, wie ich bin, als ganz und gut zu sehen. Ich möchte mich darüber freuen, daß ich lieben kann, aber das wird uns verflucht schwer gemacht.

Ich habe mich erst nach meiner Rückkehr aus dem Ausland intensiver mit der Frauenbewegung, dem Feminismus, speziell der feministischen Theologie auseinandergesetzt. Es gibt auf dem Gebiet viel für mich zu lernen, zu beobachten, im Gespräch mit Frauen zu erfahren. Ich fange an, radikaler zu denken, und bemerke, daß ich dann, wenn ich mich im Freundeskreis zu Frauenfragen äußere, als einseitig angesehen werde. Ich möchte mich eigentlich über das hinwegsetzen können, was andere von mir denken, und mich nicht ständig nach dem ausrichten, was andere dann von mir halten könnten. Aber gerade bei denen, die von meinem Lesbischsein wissen, habe ich dann Angst, daß eine Reaktion auftaucht: Nun hör mal mit deiner ständigen Nabelschau auf, du siehst alles verzerrt, du wirst zur Männerhasserin. – In der Frauengruppe in der Nachbarstadt lerne ich sehr viel, bekomme Rückhalt und fühle mich geschützt (obwohl ich dort von meinem Lesbischsein bisher nichts erzählt habe).

Für mich persönlich treffen einige Probleme innerhalb der Frauenbewegung nicht zu, da ich immer unabhängig gelebt habe und es in meinem Beruf keine Frauendiskriminierung gibt (nicht *direkt* jedenfalls). Ich habe meinen Lebensweg immer selbst bestimmt und meine eigenen Entscheidungen getroffen. Aber je mehr ich mich informiere, desto dringender sehe ich es als Aufgabe, an dieser Sache dranzubleiben und in meinem eigenen Arbeitsbereich bewußter wahrzunehmen, wo und wie patriarchale Strukturen auftauchen, und zu versuchen, innerhalb meiner Möglichkeiten etwas dagegen zu tun.

Am meisten bewegt mich, was bei mir durch die Beschäftigung mit feministischer Theologie ausgelöst wurde. Ich kann nicht länger die patriarchalen Strukturen übersehen, die sich durch die Bibel ziehen, und wundere mich manchmal über mich selbst, wie ich bisher vieles ungefragt und unbesehen »schluckte«. Meine Haltung der Kirche (= Männerkirche) gegenüber wird kritischer, und mein Gottesbild, meine Gottesvorstellungen wandeln sich. Ich fasse das nicht als bedrohlich für meinen Glauben auf, sondern finde es spannend, wie ich ständig in einem Lernprozeß stecke und Glaube nicht etwas Statisches ist, sondern etwas Lebendiges. So komme ich Gott näher, als wenn ich in meinem sicheren Glaubensgebäude geblieben wäre, denn Gott ist für mich Liebe und Leben. So ist für mich im Moment vieles in Bewegung, wie Zahrnt in einem Vortrag einmal gesagt hat: Glaube ist wie das Aufbrechen in kleinen Booten von sicheren Ufern, und man weiß vorher nicht, an welchen neuen Ufern man ankommen wird. – Aber ich bin unterwegs, ich bin in Bewegung.

Lesbische Liebe – Sünde oder nicht?
Frau G, Studentin

Ich habe das Gefühl, daß ich meine Erlebnisse aufschreiben muß, um sie verarbeiten zu können; sonst werde ich nicht damit fertig. Lange Zeit habe ich es vor mir hergeschoben, weil es mir psychisch nicht so gut ging. Aber von Zeit zu Zeit kommen auch meine schlechten religiösen Erfahrungen in Form von Depressionen und Angstzuständen hoch, und ich muß es schaffen, sie in den Griff zu bekommen, indem ich mir erst einmal das ganze Ausmaß meiner Verletzungen bewußt mache.

Ich gehöre einer evangelischen Landeskirche an, wobei die Pfarrer hier in der Gegend zu einem großen Teil fundamentalistisch sind. Daneben hatte ich auch Kontakte zu Pfingstlern, amerikanischen und deutschen, und Mennoniten. Als ich Anfang Januar 1982 eine Art Bekehrung erlebte, steckte ich in vielen Problemen, die zum Teil auf die Pubertät und zum anderen auf psychische Schwierigkeiten und Identitätsprobleme (lesbische Gefühle) zurückzuführen waren. Kurioserweise geriet ich also während meines »coming-out« erst in pietistische Kreise. Ich hatte eine Frau, H., kennengelernt, die Christin war und in die ich mich verliebte, obgleich ich mir während dieser Zeit immer vormachte, heterosexuell zu sein, oder versuchte, mich zu heilen.

Zunächst erlebte ich durch das Hineinwachsen in evangelikale Gruppen eine große Verunsicherung. Es wurde zu oft betont, daß wir alle sündig und schlecht seien. In mir setzte sich dieses Gefühl fest. Auch wenn ich noch so stark glaubte, fühlte ich mich doch ständig sündig und verworfen. Jeder Zweifel war Sünde. Kritische Gedanken und mein gesunder Menschenverstand, der es nicht zuließ, manches zu glauben, machten mir panische Angst, letztendlich doch ebenso verloren zu sein wie die »Ungläubigen und Heuchler«, gegen die sich die Evangelikalen abgrenzten. In diesen Gruppen gab es gewisse Normen, die weitaus rigider waren als meine vorigen moralischen Vorstellungen. Es herrschte eine sehr strenge, biblisch begründete Gesetzlichkeit, die oft ans Absurde grenzte. Zum Beispiel wurde sehr großer Wert auf »stille Zeit« gelegt. Manche Christen sahen es auch als sündhaft an, in eine Disco oder überhaupt zum Tanzen zu gehen. Ideologisch genährt wurde das Ganze durch die Veröffentlichungen mehrerer evangelikaler Verlage und durch den Einfluß und das Gedankengut des EC (Deutscher Verband der Jugendbünde für entschiedenes Christentum e. V.).

Mit fortschreitender Gläubigkeit machte sich bei mir auch eine Persönlichkeitsveränderung bemerkbar. Während ich vorher sehr kritisch war und auf meinen Verstand große Stücke hielt, wurde ich immer mehr bereit, mich der Autorität anderer unterzuordnen. Ich wurde wieder zum Kind. Dies entsprang auch der biblischen Grundlage, derzufolge der Gläubige neu geboren ist und erst dann zu wachsen beginnt. Während ich vorher Autoritäten relativ trotzig gegenüberstand, begann ich nachzugeben, ordnete mich der autoritären evangelikalen Ordnung unter. Konkret hieß das, daß ich nicht meinem Gefühl und meinem Urteil vertraute, wenn es zum Beispiel um die Frage ging, ob Selbstbefriedigung Sünde sei oder Unzucht. Mit H., die damit auch Probleme hatte, sprach ich darüber. Sie war ebenfalls verunsichert, und schließlich schauten wir nach, was evangelikale Autoren dazu sagten; es tat weh, aber wir akzeptierten willig, daß Selbstbefriedigung und gleichgeschlechtliche Liebe unzüchtig seien. Unser eigener Urteilswille war ausgeschaltet. Zitat aus den »Lichtstrahlen« '85, Auslegung zu Römer 1,18–32: »Die sittliche Not. Wenn Gott nicht Herr des Leibes ist, kann die Lust überhand nehmen. Selbstbefriedigung und gleichgeschlechtliche Liebe sind eine Fehlorientierung der Geschlechtlichkeit.« Statt dessen waren Keuschheit und Jungfräulichkeit angesagt. H. und ich machten uns gegenseitig Mut, enthaltsam zu sein, versuchten alle möglichen Kuren, um nicht zu masturbieren. Doch das Schuldgefühl blieb, und die Phantasien wucherten.

In der Zeit war es uns auch kaum noch möglich, wirklich große und wichtige Probleme anzugehen, weil wir ständig in Scheinprobleme, die aus der Gesetzlichkeit folgten, verstrickt waren. Zum Beispiel: Bin ich wirklich wiedergeboren, obgleich ich so oft meine »stille Zeit« vernachlässige? Darf ich meine Achselhaare abrasieren, oder ist das ein unzulässiger Eingriff in Gottes Schöpfung? Darf ich unchristliche Musik hören? – Verkrampft versuchten wir, Gottes Liebe weiterzugeben, Leuten, die wir nicht mochten, zu vergeben und sie zu lieben.

Meine lesbische Neigung unterdrückte und verleugnete ich vor mir selbst. Ich hatte die Normen meiner evangelikalen Umgebung in mich aufgenommen. Eine Unterdrückung von außen war nicht notwendig, weil die weitaus schlimmere Selbstunterdrückung wirksam genug war; Gott und mein Gewissen waren unbarmherzige Zensoren. Ich betete zu Gott, mich von dieser schlimmen Sünde zu befreien. Ich hoffte, einen Freund zu finden und dadurch »normal« zu werden. Ich haßte mich selbst wegen meiner lesbischen Gefühle. Mein Haß übertrug sich auf Lesben, die in Büchern vorkamen. In meinen Phantasien lebte ich meine lesbische Neigung aus, während ich in der Realität einen femininen Jungen heftig umwarb. Er sollte mich »heilen«. Manchmal kam ich mir dabei verlogen vor.

Anfang 1983 kam es dann zum Krach mit H. Sie hatte den von ihr lang ersehnten Freund gefunden. Ich wütete vor Eifersucht. Sie wollte mich nicht mehr sehen. Ich war völlig down. Denn ich wollte ohne sie nicht leben und konnte mir ein Leben ohne H. auch nicht vorstellen. Von da an kümmerte sich U., eine mennonitische und pfingstlerische Fundamentalistin, um mich. Sie gab mir Geborgenheit und spielte sich als eine Art Mutter auf. Sie machte mich völlig zum Kind. Ich liebte sie in der ohnmächtigen Art eines geprügelten Kindes und hatte große Angst vor ihr. Sie war eine Autorität für mich. Sie suggerierte mir bewußt und auch unbewußt, daß ich möglicherweise vom Satan oder von Dämonen besessen sein könnte. Gekennzeichnet war diese Zeit von Januar 1983 bis Mai 1983 von großem Selbsthaß. Von allen Gefühlen war er am stärksten ausgeprägt. Ich wußte von U., daß sie psychische Erkrankungen zum Großteil auf die Einflüsse von Dämonen oder Satan zurückführte oder auf Besessenheit.

Ich war in dieser Zeit sehr labil, und ich war auch in Behandlung. Charakteristisch für die Gruppen, in die ich daraufhin durch U. geriet, war, daß Satan eine große Rolle spielte. Er war selbstverständlich der Hauptfeind. Er steckte hinter allem, was gegen wahrhaftige, das heißt völlig fundamentalistische Christen gerichtet war. U. war noch gesetzlicher als die Leute, unter denen ich vorher war. Manches kam mir absurd vor, zumindest teilweise. Aber dann glaubte ich es doch, zum Beispiel: Rockmusik ist vom Satan, viele Rockgruppen stehen im Dienste Satans, und wer ihre Musik hört, wird gefährdet, von Gott abzufallen. Ich löschte bestimmte Lieder auf meinen Kassetten; statt dessen hörte ich mehr christliche Musik, zum Beispiel Manfred Siebald und ähnlichen Schrott.

Ich wurde noch gläubiger und pietistischer und psychisch immer mehr zum Wrack. Die ersten drei bis vier Monate des Jahres 1983 habe ich als großes, dunkles Loch, in das ich gefallen war, in Erinnerung. Ich war völlig apathisch und depressiv. Von meinem Nervenarzt bekam ich starke Psychopharmaka verschrieben. Ich stumpfte ab und fühlte mich mir selbst völlig fremd.

Ich war siebzehn Jahre alt und dachte, ich wäre am Ende. Um den Anforderungen einer wiedergeborenen Christin nachkommen zu können, trank ich von da an regelmäßig; wenn ich von der Schule nach Hause kam, trank ich zuerst einmal ein Glas Wein. Ich hatte ständig eine Flasche im Schrank.

U. gab mir in der Zeit »Jesus, mein Schicksal« von Wilhelm Busch (Jugendpfarrer aus Essen) zu lesen: »Ist die lesbische Liebe, die Mädel untereinander treiben, Sünde oder nicht? Ist Selbstbefleckung, ist Ehescheidung böse – oder nicht? Was sagt Gott? Gott will eine reine Jugend. Vorehelicher Geschlechtsverkehr, lesbische Liebe, Homosexualität, Ehebruch, Ehescheidung sind Sünde, für die wir geradestehen müssen vor dem Angesicht des heiligen Gottes« (S. 93 ff.).

Mein Glaube wurde fester. Doch dann kam ich durch H. an Wiedemanns Buch »Homosexuelle Liebe«. Das war im April 1983. Irgendwie empfand ich das Buch wie eine Erlösung. Dennoch hatte ich Schwierigkeiten, mich mir selbst gegenüber als Lesbe zu bekennen. Immer noch versuchte ich, meinen evangelikalen Glauben, Wiedemanns Theologie und meine Sexualität miteinander zu vereinbaren.

Tagebuch, 31.5.1983:

»Ich führe ein seltsames Leben, das mir manchmal wie ein Doppel- oder Dreifachleben erscheint, weil ich so selten ich sein darf. Selbst wenn ich allein bin, haust in mir ein Zensor, streitet ein Teil von mir gegen die anderen oder alle gegen alle.«

Diese schizophrene Situation brachte es mit sich, daß ich mir Wiedemanns liberale Ansichten aneignen konnte, ohne daß mir der widersprüchliche evangelikale Glaube als Boden unter meinen Füßen wegrutschte.

Im Juli 1983 schrieb ich endlich Klartext in meinem Tagebuch: »Ich bin lesbisch.« Dennoch war ich streng geheimhaltend auch gegenüber sehr engen Freundinnen, vor allem U. gegenüber. Ich hatte Angst vor Entdeckung, auch als ich im Religionsunterricht ein Referat über homosexuelle Liebe hielt. Vielen guten Freundinnen log ich die Hucke voll. Ich wurde Gewohnheitslügnerin. Immer wieder die offenkundige Diskrepanz zu meinem Glauben. Weiterhin hatte ich Schwierigkeiten, mich zu akzeptieren, mein Lesbischsein ganz selbstverständlich anzunehmen.

Mir wurde klar, daß ich von U. regelrecht psychisch abhängig war. Ich wollte von ihr in Liebe angenommen sein; eher konnte ich mich nicht selbst annehmen. Ich wollte, daß sie mich als Lesbe akzeptierte. Das war ein großes Problem für mich. Ich brauchte sie, um mich selbst als Lesbe zu akzeptieren. Ohne ihre Bestätigung war ich ruhelos und zerrissen.

Ich besuchte U. Ich wollte zuerst nur eine Woche bleiben und blieb dann für drei Wochen. Weil ich Sanktionen befürchtete, zum Beispiel eine Art Exorzismus, sagte ich U. aber nichts von meiner Homosexualität, während ich bei ihr war. Ich wäre ihr hilflos ausgeliefert gewesen. Erst als ich wieder zu Hause war, schrieb ich ihr einen langen Brief, legte auch einen längeren Text von Wiedemann aus der HuK-Sonderinformation bei. H. hatte mir diese Sonderinformation vom Kirchentag mitgebracht. Als ich U. danach anrief, machte sie mich völlig fertig. Es war eine Art Gehirnwäsche. Sie wiederholte ständig und eindringlich das gleiche: »Betrüg dich nicht selbst, wie sich andere betrogen haben. Homosexualität ist Sünde! In der Bibel steht nirgends etwas von kultischer Prostitution. Gott läßt sich nicht spotten. Gott hat sich nicht verändert! Die wurden alle vors Dorf geführt und gesteinigt! Gott läßt sich nicht spotten!«

Sie sagte auch, daß Gott mich liebe, aber meine Homosexualität hasse. Ich lief weinend aus der Telefonzelle und dachte nur noch: Ich muß mich umbringen! Ich rief eine Freundin an. Sie kam und kümmerte sich um mich. An diesem Abend und in den folgenden Wochen war mein Selbstbewußtsein völlig zertrümmert. Ebenso der Glaube, von Gott angenommen zu sein. Ich wußte nicht mehr, was ich glauben sollte. An jenem Abend war ich aber überzeugt worden, daß mein Lesbischsein Sünde sei. Meine Freundin meinte, sie könne sich einfach nicht vorstellen, daß es Sünde sei, wenn sich zwei Menschen des gleichen Geschlechts lieben. Aber U.s Worte steckten zu tief. In den darauffolgenden Wochen hatte ich ständig Angst. Ihre Worte drehten sich wie eine Uhr in meinem Hirn, schlugen erbarmungslos auf mich ein, immer wieder. Morgens wachte ich auf und hatte Angst, aufzustehen. Nachts hatte ich Alpträume. Ich haßte U. dafür. Meine Freundin riet mir, mit meinem Pfarrer – einem Pfarrer der Evangelischen Landeskirche – darüber zu sprechen. Der Pfarrer redete ziemlichen Unsinn: »Zwei Mädchen können sich doch allein vom Körperbau her nie richtig lieben.«

Homosexualität stellte er als Verirrung und Abweg hin. Er getraute sich nicht, es Sünde zu nennen. Sodann lieferte er eine völlig verdrehte Interpretation von Römer 1,24–27. Demzufolge ist Homosexualität eine widergöttliche Macht, die die Menschen überkommt. Jesus könne mich aber von dieser Macht befreien. Da ich noch von U.s Gehirnwäsche so angeschlagen war, machte mich das völlig verzweifelt. Ich weinte ununterbrochen während des Gesprächs. Der Pfarrer meinte deshalb, er sehe doch, wie unglücklich ich als Homosexuelle sei, aber Jesus könne mich heilen. Mit einem Mann hätte ich dann das vollkommene Glück. – Was am meisten nachwirkte, war ein Satz gegen Ende: »Wenn du nicht von deiner Verirrung loskommst, sondern homosexuell lebst, wirst du ganz sicher von Gott abkommen.« Heute finde ich es beachtlich, mit welcher Selbstverständlichkeit er das Verdammungsurteil über mich aussprach.

Aus meinem Tagebuch: 2.9.1983: »Ich werde von Fanatikern unterdrückt, deren Regeln ich befolgen werde, an die ich aber nicht glaube.«

Ich wollte hetero leben, mit Männern schlafen und meine lesbischen Gefühle unterdrücken. Dieser Vorsatz hielt aber keine zwei Wochen. Die Lesbe in mir wollte heraus und war nicht mehr aufzuhalten. In dieser Zeit (September 1983) fuhr ich für eine Woche nach Berlin.

Am letztmöglichen Tag rief ich dort noch bei der Lesben-Beratungsstelle an. Hingehen war nicht mehr möglich. Das Gespräch gab mir Mut und Auftrieb. Zuerst war ich völlig ausgeflippt darüber, daß ich endlich einmal mit einer anderen Lesbe über mein Lesbischsein reden konnte.

Dann kam U.s Brief Mitte Oktober: »Ich habe Dich lieb. Daran ändert sich auch nichts, egal was Du tust oder bist. Aber ich hasse Deine Sünde und bin besorgt über Deine Rettung, Dein Geschriebenstehen im Buch des Lebens. Ich akzeptiere Dich als Person, aber nicht die Sünde in Deinem Leben. Bei Gott gibt es zumindest bei der Entscheidung für oder gegen ihn nur: alles oder nichts. Mach nicht alles kaputt. Jesus liebt Dich. Er nimmt Dich an, wie Du bist: lesbisch. Aber wenn Du Dich ihm ganz gibst, fängt er an, Dich zu verändern, wenn Du ihn läßt. Sag ja zu ihm. In Gottes Augen ist Homosexualität ein Greuel, es ist Unzucht, und was mit Unzüchtigen geschieht, zeigt zum Beispiel Offenbarung 21,8. Da möchte ich Dich nicht wissen.«

Ihr Brief war insgesamt sechs Seiten lang, und sie setzte mich die ganze Zeit unter Druck; es kam auch der bewährte Satz: »Gott ist nicht gegen den Homosexuellen wegen seiner, sondern mit ihm gegen seine Sünde.«

Weil ich mit dem Brief allein nicht fertig wurde, sprach ich mit meinem damaligen Religionslehrer darüber. Er ahnte schon, daß ich lesbisch war – bei ihm im Unterricht hatte ich ja auch das Referat gehalten. Er akzeptierte mich vorbehaltlos – Homosexualität war für ihn etwas ganz Natürliches. Mit ihm konnte ich auch sehr gut über theologische Probleme sprechen.

Wobei er mir nicht helfen konnte, war mein verkorkstes Gottesbild. Der liebe Gott, der Vater, der Heilige Geist, der Herr erscheint mir heute wie ein Moloch, ein Menschenfresser, er ist der Fels, der mich erschlägt – die ständige Drohung – ER. Zeitweilig versuchte ich, Gott »Es« zu nennen, aber das half auch nichts, denn was hinter den Bezeichnungen steckte, blieb gleich. Ich bete nicht mehr, gehe nicht mehr in die Kirche und lese nur sehr selten in der Bibel. Außerdem bin ich auch gar nicht dazu fähig, zu beten, weil mir dabei tiefe Angst hochkommt. Vor dem Abendmahl befällt mich Panik; ich kann daran nicht teilnehmen, weil es für mich Gift und Verdammnis bedeutet. Auch jetzt, wenn ich das schreibe, kommt diese Angst hoch, und ich möchte weinen vor Schmerz.

Seit Herbst 1983 habe ich mich immer mehr vom christlichen Glauben entfernt. Ich mußte eine gewisse Distanz gewinnen, um mich als Lesbe akzeptieren zu können. Inzwischen ist mir mein Lesbischsein etwas völlig Selbstverständliches. Dennoch habe ich immer wieder mit tiefsitzenden Ängsten und Schuldgefühlen zu kämpfen. Ich distanziere mich zwar, um unnötigen Glaubensballast loszuwerden, doch letztendlich konnte ich vieles nur verdrängen, aber nicht abstreifen. Ich stehe im Moment irgendwo zwischen Gottlosigkeit und Sehnsucht nach Gott.

Seit ich das Vorausgegangene aufgeschrieben habe, ist nun schon fast ein Jahr vergangen und seit meinem Ausbruch aus den evangelikalen Gruppen bereits zwei Jahre. Zwei Jahre, in denen ich zunächst ängstlich »Urlaub vom Glauben« nahm und darauf neuen Zugang zu Gott suchte. Doch statt dessen fiel ich zunächst in ein religiöses Vakuum, in das sich die alten Bilder und Schuldgefühle drängten, denen ich mit Haß und Spott begegnete. Mein Versuch, das Bild des verhaßten Vatergottes durch die Trinität Mutter – Jesus – Heilige Geistin zu ersetzen, schlug fehl. Denn auch dahinter saß der alte Herrgott-Moloch.

Ich lernte andere lesbische Frauen kennen, die zum Teil noch oder meist wieder einen Zugang zu Religion und Spiritualität hatten. Alle, die unreligiösen, die feministischen und die anderen religiösen Frauen brachten mich weiter, indem ich ihre unterschiedlichen Glaubens- und Lebensweisen kennenlernte.

Über das Zeichnen und Malen und den befreiten Umgang mit Bildern und Symbolen gewinne ich vorsichtig einen neuen Zugang zur Spiritualität. Ich lasse Bilder in mir aufsteigen – Lebensbilder –, und über meinen Lebenshunger lasse ich mich neu auf das Göttliche in meinem Leben ein. Das Göttliche, das für mich das Leben selbst ist, Leben in allen Erscheinungsformen: die Erde, Pflanzen, Tiere, Menschen; eine Lebendigkeit, die sich in Liebe und in Kreativität ausdrückt.

1000 Küsse fern meiner Geometrie

Der erste richtige Kuß.
Er 16, ich 13.
Habe ihn für eine Freundin übernommen,
die mit seinem Freund allein sein wollte.
Keine Empfindung dort,
wo alle Empfindungen zusammenlaufen.
Ein Kuß, 1000 Küsse
fern meiner Geometrie.
Viele Wiederholungen seitdem.
1000 Küsse, 10000 Küsse,
fern meiner Geometrie.

Ein Mädchen 19, ich 17,
ein Kuß,
mitten hinein in meine Geometrie.
Sie klein, wie ein Knabe,
spröde Lippen wie ein Weltumsegler.
Nachmittage, azurblaue Nachmittage
in der leeren Wohnung.
Lauschen,
ihrem Geigenspiel
und meiner Unfähigkeit.
Fruchtlose Versuche, vierhändig Klavier zu spielen.
Lachen, Atemtauschen,
atemlos über den Tasten,
Hingabe,
Opferritual meiner einzigen Jugend.
Nicht angenommen von dem Gott,
nie mehr heiße Milch von ihren Lippen.

Renate Gallee

Kapitel 2
Die Frauenbewegung verhalf mir zur Sprache
Politische Dimensionen lesbischer Existenz

»Daß ich eine Frau liebe, geht niemanden etwas an.« Mit dieser Meinung leben viele lesbische Frauen in aller Verschwiegenheit ihre Liebe zu Frauen. Sie machen keine großen Worte darüber. In ihrem Bekanntenkreis ist soweit klar, daß die beiden zusammengehören. Sie teilen sich eine Wohnung, bei Familienfesten tauchen sie gemeinsam auf, vielleicht bewirtschaften sie zu zweit einen Garten und sparen auf den gemeinsamen Urlaub. Sie führen eine Zweierbeziehung, eine Ehe, wie Mann und Frau.

Was soll daran politisch sein?

Die politische Brisanz lesbischer Existenz

Die Frage nach der gesellschaftlichen Anerkennung lesbischer Lebensformen ist eine politische Frage. Lesbisch zu leben – offen oder versteckt – heißt, nicht der von der Mehrheit der Gesellschaft vorgelebten Heterosexualität zu entsprechen. Der Umgang mit sogenannten Minderheiten ist für jede Gemeinschaft und Gesellschaft ein zutiefst politisches Thema.

Doch darüber hinaus kommt lesbischen Lebensformen eine gesellschaftspolitische Brisanz zu, die auf dem Hintergrund patriarchaler Verhältnisse erwächst:

Als Frau Frauen zu lieben, sie zum Orientierungspunkt zu machen, ist eine Lebensform, die eine Grundfeste des Patriarchats – nämlich die selbstverständliche Orientierung am Männlichen – in Frage stellt. Im Patriarchat zählt primär das, was Männer sagen, denken oder tun. Sie entscheiden in Politik, Wirtschaft, Verwaltung, Wissenschaft und Kirche und prägen diese Felder nachhaltig. Die offene oder subtile Höherbewertung des Männlichen durchzieht alle gesellschaftlichen Bereiche.

Eine Lesbe ist eine Frau, die nicht einen Mann, sondern eine Frau an ihrer Seite hat. Sie ist eine Frau, die sich im emotionalen Bereich weitgehend von männlicher Bestätigung und Aufwertung unabhängig macht, sich in ihrer Ganzheit auf Frauen bezieht und Frauen für liebenswert, also der Liebe für wert hält. Sie sucht nicht nach dem ergänzenden Mann an ihrer Seite, um glücklich zu werden. Sie ist eine Frau, die sich entgegen der gesellschaftlich vermittelten minderen Wertigkeit von Frauen als vollwertig und ganz begreift und in anderen Frauen wichtige Partnerinnen sieht.

Liebesbeziehungen zwischen Frauen wirken aufgrund dieser Werteverschiebung zugunsten von Frauen über den Rahmen einer individuellen Lebensentscheidung hinaus. Sie werden zu einem Politikum in einer von der höheren Wertigkeit der Männer überzeugten Gesellschaft.

Lesbische Frauen konfrontieren Männer damit, für das persönliche Glück von Frauen nicht unbedingt benötigt zu werden, überflüssig zu sein, wenn es um Liebe, Geborgenheit, Sicherheit, Anerkennung oder Sexualität geht.

Lesbische Partnerschaften stellen die Selbstverständlichkeit der Mann-Frau-Ergänzung in Frage. »An die romantische heterosexuelle Liebe und an den Märchenprinzen habe ich nie geglaubt, auch nicht, daß ich das Lebensglück durch einen Mann in einer Ehe finden könnte.«[1]

Frauen als wertvoll zu erachten, sie zu lieben und diese Gefühle in ihrer Ganzheit zu leben, ist das Wesen lesbischer Liebe. Nur ein politisches System, das von der Zentrierung am Männlichen lebt und diese als Selbstverständlichkeit begreift, wird eine Entscheidung *für* Frauen als Angriff *gegen* Männer werten und ahnden.

Die Logik patriarchaler Strukturen läßt alle Lesben – ob sie wollen oder nicht – zu dem werden, was sie sind: eine politische Bedrohung. Sie werden zur Bedrohung eines Systems, das als Kernstück der Machtsicherung die Liebe zwischen Männern und Frauen – also zwischen Herrschenden und Beherrschten – proklamiert und zu erzwingen versucht.

Das Verschweigen und die Unterdrückung lesbischer Existenz sind die politische Reaktion auf eine politische Bedrohung.

Kirche und lesbische Existenz

In der Kirche wurde über Jahrhunderte hinweg ein christliches Frauenideal gepredigt. Es beinhaltet, daß die Frau in der Gemeinde schweigt, dient, sich selbstlos für andere aufopfert, treusorgende Mutter und Ehegattin ist und sich nur in der Ergänzung zum Mann als vollwertig erlebt. Wen wundert es, wenn viele Frauen, insbesondere lesbische Frauen sich da nicht wiederfinden?

»Als lesbische Frau bin ich in der Kirche, wie sie sich im Moment darstellt, am falschen Ort, um das, was ich suche, zum Beispiel die Erfahrung von Gemeinschaft, auch zu finden. Ich komme dort nicht vor, bin nicht existent und werde nicht gehört.«

So wie dieser ergeht es vielen Lesben in der Kirche – auch den Pastorinnen unter ihnen, wie der Lebensbericht auf Seite 39 zeigt:

»Liturgieteile, Gebets- und Liedertexte gehen zu hundert Prozent vom allgemein anerkannten Standard ›Hetero‹-Glück aus. Ich selbst komme im kirchlichen Geschehen – soweit es sich um die engsten Beziehungen dreht – nicht vor: schizophren! Mit anderen soll ich über ihre Beziehungen einen Gottesdienst gestalten, Fürbitte halten für das ›Brautpaar‹ – wo in der offiziellen Praxis der Kirche komme ich vor, wer betet für mich, für uns?«

Die Selbstbejahung lesbischer Frauen in einer von Heterosexualität geprägten Kirche ist ein schwieriges, kraftverzehrendes Unterfangen. Für jede lesbische Frau bedeutet dies ein isoliertes Suchen und Tasten nach persönlichen Vorbildern und Identifikationsmöglichkeiten, aber auch nach Theorien und Erklärungen, warum die von ihnen als kostbar und erfüllend erlebte Liebe diffamiert wird.

Mehr und mehr lesbische Frauen in der Kirche wenden sich den Impulsen des Feminismus zu, da sie dort Antworten auf ihre Fragen finden. Sie sehen sich als Beobachterinnen der Frauenbewegung, fühlen sich von ihr angezogen, auch wenn sie selbst dort nicht aktiv sind. Für viele hat die Begegnung mit der

Frauenbewegung die Identitätsfindung als Lesbe erst ermöglicht, wie zahlreiche Aussagen der Frauen andeuten:

»Mit dem Zusammentreffen von Frauen aus der Frauenbewegung hat meine Ich-Findung begonnen. Hier sind mir die ersten Lesben begegnet, und ich konnte mich dann zu meinem Lesbischsein stellen.«

»Vor der Frauenbewegung fehlten mir die Worte und Begriffe, auch der Mut und das Selbstbewußtsein, um über meine Frauenbeziehungen zu reden.«

»Die Frauenbewegung war wichtig für mich, für mein coming-out. Eine Zeitlang war ich sehr von feministischen und radikal lesbischen Theorien beeinflußt, die ich heute distanzierter und kritischer sehe.«

Doch der Annäherungsprozeß vollzog sich von beiden Seiten aus. Durch die feministische Theologiebewegung fühlten sich »weltliche« Frauen wieder angesprochen und wandten sich erneut der Kirche zu:

»Mein Interesse an Kirche war schon einmal ganz geschwunden, ist aber durch bestimmte Strömungen wie ›Frau und Kirche‹, ›Feminismus und Theologie‹ wieder wach geworden.«

In einem der Lebensberichte wird diese Entwicklung nachgezeichnet. Eine Frau, die sich von der Kirche losgesagt hatte, beschreibt ihre positiven Erfahrungen, nachdem sie einen neuen Zugang zur Kirche gefunden hatte:

»Feministische Theologie bestätigt mir, daß diese Kraft, die ich zwischen Frauen spüre, Tradition hat, gut ist und Leben spendet, wenn sie gelebt wird. Ich bin dankbar, innerhalb der Kirche so viele Frauen zu finden und täglich neu zu treffen, die mir bei der Suche nach meinem Glauben und meiner Identität als lesbische Frau weiterhelfen.« (Lebensberichte S. 55)

Feminismus und lesbische Existenz

Der Feminismus als Gesellschaftstheorie geht davon aus, daß gesellschaftliche Erscheinungen nicht losgelöst von sozialen Verhältnissen, also den Machtverhältnissen zwischen Männern und Frauen, betrachtet werden können. Feministische Theorien lesbischer Existenz betonen die realen Machtverhältnisse der Geschlechter und fragen:

– Welche politische Bedeutung kommt dem Lesbischsein zu, wenn es in einer Gesellschaft gelebt wird, in der das weibliche Geschlecht eine untergeordnete Stellung einnimmt und das Verhältnis zwischen Männern und Frauen von Ungleichheit geprägt ist?
– Welcher Zusammenhang besteht zwischen Frauenunterdrückung und lesbischer Existenz?

Die konsequente Frage nach den Machtverhältnissen zwischen den Geschlechtern macht den Feminismus zu dem, was er ist: eine unbequeme Gesellschaftstheorie, die sich mit dem Gegebenen nicht zufriedengibt, sondern das Patriarchat mit seinem Oben und Unten von Mann und Frau als demokratische Gesellschaftsordnung in Frage stellt, Veränderungen fordert und Utopien einer menschlichen Gesellschaft entwickelt.

Darüber hinaus macht die feministische Theorie lesbischer Existenz die Defizite in den herkömmlichen Theorien zur Homosexualität offenkundig: Sozialwissenschaftliche Betrachtungen differenzieren in der Regel nicht zwischen Schwulen und Lesben, sondern begreifen lesbische Liebe in Ableitung und Analogiebildung von Konzepten über männliche Homosexualität. Unterschiede zwischen Lesben und Schwulen werden demzufolge nicht erfaßt und fallen – als angeblich zu vernachlässigende Größe – unter den Tisch.

Auf der Suche nach Identifikationsmöglichkeiten erleben Lesben das Theorie-Defizit traditioneller Betrachtungen als hautnahen Mangel. So schreibt eine Frau in ihrem Lebensbericht:

»Ich bin oft enttäuscht und sauer, wenn ich Literatur über Homosexualität lese und dann bemerken muß, das meiste bezieht sich auf männliche Homosexuelle. Da finde ich nur in Ansätzen Identifikationsmöglichkeiten; die Erfahrungen sind unterschiedlich, und ich habe Probleme, die Schwulen im Bereich Sexualität zu verstehen, ihren Umgang damit, ihre Bedürfnisse und Art, sie zu befriedigen. Dabei ergibt sich für mich die Frage, ob Sexualität bei Männern grundsätzlich anders ausgerichtet ist als bei Frauen.« (Lebensbericht S. 59)[2].

Die Einführung der Kategorie »patriarchale Machtverhältnisse« bei der Analyse gleichgeschlechtlicher Liebe ermöglicht eine grundlegend neue Sichtweise: Männliche Homosexualität wird zur Liebe zwischen Menschen des herrschenden Geschlechts, weibliche Homosexualität zur Liebe zwischen Menschen des beherrschten Geschlechts. Hieraus ergeben sich weitreichende Unterschiede zwischen Lesben und Schwulen, abgesehen von der beide betreffenden gesellschaftlichen Diskriminierung als »Homosexuelle«.

In der feministischen Literatur wird kaum mehr von »weiblicher Homosexualität« gesprochen, sondern bewußt die Bezeichnung »Lesben« und »lesbisch« verwendet. Indem auch wir uns sprachlich von der Begrifflichkeit »weiblicher Homosexualität« loslösen, machen wir deutlich, daß wir jenseits der bestehenden Theorien über Homosexualität neu anfangen, Fragen zu stellen, und unzulässige Analogiebildungen ablehnen. Zudem suggeriert der Begriff »Homosexualität« eine einseitige Reduzierung lesbischer Beziehung auf Sexualität. Dies entspricht nicht der gelebten Realität dieser Beziehungen, wie wir später ausführen werden.

In der feministischen Theoriebildung ist die Auseinandersetzung mit lesbischer Existenz nicht von Anfang an selbstverständlich gewesen. Seit den Anfängen spielen Lesben in der Frauenbewegung eine zentrale Rolle, sie waren meist tragende und treibende Kräfte. Ihre persönliche Lebensform, ihr Lesbischsein wurde jedoch nur selten thematisiert, um nicht – so argumentierten meist die heterosexuellen Frauen – die gesamte Bewegung noch mehr in Verruf zu bringen. So engagierten sich Lesben Hand in Hand mit heterosexuellen Frauen zu Themen wie § 218, Verhütungsfragen und Frauenhäuser für geschlagene Frauen – alles Probleme, die Frauen in heterosexuellen Partnerschaften bedrängen.

Die Umkehrung, ein Engagement heterosexueller Frauen gegen Diskriminierung von Lesben, fand kaum statt. Die Spaltung der Frauenbewegung in Lesben und heterosexuelle Frauen gelang jedoch nicht überall. So reagierten beispielsweise amerikanische Feministinnen schon zu Beginn der siebziger Jahre auf den gezielten Spaltungsversuch durch die amerikanische Öffentlichkeit mit dem Slogan: »Ihr könnt uns alle Lesben nennen, so lange, bis es keine Vorurteile mehr gegen Frauen gibt, die Frauen lieben!«[3]

Das anfängliche Verschweigen lesbischer Frauen in der Bewegung und damit auch die Ausblendung der damit verbundenen Fragen nach den Ursachen der Diskriminierung von

Frauenliebe ist mehr und mehr aufgebrochen. In der gegenwärtigen feministischen Diskussion spiegelt sich das zunehmende Sichtbarwerden lesbischer Frauen wider.

In der kirchlichen Frauenbewegung der Bundesrepublik beginnt der Prozeß der Formulierung und Einbeziehung lesbischer Positionen in die feministische Theologie – zeitverschoben zur autonomen Frauenbewegung – gerade erst jetzt.

Früher noch in den Hintergrund gedrängt, ist heute eine feministische Theoriebildung ohne die Einbeziehung lesbisch-feministischer Positionen nicht mehr denkbar, denn »feministische Forschung und Theorie, die mit zur Unsichtbarmachung und Marginalität der Lesbierinnen beitragen, arbeiten in Wirklichkeit gegen die Befreiung und Erstarkung von Frauen als Gruppe«[4].

Sowohl die Frauenbewegung als auch die Lesben sind selbstbewußter geworden und stellen unbequeme Fragen an die im Patriarchat so selbstverständlich proklamierte Heterosexualität.

Erziehung zur Heterosexualität

Die Aussagen der von uns befragten Frauen geben einen Einblick in die vielfältigen Beeinflussungsmechanismen und die oft banal erscheinenden Ebenen, auf denen sich Heterosexualität im persönlichen Alltag wie selbstverständlich darstellt:

Männermythos

»Einen Mann zu haben als höchstes Ziel«, dies steckt hinter vielen freundlich gemeinten Fragen der Verwandtschaft und der Kolleginnen oder Kollegen: »Ich wurde immer wieder von der Verwandtschaft gefragt, ob ich nicht heiraten wolle, ob mir denn keiner gut genug sei.« Eine andere Frau schildert die quälenden Fragen der Verwandten nach dem Freund. Auch die eigenen Freundinnen oder Mitschülerinnen zeichnen an diesem Bild »Männermythos« mit: »Du brauchst doch einen Freund!« Unter Mädchen gilt das ungeschriebene Gesetz: »möglichst viele Verehrer, oder besser: möglichst einen Freund zu haben«.

Eine andere Frau beschreibt ihre Erfahrungen so: »Die Ausrichtung auf die heterosexuelle Liebe war für mich im jugendlichen Alter ein ziemlich anstrengendes Spiel, weil frau eben ab einem bestimmten Alter mit einem Freund ›ging‹ oder mit einem Mann geschlafen haben mußte.«

Auch von seiten der Eltern werden Töchter auf den zukünftigen Mann hin erzogen: »Von meiner Mutter kommt öfters die Frage nach meinen Heiratsplänen« oder: »Meine Mutter will, daß ich glücklich werde, einen Mann habe oder kriege.« »Heirat wird mit Glück gleichgesetzt, und ich muß betonen und beweisen, daß ich auch ohne Mann glücklich sein kann.«

Verschweigen

Fast durchgängig erzählen die befragten Frauen, in ihrer Jugendzeit nie etwas über Liebe unter Frauen erfahren zu haben. »Lesbischsein war ein unbekanntes Wort« oder: »Ich kannte nur Familien, Ehen oder bestenfalls alleinstehende Frauen. Letztere erschienen mir aber nie besonders glücklich.«

Andere Frauen erinnern sich: »Lesbischsein kam nie vor« oder: »Das Bild der christlichen Ehe und Familie war beherrschend, anderes war nicht gefragt.«

Frauen werden in einem Klima groß, in dem es kaum Alternativen zur Mann-Frau-Zukunft gibt. Für Mädchen und Frauen, die durch Liebe mit anderen Mädchen oder Frauen verbunden sind, bedeutet dies, in einer Welt ohne Vorbilder zu leben: »Mit einer Frau zusammenzusein als realistische Zukunft, das gab es nicht, denn ich kannte einfach keine, die so lebte.«

Das Verschweigen und Unsichtbarmachen von Frauenliebe und Gemeinschaft unter Frauen führt dazu, daß viele Lesben immer noch glauben, sie allein hätten solche Gefühle. »Ich fühlte mich als die einzige Lesbe auf der Welt.« Die Geschichte des Widerstandes gegen die Selbstverständlichkeit männlicher Partnerwahl wird ignoriert; Vorbilder werden verschwiegen. Dadurch wird verhindert, daß Frauen in ihrer Selbstfindung von der Kraft autonom lebender, frauenidentifizierter Frauen lernen.

Verunglimpfung

Das Mittel des Verschweigens reicht nicht immer aus, um lesbische Existenz gänzlich zu verhindern. Dort, wo sie trotzdem sichtbar wird, wird sie verunglimpft, in den Dreck gezogen, als sündig verdammt oder zu unterdrücken versucht: »Mein Lesbischsein wird als neurotisch infantil abgetan oder nicht ernst genommen« und: »Mein Lesbischsein wäre eine Fehlentwicklung« sind Erfahrungen, die lesbische Frauen machen.

Auch der heimliche oder offene Lehrplan der Schule trägt dazu bei, Lesbischsein zu verunglimpfen und als nicht erwünscht zu beschreiben: »Im Religionsunterricht war nicht zu verkennen, daß es (das Lesbischsein, d. V.) zu Sodom und Gomorrha gehört.«

Lesbischen Frauen fehlt es an Vorbildern; die wenigen, die es gibt, werden verunglimpft oder diskriminiert. So erstaunt es kaum, wenn sich eine Frau rückblickend fragt: »Auf welche lesbische Frau, die akzeptiert ist, sollte ich mich beziehen können?«

Das verunglimpfende Bild über Lesben, das noch oft in den Köpfen der heterogeprägten Umwelt steckt, muß nicht zwangsläufig zur konkreten Diskriminierung einer lesbisch lebenden Frau führen. Aber umgekehrt muß der »tolerante« Umgang mit Lesben im Bekanntenkreis nichts an den verunglimpfenden Bildern im Kopf ändern. Häufig kommen abschätzende Einstellungen in Nebensätzen ganz beiläufig zutage. Gerade das am Rande, in Witzen oder Nebenbemerkungen gemalte Bild lesbischer Liebe kann es Lesben schwermachen, sich zwischen heterosexuellen Männern und Frauen wohlzufühlen.

Was erleben Mädchen und Frauen konkret an psychischem Druck, nachdem ihre Umwelt das lesbische Leben wahrnahm?

»Oft wurde mir gesagt, daß ich kein ›richtiges‹ Mädchen sei.« Die gesamte Person, ihre Identität als Mädchen schlechthin wird in Frage gestellt. Druck im Hinblick darauf, ein »richtiges« Mädchen, eine »richtige« Frau zu sein, wird meist durch elterliche Erwartungen vermittelt. »Meine Antwort (auf die Frage nach den Heiratsplänen, d. V.) wird einfach nicht akzeptiert. Mich deprimiert die Erwartungshaltung, die an mich besteht und die ich nie erfüllen werde.«

Nicht selten ist gerade im familiären Bereich der moralische Druck groß, nach dem Motto: »Das tust du mir nicht an!« Auch die Mitschülerinnen und Freundinnen übernehmen ihren Teil, wenn Liebe unter Mädchen verunglimpft wird. Sicher steht hier keine reflektierte beabsichtigte Unterdrückung dahinter, wenn Mitschülerinnen weitergeben, was sie selbst vermittelt bekommen. »Mein erstes unschuldig offenkundiges Verliebtsein und Begehren einer Mitschülerin wurde von meinen Altersgenossinnen mit jahrelanger Ablehnung und Verspottung geahndet. Diese schlimmen Erfahrungen waren begleitet von der Trauer, daß ich meine Liebe zu Mädchen aus Furcht vor Abweisung und Verachtung nie zeigen konnte und daß ich diesen ganzen Kummer noch nicht einmal aussprechen durfte.«

Wie oft werden erste Bindungen auf diese Weise für immer ausgelöscht, Gefühle für immer verdrängt, um Verletzungen zu vermeiden?

»Die lesbischen Anteile in mir, deren ich mir immer bewußt war und die ich als etwas Kostbares in meinem Leben empfand, habe ich mit zunehmendem Alter heroisch und rigoros zu unterdrücken versucht, um endlich die reife, erwachsene normale Frau zu werden.«

Der Zwang zur Heterosexualität, als diffuse Erwartung oder als konkrete Verletzung erlebt, zwingt so manche Frau, sich entgegen ihren Gefühlen auf Männer hin zu orientieren.

»Die geballte Erwartung meiner Umgebung und der Mangel an positiven Modellen und leise Zweifel in mir brachten mich zu dem Entschluß, entgegen meinen Gefühlen ein heterosexuelles Leben zu wählen und eine Familie zu gründen.«

»Als katholische Beamtentochter wurde ich selbstverständlich streng heterosexuell ausgerichtet erzogen. Heute empfinde ich diese Ausrichtung als fatal, denn ohne sie hätte ich nicht geheiratet, und allen Beteiligten wäre eine Menge erspart geblieben.«

Heterosexualität als politische Institution

Im Gegensatz zu traditionellen Betrachtungen gehen feministische Ansätze davon aus, nicht die Liebe unter Frauen, sondern die Selbstverständlichkeit, mit der immer noch die Heterosexualität als allgemeingültig hingestellt wird, zu analysieren.

In der Diskussion um die Bedeutung erzwungener Heterosexualität nimmt Adrienne Rich, amerikanische Feministin und Theoretikerin, eine zentrale Rolle ein[5]. Als jüdische Lesbe, von Rassismus und Heterosexismus gleichermaßen betroffen, scheut sie sich nicht, kompromißlos und radikal Strukturen anzugreifen, die zur Unterdrückung von Menschen beitragen. Durch ihre Analysen lesbischer Existenz und Zwangsheterosexualität hat sie wichtige Impulse für die feministische Theoriebildung auch im deutschsprachigen Raum gesetzt. Ihr radikaler Ansatz besteht darin, Heterosexualität als Institution des Patriarchats zu begreifen und zu fordern, daß Heterosexualität als politische Institution erkannt und untersucht werden muß. Sie schreibt:

»Wenn wir die Institution als solche wahrnehmen, beginnen wir zudem, eine Geschichte des weiblichen Widerstands zu erkennen – eine Geschichte, die nie zum vollen Verständnis ihrer selbst gelangt ist, weil man sie so gründlich zersplittert, falsch benannt und ausgelöscht hat. Es wird einen kühnen Denkansatz erfordern, um die Politik, die Ökonomie und ebenso die kulturelle Propaganda der Heterosexualität so weit in den Griff zu bekommen, daß wir über die individuellen Sonderfälle hinaus zu der komplexen Sehweise gelangen, die nötig ist, um jene Macht aus den Angeln zu heben, die Männer überall über Frauen ausüben.«[6]

Adrienne Rich charakterisiert diese Macht, wobei sie die Grenzen der Religionen, Klassen, Rassen und Länder überschreitet[7]. Ihrer Analyse zur Folge haben Männer weltweit die Macht,

1. *Frauen ihre eigene Sexualität zu verweigern*
   durch Klitorisbeschneidung, Zunähen des Geschlechts (Infibulation), Keuschheitsgürtel, Bestrafung für Ehebruch oder lesbische Sexualität, psychoanalytische Leugnung der Klitoris, Leugnung der Sexualität nach den Wechseljahren;
2. *Frauen männliche Sexualität aufzuzwingen*

durch Vergewaltigung und Schläge, sexuellen Mißbrauch in der Kindheit, Zwangsehen, Prostitution, Kinderehen, psychoanalytische Theorien über Frigidität und vaginalen Orgasmus, sadistische Heteropraktiken, pornographische Beschreibung von Frauen, die angeblich Vergnügen an sexueller Gewalt und Erniedrigung haben, Triebtheorie, die die ungezügelten Übergriffe der Männer mit dem vermeintlichen sexuellen Trieb zu entschuldigen versucht; durch die unterschwellige Botschaft in Kunst, Literatur, Medien und Reklame, sadistische Heterosexualität sei »normaler« als Sinnlichkeit zwischen Frauen;

3. *über die Arbeit von Frauen (einschließlich des Gebärens) zu bestimmen und sie auszubeuten*
durch unbezahlte Erziehungs- und Hausarbeit, Kontrolle über Abtreibung, Empfängnisverhütung und Geburt, Zwangssterilisation, Kuppelei, Tötung weiblicher Kinder, Vaterrecht, gerichtliche Beschlagnahmung der Kinder lesbischer Mütter;

4. *Frauen in ihrer Bewegungsfreiheit einzuschränken*
durch Vergewaltigungsterror, Fußeinbinden, Verkümmernlassen sportlicher Fähigkeiten, Modediktat, Schleierzwang, Ganztagsmutterrolle, erzwungene ökonomische Abhängigkeit vom Ehemann;

5. *Frauen als Objekte bei Geschäften unter Männern zu benützen*
durch Brautpreis, Kuppelei, Zwangsheirat, Benutzung von Frauen als »Geschenk« oder zur Förderung männlicher Geschäfte als eheliche Gastgeberin, Cocktailserveusen, Callgirls, »Bunnies«, Geishas, Sekretärinnen;

6. *Kreativität von Frauen zu ersticken*
durch Hexenverfolgung, Aufwertung männlicher und Abwertung weiblicher Kulturleistungen, Beschränkung weiblicher Selbstverwirklichung auf Ehe und Mutterschaft, Auslöschung weiblicher Traditionen;

7. *Frauen Wissen vorzuenthalten*
durch Nichtausbildung von Frauen, Rollenklischees, die Frauen von Wissenschaft und Technik fernhalten, Verschweigen von Frauen in der Geschichtsschreibung.

Nicht jede der hier aufgelisteten Methoden ist auf den ersten Blick als Zwang zur Heterosexualität erkennbar. Doch jede einzelne verstärkt das Machtgefüge, durch das Frauen zu der Überzeugung gebracht werden, daß Ehe und sexuelle Ausrichtung auf den Mann, selbst zum Preis von Unterdrückung oder Verzicht, unvermeidlich sind. Frauen werden im Patriarchat zur Heterosexualität gezwungen, um Männern das Recht auf den körperlichen und ökonomischen Zugang zu Frauen zu sichern.

Die Frage nach der Macht zwischen den Geschlechtern ist eine Frage nach der Sexualität. Dieser Zusammenhang wurde im deutschsprachigen Raum schon früh von Alice Schwarzer in ihrem Buch »Der kleine Unterschied« aufgezeigt[8]. Es erregte gerade deshalb großes Aufsehen und gehört noch heute zu jenen Büchern, die aufwühlen, weil sie – einfach, indem Frauen über ihr Leben erzählen – offenlegen, wie eng Sexualität zwischen Männern und Frauen mit Macht verknüpft ist.

Die Verknüpfung hat auch christliche Wurzeln: Anhand der Aussagen zur Sexualität weist Bernadette Brooten auf das hierarchische Geschlechterverhältnis in der Theologie des Paulus hin[9]. Seine Aussagen hatten nachhaltige Wirkung, denn sie wurden benutzt, um das christliche Bild der »untergeordneten Frau« zu stabilisieren.

Mary Hunt, katholische Theologin, beschreibt, wie sich bis heute Unterdrückung in der Sexualität widerspiegelt: »Die im Bett unter Druck gesetzte Frau, die Frau, die vergewaltigt oder geschlagen wird, die Frau, deren Ehemann oder Freund keine Verhütungsmittel benützt, die Frau, die als frigide bezeichnet wird, die Frau nach den Wechseljahren, alle diese Frauen sind verschiedene Seiten ein und derselben Frau: der im Patriarchat unterdrückten Frau.«[10]

Viele Männer und Frauen werden sich fragen, ob nun alle heterosexuellen Beziehungen zu verdammen seien. Auch wenn diese Frage aus Betroffenheit und Besorgnis erwächst, so ist dies doch die falsche Frage, denn sie zielt am Kern der politischen Analyse vorbei: Das Problem ist nicht die Heterosexualität, sondern der Zwang dazu. »Das Fehlen jeglicher Möglichkeit der Wahl ist und bleibt die große unerkannte Realität. Und solange Frauen nicht die Wahl haben, werden sie vom Zufall oder Glück einer Ausnahmebeziehung abhängig bleiben.«[11]

Frauen die Möglichkeit einzuräumen, sich frei für die Liebe

zu einem Mann oder einer Frau zu entscheiden, bedeutet eine Veränderung der Machtstrukturen zwischen den Geschlechtern. Männer, die bei ihrer Partnerinnensuche ernsthaft in Konkurrenz zu Frauen bestehen müßten, würden eher Fähigkeiten entwickeln, die gleichberechtigte Beziehungen ermöglichen, Machtansprüche müßten aufgegeben werden und Privilegien wären nicht mehr automatisch durchsetzbar.

Frauenbeziehungen

Entscheidung für lesbisches Leben

Aufsehenerregend an der feministischen Analyse lesbischer Existenz ist nicht nur das Infragestellen patriarchaler Heterosexualitätskonzepte, sondern auch, Lesbischsein als der freien Entscheidung zugänglich zu begreifen. Lesbischsein wird als Lebensform begriffen, für die sich Frauen entscheiden können und die letztendlich nur dadurch bestimmt ist, wie umfassend Frauen Erlebnismöglichkeiten und Erfahrungen mit Frauen in ihrem Leben integrieren möchten.

Die Liebe zu einer Frau zu entdecken, sie zuzulassen und nicht länger zu leugnen, ist in jeder Phase weiblichen Lebens möglich, ob mit 17, 35 oder 60 Jahren, ob mit guten, schlechten oder gar keinen Männererfahrungen, ob christlich erzogen oder atheistisch geprägt, ob konservativ oder liberal denkend:

»Mein erotisches und sexuelles Interesse an Frauen erwachte, als ich die Dreißig überschritten hatte. Bis dahin hatte ich mich für unanfechtbar heterosexuell gehalten.«

»Ich muß hinzufügen, daß mir meine homosexuelle Orientierung sehr früh, mit elf, bald nach der Pubertät, bewußt wurde.«

Die alltägliche Bedeutung von Frauenbeziehungen

Zärtliche, einfühlsame Freundschaften unter Frauen sind nahezu für alle Frauen nachvollziehbar und Teil ihres Alltags. Bei vielen spielen Frauenfreundschaften eine zentrale Rolle, ungeachtet dessen, ob die Partnerschaft mit Männern oder Frauen gelebt wird.

Jutta Brauckmann befragte Frauen nach der Bedeutung, die Frauen in ihrem Leben einnehmen[12]. Sie erhielt von *heterosexuell* lebenden Frauen beispielsweise folgende Antworten:

»Aus meinen Lebenserfahrungen kann ich sagen, daß ich zu Frauen eher schon Kontakt kriege; so aus der Art, wie sie sich äußern, wie sie sich verhalten, sind sie mir einfach näher.«

»Ich hab wirklich mehr mit Frauen zu tun gehabt, weil da eben ganz andere Gesprächsmöglichkeiten sind.«

»Mit 'ner Frau kann ich eher über alles reden.«

»Die Leute, die mir wichtig sind, sind mehrheitlich Frauen.«[13]

Heterosexuelle Frauen können sich ein Leben ohne Frauen nicht vorstellen. Der emotionale Rückhalt zeigt sich meist auf alltäglicher konkreter Ebene. Da ist die beste Freundin, mit der sich über alles reden läßt, die auffängt, tröstet und versteht. Da geben sich Kolleginnen untereinander Kraft, bauen sich gegenseitig auf, wenn alltägliche Enttäuschungen zu verarbeiten sind. Da schütten sich Nachbarinnen ihr Herz aus.

Doch, so Jutta Brauckmann, »die Frauen eignen sich diese bedeutsamen alltäglichen Erfahrungen offenbar in sehr geringem Maße wirklich an. Sie scheinen vielmehr die Bewertung der Männer, dies sei Weiberkram und damit von minderer Relevanz, zu übernehmen. Frauen reden viel und tun viel miteinander. Aber diese Aktivitäten sind normalerweise weder Thema ihrer Alltagsverarbeitung noch Thema im Freundeskreis oder zwischen Ehepaaren. Und durch das Nichtbewußtsein sind solche Erlebnisse grundlegend von Nichtexistenz bedroht.«[14]

Die Parallele zum Verschweigen lesbischer Existenz ist offensichtlich: Über beiden liegt der Mantel des Kaum-Sichtbaren, des Kaum-Ernstnehmens. Rückhalt unter Frauen, stärkende Momente von Frauenfreundschaften und Interesse von Frauen an Frauen sind selten Thema der patriarchalen Kultur. Um so mehr dagegen die vermeintlich streitsüchtigen und rivalisierenden »Weiber«, die sich untereinander nie einig sind und sich eher die Augen auskratzen – so das überzogene Frauenbild in Witzen und sonstiger Literatur. Solidarische, stärkende Bindungen unter Frauen, offen ausgesprochen und hervorgehoben, passen weniger in eine Kultur, die »vom Mann an erster Stelle« ausgeht.

Es ist kein Zufall oder gar Nachlässigkeit, daß Frauen die Bedeutung, die andere Frauen in ihrem Leben spielen, verzerrt wahrnehmen oder bestenfalls als heimliche Erkenntnis in sich tragen. Dem Mann zu zeigen, wie sehr sie ihn braucht, ist eine der Regeln klassischer Mann-Frau-Stereotypen.

Wenn Frauen, insbesondere die heterosexuell lebenden, den Stellenwert, den Frauen in ihrem persönlichen Leben wirklich einnehmen, realistisch sähen, benennten und sichtbar machten, wäre ein Schritt getan, die vermeintliche Spaltung von Frauen in Heterosexuelle und Lesben aufzuheben und Gemeinsamkeiten zu erkennen.

Sexualität in Frauenbeziehungen

Sexualität kann, muß aber nicht zum Unterscheidungskriterium zwischen lesbischen und nichtlesbischen Beziehungen werden.

Die Erfahrung zeigt, daß zutiefst frauenbezogene Frauen Bindungen mit Frauen eingehen, die ohne genitale Sexualität gelebt werden, während andere sich als heterosexuell begreifende Frauen Sexualität mit Frauen leben. Spätestens an diesem Punkt wird die Unmöglichkeit deutlich, Lesbischsein ausschließlich in Kategorien von Sexualität begreifen zu wollen. Es besteht häufig ein großer Unterschied zwischen dem, wie Lesben sich selbst begreifen, und dem, wie eine ausschließlich genital fixierte Umwelt Lesbischsein definiert. Frauen, die mit Frauen schlafen, gelten als lesbisch – so die gängige Klassifizierung. Alles andere wird als Freundschaft verstanden.

Viele Lesben definieren ihre Liebe zu Frauen weniger über genitale Sexualität als über die innere Verbundenheit. Sie begreifen ihre Sexualität als umfassendes Geschehen, als »erotischen Strom von Energie«, der sie mit Frauen verbindet [15].

»Ich mache mein Lesbischsein nicht daran fest, daß ich mit einer Frau statt mit einem Mann schlafe. Aber Sexualität ist für mich eine wichtige Möglichkeit, meine Zuneigung, Liebe und Verbundenheit zu anderen Frauen zu leben.«

»Liebe zu Frauen ist Vertrautheit, Nähe und schließt körperliche Liebe mit ein.«

»Sexualität ist für mich eine sehr tiefe Form der Begegnung, die für mich zu meiner Liebe zu Frauen gehört.«

Mary Hunt schreibt über den Zusammenhang von Lesbischsein und Sexualität: »Lesben lieben Frauen meist ohne die Fixierung auf die An- oder Abwesenheit genitaler Sexualität.«[16]

Im ganzheitlichen Sinne hat Sexualität für lesbische Beziehungen eine zentrale Bedeutung: »Sexualität ist wichtig, aber nicht das Wichtigste. Zeit haben, augenblickliche Gefühlslage, Zärtlichkeit spielen eine große Rolle.«

»Sexualität verstehe ich umfassend als Körpersprache. Jede zärtliche Handlung ist in sich wertvoll und schön.«

Unabhängig davon, wie Lesben innerhalb ihrer Beziehung Sexualität gewichten und leben, ist ihre Eigenständigkeit im sexuellen Bereich für die Gesellschaft provozierend. Die »Anmaßung«, auch ohne Männer Sexualität zu leben, Lust zu empfinden, sexuell aktiv und fordernd zu sein, die Geschlechterpolarität von aktiv-passiv und nehmen-geben aufzubrechen, ist eine Provokation besonderer Art. Ist doch, wie bereits ausgeführt, die Sexualität ein Angelpunkt im Machtgefüge der Geschlechter.

Folgerichtig betonen lesbische Feministinnen, daß es zwar niemanden etwas angeht, mit wem sie ins Bett gehen, es aber zentrale gesellschaftspolitische Bedeutung hat, daß es eine Frau ist.

Lesbischsein als Lebenskultur

Lesbischsein ist mehr als nur die Eigenständigkeit im sexuellen Bereich: »Lesbischsein ist meine Form zu leben, mich zu öffnen, mich zu entwickeln, ganzheitlich zu sein.«

Lesbische Liebe geht weit über das hinaus, was in Kategorien genitaler Sexualität zu erfassen ist, wie die Aussagen von Frauen verdeutlichen. Sie ist auch mehr als ein politisches Infragestellen der Heterosexualität.

Lesbische Liebe ist in ihrer Ganzheit ein Neuanfang. Sie ist eine Chance gleichberechtigter Beziehungen und »echter Gegenseitigkeit«[17]. Sie ermöglicht die Erkundung neuer Wege zwischen Frauen und neue Klarheit in der Beziehung von Frauen und Männern. Sie ist eine vom Wert der Frau durchdrungene Lebenskultur.

»Die Liebe zu Frauen gibt mir das Gefühl, weitgespannter, reicher lieben zu können.«

Lesbischsein ist eine Lebensform, in der Frauen sich wohl fühlen, Kraft schöpfen, Glück finden und in der Liebe verwirklicht wird. Sie ist eine Verbindung zwischen potentiell gleichen

Menschen, denen die Gesellschaft keine Unter- und Überordnung vorgibt. Sie erlaubt echte Gegenseitigkeit. Sie ermöglicht, die sinnliche Kraft der Sexualität ohne patriachales Machtgefälle zu erleben. Sie bedeutet, sich als Frau zu erkennen und zu lieben:

»Meine Liebe zu Frauen hat meine innere Grundstruktur einschließlich der Glaubensstruktur grundlegend verändert. Seit dieser Zeit habe ich sehr tief das Gefühl, ganz und gar heil geworden zu sein, mit mir in tiefer Übereinstimmung zu leben, auch in Übereinstimmung mit meiner Sexualität.«

»Liebe zu Frauen ist für mich selbstverständlich und entspricht mir. Ich kann ich selbst sein und muß mich nicht verstellen.«

»Liebe zu Frauen heißt für mich sehr oft Wärme, Vertrauen, emotionaler Gleichklang, Spiegel meiner eigenen Weiblichkeit.«

»Meine Liebe zu Frauen gehört zu meinem innersten Wesen und erschien mir in meinem Leben immer als etwas sehr Schönes und Kostbares, auf das ich stolz war.«

Das Selbstbewußtsein, das in diesen Aussagen deutlich wird, die am Anderssein gewachsene Identität, sollte uns nicht dazu verleiten, die Mühen zu vergessen, die hinter diesen mit sich im Einklang befindlichen Frauen liegen. Es klingt sonst nach Harmonisierung und Idealisierung. Und doch sind es Erfahrungen, die da sind, auch wenn Liebesbeziehungen unter Frauen die Möglichkeiten psychischer Zerstörung, Unfreiheit, Eifersucht und Bevormundung ebenso enthalten wie jede andere menschliche Beziehung auch. »Wir sollten uns davor hüten, romantisch zu verklären, was es hieß und immer noch heißt, unter Androhung schwerer Strafen ›gegen den Strom‹ zu handeln und zu lieben.«[18]

Schlußbemerkungen

Wir hatten zu Beginn ausgeführt, in welchem Ausmaß sich lesbische Frauen in der Kirche vom Feminismus und seinen Analysen angezogen fühlen. Vieles, was sie in ihrem Alltag erleben, wird durch feministische Sichtweise verstehbarer.

Wenn Frauen mit diesen Vorstellungen in der Institution Kirche leben und dort aktiv sind, so ergeben sich zwangsläufig

Schlußbemerkungen

Konflikte mit der Institution, denn solche Frauen werden vieles in der Kirche hinterfragen.

Carter Heyward, anglikanische Pfarrerin, Theologieprofessorin und engagierte Kämpferin für Menschenrechte, nennt konkret beim Namen, was für viele die Bedrohung durch den Feminismus – und darüber hinaus durch den lesbischen Feminismus – ist:

»Viele fürchten, der lesbische Feminismus bilde eine Bedrohung für die Kernfamilie, für unsere Wirtschaftsordnung und für die religiöse Grundvorstellung, daß das Eheleben der allein gesegnete Stand sei. Sie fürchten, der lesbische Feminismus bedrohe die Vaterschaft Gottes und die Mutterschaft der Frauen. Sie haben Angst, daß der lesbische Feminismus die Norm bedroht, nach der zur Sexualität unbedingt auch Fortpflanzung gehört, und sie sehen den hohen Wert von Beziehungen gefährdet, die nach dem Prinzip von Herrschaft und Unterwerfung gestaltet sind. Dieses Prinzip beginnt bei männlichen Besitzrechten und erstreckt sich bis zu der Vorstellung von Gott als Vater. Diejenigen, die fürchten, daß es dies ist, was wir umstürzen wollen, fürchten zu Recht.«[19]

Wir halten es für wichtig, daß Kirchen und Gesellschaft sich diesen kritischen Fragen offen stellen. Es sind genau die Fragen, die um der christlichen Botschaft und der Glaubwürdigkeit christlicher Gemeinschaft willen gelöst werden müssen.

Doch die Kirchen reagieren häufig empfindlich auf unbequeme Fragen von Frauen. Erfahrungsgemäß reicht es schon, sich in feministischer Theologie zu engagieren, in Gemeinden, an Universitäten oder in Kursen, um bei Bewerbungen innerhalb der Kirche kaum noch Chancen zu bekommen.

Nicht nur, daß kirchliche Institutionen häufig dazu neigen, sich der Diskussion zu entziehen, kaum Veränderungen zuzulassen und Mitarbeiterinnen durch ihre Verlautbarungen einzuschüchtern, sie lassen die Ressourcen und das Erfahrungspotential, das lesbische Frauen einzubringen hätten, unbeachtet oder unterdrücken es gar. Sie mißachten die Vielfalt menschlicher Lebens- und Liebeserfahrung, solange sie in ihren Reihen nur ein Modell menschlicher Partnerschaft dulden. Lesbische Frauen sollten ihre Liebeserfahrungen, die Quellen ihrer Kraft, nicht länger verschweigen, sondern Männer wie Frauen, Kirche wie Gesellschaft daran teilhaben lassen.

Eine der lesbischen Frauen, die schon zu reden wagen, ist Carter Heyward: »Liebe und Partnerschaft finde ich zuerst in der Bindung an eine andere Frau. Ich erkläre dies, weil ich glaube, daß ich so offen wie möglich über meine tiefste Quelle menschlicher Liebe und Freundschaft sprechen sollte.«[20]

Hier schließt sich der Kreis, und wir kommen zum Ausgangspunkt dieses Kapitels zurück, das mit der Aussage begann: »Daß ich eine Frau liebe, geht niemanden etwas an.« Mit diesem Satz verteidigen Lesben oft ihre Privatsphäre und Lebensform. Nicht selten greifen heterosexuell lebende Männer und Frauen dieses Abschieben in den Privatbereich dankbar auf. Bleibt doch somit die eigene Lebensform von einer ernsthaften politischen Betrachtung verschont. Denn, ob lesbisch oder heterosexuell, das ist ganz tolerant und liberal »Privatsache«.

Richtig ist ganz sicher, daß wir alle, ob Lesben oder Heteros, das Recht auf einen ganz persönlichen Bereich unserer Liebesbeziehungen und -erfahrungen haben. Angesichts der in patriarchale Unterdrückung eingebetteten Heterosexualität und der daraus resultierenden politischen Sprengkraft lesbischer Existenz wird aber die verschleiernde Funktion des »Privaten« deutlich.

Der zu Beginn des Kapitels formulierte Satz müßte, provokativ, aber genaugenommen lauten: »Wen ich liebe, geht niemanden etwas an; daß es eine Frau ist, jedoch alle.«

Abschließend möchten wir nochmals Carter Heyward zu Wort kommen lassen. Ihre Theologie der Beziehung hat uns neue Wege aufgezeigt und den Rücken gestärkt im Prozeß des politischen Sichtbarwerdens. Wir fühlen uns ihr eng verbunden, die gerade aus dem christlichen Glauben heraus sich entschied, offen zu leben: »Die Entscheidung war zentral für meine Aufgabe als Christin, die glaubt, daß das Gebot, den Nächsten wie sich selbst zu lieben, ebensoviel mit *eros* und *philia* zu tun hat wie mit *agape* und daß eine solche Liebe keine Grenzen von Sexus und Geschlecht kennt. Meine Entscheidung, mein Lesbischsein öffentlich zu machen, war in der Tat zentral für mein Selbstverständnis als Liebende – als Frau, die nach Freundschaft, Gerechtigkeit und gemeinsamer Kreativität in der Welt sucht.«[21]

Kapitel 3
Die Bemühungen gingen in Richtung Heterosexualität
Erfahrungen lesbischer Frauen mit Beratung und Therapie
von Gisela B.

In der schon mehrfach zitierten Umfrage bei lesbischen Frauen in der Kirche[1] wurde unter anderem die Frage gestellt: »Welche Erlebnisse/Erfahrungen hast du mit Beratung/Therapie gemacht?« Ich beginne mit einigen Antworten:

»In der Suchtberatung, die ich wegen meiner Alkoholprobleme aufgesucht hatte, wurde auch über lesbische Liebe gesprochen. Ein Therapeut nahm mein Lesbischsein als Entwicklung hin. Er nahm es nicht so recht ernst, lächelte väterlich und wünschte mir, daß ich mit zunehmender Reife eine Liebesbeziehung zu einem Mann zustande brächte. Der zweite Berater akzeptierte meine Liebe zu Frauen, gab sich vorurteilsfrei und sah im Lesbischsein eine Lebensform, mit der ich zurechtkommen muß.«

»Mir wurde gesagt, daß Lesbischsein Ausdruck der Angst vor Beziehungen zu Männern sei, eine Vorstufe zu wirklicher sexueller Reife.«

»Mein Lesbischsein wird als ›neurotisch‹, ›infantil‹ abgetan, nicht ernst genommen.«

»Trotz mancher innerer Kämpfe wäre es mir nie eingefallen, mit dieser Frage in eine Beratung, geschweige denn in eine Therapie zu gehen. Das war bei mir zu sehr meine persönliche Sache, ich konnte mir nicht vorstellen, darüber ›so irgendwo‹ zu reden.«

»Beratung oder Therapie habe ich nie genossen, obwohl ich Beratung, nicht Therapie, bitter notwendig gehabt hätte. Ich wußte aber nicht, an wen ich mich wenden sollte, bis ich an die

HuK geriet. Hier wurde ich zwar nicht beraten, aber ich konnte mich solidarisch und nicht mehr so vereinsamt fühlen.«

»Ich habe eine 2–3jährige Gesprächstherapie mit einem sehr offenen Therapeuten (Mann!) gemacht und ihn als Mensch und Mann sehr positiv erlebt. Er hat mein Lesbischsein als Faktum angesehen, genau wie ich. Wir haben nur darüber gesprochen, wenn es als Bestandteil eines komplexeren Zusammenhanges auftauchte. Ich habe in dieser Zeit sehr viel über mich gelernt.«

»Ich habe in einer Lesbentherapiegruppe mitgemacht, in der wir sehr intensiv an dem Thema Sexualität gearbeitet haben. In meiner jetzigen Frauentherapiegruppe (Tanztherapie) sind wir drei Lesben, und sowohl die Gruppe als auch die Therapeutin haben eine sehr positive Einstellung – ich habe bisher keine Ablehnung diesbezüglich erfahren. Auch in meiner Einzelgesprächstherapie mit einer Therapeutin habe ich erfahren, daß es positiv aufgenommen wurde und keinerlei Versuche gemacht wurden, etwas in die andere Richtung beeinflussen zu wollen.«

»Ich arbeite selber in einer Frauenberatungsstelle, beschäftige mich eingehend mit feministischer Therapie. Für mich war die Aufarbeitung meiner katholischen Erfahrungen sehr wichtig für mein Selbstwertgefühl – ich fühle mich nicht mehr als Sünderin.«

»Nach abgeschlossener Grundausbildung in Beratungsgespräch und Gesprächspsychotherapie bin ich seit einem Jahr in der Zusatzausbildung zur Gesprächstherapeutin. In beiden Gruppen trat/trete ich offen als Lesbe auf und habe bisher in keiner Weise das Gefühl, deswegen diskriminiert zu werden, eher im Gegenteil. Sehr viel an Eigenarbeit läuft für mich in der Gruppe. In meiner therapeutischen Praxis versuche ich hauptsächlich mit Frauen zu arbeiten und möchte gerne noch mehr in Lesbenkreisen bekannt werden, um diese Frauen – uns – speziell zu unterstützen, weil ich weiß, wie viele Probleme für Lesben in ihrer Beziehung zu heterosexuellen Therapeuten/innen drinstecken können.«

Es gibt bisher noch keine umfassenden empirischen Untersuchungen darüber, wie die Psychotherapie lesbische Frauen »behandelt« noch wie die Psychotherapeutinnen und Therapeuten speziell im kirchlichen Bereich mit lesbischen Frauen umgehen. Die folgenden Ausführungen über dieses »Dunkelfeld«

können daher nur exemplarisch sein. Sie beinhalten meine eigenen Erfahrungen als lesbische Frau, meine jahrelangen beruflichen Auseinandersetzungen im Bereich Psychotherapie und die Konfrontation mit zahlreichen lesbischen Frauen in persönlichen Begegnungen, Selbsterfahrungsgruppen und auf Tagungen.

Mir ist bewußt, wie problematisch es im Zusammenhang mit Psychotherapie ist, von *den* lesbischen Frauen zu sprechen, als handle es sich um eine homogene Gruppe. Die Einstellung gegenüber Psychotherapie und ihre Inanspruchnahme ist abhängig von sozio-ökonomischen Merkmalen wie Schichtzugehörigkeit, Alter, Konfession, Ausbildung, Berufsstand, Lebenssituation und der Frage der Zugehörigkeit zur Frauenbewegung.

In den folgenden Aussagen geht es nicht nur um die Auseinandersetzung zwischen lesbischen Frauen und Psychotherapie im kirchlichen Bereich, vielmehr um grundsätzliche Überlegungen, die eine Diskussion anregen sollen, die längst überfällig geworden ist.

Zunächst will ich kurz auf Psychotherapie allgemein eingehen. Psychotherapie, das ist heute ein Sammelbegriff für ein ständig wachsendes Angebot, das man als »Psychoboom« bezeichnet, ein nahezu unübersichtliches Feld unterschiedlicher Therapierichtungen. Schon 1978 wurden bei den »klassischen« Therapieverfahren 15 tiefenpsychologische, 14 verhaltenstherapeutische, 12 erlebnis- und 5 kommunikationstheoretische Schulen gezählt, dazu gibt es über 200 Organisationen, die psychotherapeutische Ausbildung anbieten[2]. Heute liegt die Anzahl und Vielfalt therapeutischer Angebote bei weitem höher.

Die unterschiedlichen Versuche, Psychotherapie zu definieren, ergeben keine von den Therapeuten gemeinsam vertretene Definition. Die Diskussion in der Fachliteratur läßt sich so zusammenfassen: Psychotherapie besteht darin, daß eine Person das äußerlich sichtbare, konkret feststellbare Verhalten und das damit verbundene innere Erleben einer anderen Person zu ändern hilft. Diese Veränderung muß einen für die therapierte Person positiven Wert beinhalten. Dabei ist noch nichts über die unterschiedlichen Methoden der Behandlung ausgesagt. Therapie geschieht wesentlich durch den Einsatz psychologischer Verfahren im Rahmen der verbalen und sozialen Interaktion. Dabei ist das soziale, emotionale und verbale Verhalten der Psychotherapeutin oder des Therapeuten von entscheidender Bedeutung.

Was heißt nun aber »positiver Wert« für die Therapeutinnen und Therapeuten und für die lesbischen Frauen, die Therapie in Anspruch nehmen? Kann die Annahme der lesbischen Identität für die Therapie einen positiven Wert darstellen? Sind Therapeutinnen und Therapeuten gewillt und in der Lage, solche Entwicklungen zu unterstützen und anzustreben? Wer setzt die Werte und Normen in einer Therapie? Ist Therapie Anpassung an die gesellschaftlich vorgegebene Norm der Heterosexualität? Oder bedeutet Therapie Emanzipation, Befreiung von inneren und äußeren Zwängen?

Eine Reihe von Therapierichtungen, dazu zählen psychoanalytische Verfahren, Bioenergetik, sofern sie sich auf ihren Begründer Alexander Lowen beruft, definieren die Ziele einer Therapie eindeutig, sie beinhalten klare Vorstellungen von dem, was als »gestört«, »neurotisch«, »abweichend« gilt. Letzteres kann zum Beispiel für lesbische Frauen bedeuten, von vornherein als »abweichend« oder »psychisch gestört« eingestuft zu werden – unabhängig von ihrer jeweiligen Problemlage. Ziel der Therapie bedeutet dann, der traditionellen Rolle als Frau entsprechen zu können, die stets in Relation zur männlichen Rolle definiert wird, das heißt heterosexuell zu werden. Viele lesbische Frauen, vor allem ältere, auch ich selbst, haben damit Therapie als massive Verunsicherung, Zwangsanpassung oder gar Druck erfahren.

Andere Therapierichtungen, zum Beispiel humanistische Ansätze wie die klientenzentrierte Psychotherapie nach Rogers, beanspruchen, keine vorgegebenen Vorstellungen von »normalem« und »abweichendem« Verhalten und damit auch keine eindeutig fixierten Ziele im Sinne eines »normalen« Verhaltens aufzustellen, sie geben vor, sich ganz auf die Bedürfnisse ihrer Klientinnen zu beziehen und sie in ihrem Bestreben nach Selbstverwirklichung zu unterstützen. Ob dieser Anspruch allerdings immer erfüllt wird, das hängt von einer Vielzahl von Faktoren ab.

Soviel kann grundsätzlich gesagt werden: Therapie hat wie jedes soziale Handeln auch eine politische Dimension. Therapeutinnen und Therapeuten verhalten sich in der Regel entsprechend ihrer jeweiligen theoretischen Ausrichtung, den wissenschaftlichen Erkenntnissen ihrer Zeit und den institutionellen Bedingungen ihrer Arbeit, ferner entsprechend ihrer Geschlechtsrolle, ihrer Biographie und nicht zuletzt ihrer Bewußtseinslage.

Welche therapeutische Richtung also für eine lesbische Frau die geeignete ist, zu welcher Therapeutin oder welchem Therapeuten in welchem institutionellen Rahmen sie gehen soll, läßt sich nur schwer beantworten. Die therapeutische Praxis ist vielfältig und widersprüchlich. So kann es durchaus sein, daß es zwischen der theoretischen Ausrichtung der Therapeutin oder des Therapeuten auf der einen Seite und ihrem konkreten Verhalten in der Therapie auf der anderen Seite zu positiven oder negativen Brüchen kommen kann. Psychoanalytische oder bioenergetische Therapie können eine lesbische Frau ebenso in ihrer Identität stärken wie klientenzentrierte Therapie unter Umständen zu ihrer Verunsicherung beitragen kann und umgekehrt. Das heißt mit anderen Worten, daß auch von seiten der psychologischen und psychotherapeutischen Fachliteratur keine Orientierungshilfen für lesbische Frauen erwartet werden können. Wir müssen unsere eigenen Erfahrungen reflektieren und austauschen und uns gemeinsam darauf besinnen, worauf es uns in der Therapie ankommt, sofern wir sie als Möglichkeit der Hilfe zur Selbsthilfe in Anspruch nehmen.

Wie sehen unsere Erfahrungen aus – früher und heute?

Bis in die siebziger Jahre hinein war es selbstverständlich, Lesbischsein als »Krankheit« oder »Störung« zu behandeln und lesbische Frauen in die Heterosexualität zu drängen. Der Mangel an Informationen, an öffentlichen und wissenschaftlich qualifizierten Auseinandersetzungen, die geringen Möglichkeiten, Kontakte zu anderen lesbischen Frauen zu finden – es gab weder eine Frauen- noch eine Lesbenbewegung –, machte es lesbischen Frauen besonders schwer, eine eigene Identität zu finden. Für kirchliche Instanzen war das Thema »lesbische Frauen« tabu, Lesbischsein galt als »Schuld«, »Sünde«, »vom Teufel besessen sein«, als eindeutig negativ. Die Erfahrungen vieler älterer lesbischer Frauen einschließlich meiner eigenen waren gekennzeichnet von schmerzhaften und bittern Auseinandersetzungen mit der weitgehenden Ablehnung und Verurteilung einer »christlichen« Umgebung.

Als ich mich als Jugendliche zum ersten Mal in eine Frau verliebte und mich vertrauensvoll an einen Pfarrer wandte, bot er mir seine Hilfe an. Die bestand darin, mir klarzumachen, welche Schuld ich auf mich laden würde, wenn ich diesen Gefühlen nachginge. Er betete für mich und mit mir, »daß der Teufel von mir lasse«. Als ich mit Sechzehn erneut in eine Frau verliebt war, wurde ich in eine evangelische Beratungsstelle geschickt. Der tiefenpsychologisch orientierten Therapie gingen wochenlange testpsychologische Untersuchungen voraus. Man machte mir klar, ich würde unweigerlich in der Psychiatrie landen, wenn ich meine »Krankheit« nicht behandeln ließe; die therapeutischen Bemühungen gingen eindeutig in Richtung Heterosexualität. Immer wieder wurde ich mit dem Etikett »krank« und »neurotisch« konfrontiert. Mit Zwanzig erklärte mir ein Psychotherapeut, mit dem ich in meiner Ausbildung zu tun hatte, meine Schwierigkeiten seien pubertär, ich wolle nicht erwachsen werden. Er zeigte mir in einer Art »Therapieplan« auf, wie ich es schaffen könnte, endlich mit einem Mann zu schlafen. Dann würden die Gefühle für Frauen automatisch verschwinden, und ich wisse, was eine Frau glücklich mache.

Trotz dieser Erfahrungen bin ich meinen eigenen Weg gegangen. Aber es hat noch Jahre gedauert, bis ich mich von den tiefgreifenden Zweifeln, »nicht in Ordnung zu sein«, erholt hatte. Entscheidend war für mich die Begegnung mit anderen lesbischen Frauen, vor allem aber die Konfrontation mit der Frauen- und Lesbenbewegung, das Erfahren von Solidarität und die Entwicklung eines klaren Frauen- und Lesbenbewußtseins. Ferner war es für mich bedeutungsvoll, daß ich mich während meines Studiums ausführlich mit den wesentlichsten wissenschaftlichen Theorien und Untersuchungen zur weiblichen und männlichen Homosexualität (damals gab es noch keine eigene Forschung über Lesbischsein), ihren Voraussetzungen und ideologischen Hintergründen und ihrem heterosexuellen Blickwinkel auseinandergesetzt habe.

Heute begreife ich unsere Situation auf dem Hintergrund einer patriarchalen Gesellschaft, in der unsere Unterdrückung eine doppelte ist: die der Unterdrückung der Frauen schlechthin und in besonderer Weise die der lesbischen Frauen. Sehr viele lesbische Frauen haben ähnliche, ja weitaus schlimmere

Erfahrungen gemacht. Lesbisch zu sein war ein Makel, ein Stigma, das unter Umständen sogar zu einem Aufenthalt in der Psychiatrie führen konnte. Kaum eine Frau hat Ausnahmen erfahren, wenn sie im kirchlichen Bereich das Gespräch gesucht hat. Es ist von daher kein Wunder, daß sich die Mehrzahl lesbischer Frauen mit der Erkenntnis und Annahme ihrer lesbischen Existenz von kirchlichen Institutionen abgewandt hat, daß sich lesbische Frauen, die sich als kirchlich gebunden verstehen, zunehmend fragen, was sie eigentlich noch an diese Institution bindet.

Was hat sich geändert?

Im Verlauf der letzten fünfzehn Jahre hat es durchaus Veränderungen im gesellschaftlichen und kirchlichen Bereich gegeben, die die reale Situation von lesbischen Frauen (und schwulen Männern) zum Teil einschneidend verändert haben. Einen wesentlichen Beitrag zur Verbesserung der Situation lesbischer Frauen haben außerkirchliche Strömungen, so vor allem die Frauen- und Lesbenbewegung, geleistet. Es bekennen sich heute mehr Frauen zu ihrem Lesbischsein als in der Vergangenheit. Dies gilt vor allem für jüngere Frauen. Zunehmend begreifen Frauen, die jahrzehntelang heterosexuell gelebt haben, in Ehe und Familie eingebunden waren, Lesbischsein als *eine* Möglichkeit, sich aus patriarchalen Rollenzwängen zu befreien. Feministische Publikationen sowie Lesbenforschung machen diese Veränderung deutlich[3].

Auch im kirchlichen Bereich treten lesbische Frauen (und schwule Männer) verstärkt öffentlich auf, zum Beispiel auf Kirchentagen, auf Tagungen und so weiter. Die Existenz einer Frauen und Männer umfassenden HuK-Gruppe (Homosexuelle und Kirche), in der allerdings nur wenig Frauen vertreten sind, öffentliche Diskussionen, Publikationen und Stellungnahmen sind Beispiele einer veränderten Situation. Als bedeutsames positives Beispiel sei in diesem Zusammenhang auf die Handreichung des Diakonischen Werkes der Evangelischen Kirche von Westfalen zum Thema »Homosexualität« verwiesen[4].

Es finden seit einigen Jahren Fortbildungsveranstaltungen

zu dieser Thematik für therapeutische Mitarbeiterinnen und Mitarbeiter statt, es gibt Lesben- und Schwulentagungen, sogar vereinzelt kirchliche Lesben- und Schwulenberatung. Damit ist noch nichts über die Auswirkungen der positiven Ansätze gesagt.

Insgesamt läßt sich die Situation im kirchlichen Bereich so einschätzen: Sie ist immer noch weitgehend lesbenfeindlich, so wie sie in großen Teilen auch frauenfeindlich ist, da sich die kirchliche Institution als patriarchale Institution darstellt.

Die Veränderung gesellschaftlicher Verhältnisse innerhalb der letzten fünfzehn Jahre, neue gesellschaftspolitische Strömungen, insbesondere die Frauenbewegung, haben unter anderem einen entscheidenden Einfluß auf die Erforschung geschlechtsspezifischen Verhaltens und die Entwicklung neuer Strategien im Umgang mit Frauen ausgeübt.

Der Zuwachs wissenschaftlicher Erkenntnisse innerhalb der Sozialwissenschaften, der Sexualwissenschaft, die Entstehung der feministischen Forschung und Therapie, die Qualifizierung therapeutischer Methoden und die Entwicklung neuer Therapieverfahren, nicht zuletzt auch die Entstehung einer gezielten Homosexuellen- und Lesbenforschung haben dazu beigetragen, den allgemeinen Bezugsrahmen für »abweichendes Verhalten« und die Zielsetzung von Therapie zu verändern. Dies kommt auch in zunehmend positiven Erfahrungsberichten lesbischer Frauen mit Therapie deutlich zum Ausdruck.

Es würde den Rahmen dieser Ausführungen sprengen, die vielfältigen gesellschaftlichen und fachspezifischen Bedingungen aufzuzeigen, unter denen heute Therapeutinnen und Therapeuten mit lesbischen Frauen arbeiten. So viel soll aber verdeutlicht werden: Insgesamt gesehen geht es in der Fachliteratur vor allem um das Thema Homosexualität, wobei die männliche Homosexualität gemeint ist. Lesbische Frauen werden in der Regel nicht gesondert behandelt[5]. Fundierte Veröffentlichungen über lesbische Frauen sind immer noch selten. Es besteht durchaus die Tendenz innerhalb der Wissenschaften, die sich mit menschlichem Erleben und Verhalten befassen, Frauen weitgehend zu vernachlässigen. Wissenschaftliche Forschung wird von Männern und damit von patriarchalen Denkstrukturen bestimmt, was auch für die Thematik lesbischer Frauen von entscheidender Bedeutung ist.

Unsere Kritik und Ansprüche an Psychotherapie

Lesbische Frauen zu therapieren stellt an die Therapeutinnen und Therapeuten grundsätzlich und in besonderem Maße in kirchlichen Beratungsstellen, die auf Grund der negativen Erfahrungen mit Kirche von lesbischen Frauen besonders kritisch eingeschätzt werden, hohe Anforderungen.

Innerhalb kirchlicher Institutionen werden Therapeutinnen und Therapeuten dahingehend ausgesucht, daß sie der evangelischen oder katholischen Kirche angehören, daß sie eine positive Haltung zu Glaubensfragen einnehmen, daß sie sich, wie es meist in den Einstellungsgesprächen heißt, dem christlichen Menschenbild verpflichtet fühlen. Was das nun aber für den Umgang mit lesbischen Frauen in Therapieverläufen heißt, ist über die bereits genannten Bedingungen hinaus auch abhängig vom gegenwärtigen Diskussionsstand über lesbische Frauen innerhalb der Kirchen, ist ferner abhängig von der sozialen Kontrolle in der jeweiligen Beratungsstelle, von der Zusammenarbeit mit Pfarrerinnen und Pfarrern und nicht zuletzt vom jeweiligen Mitarbeiterteam.

Wir sind nicht länger bereit, uns in Ecken wie »Schuld«, »Irrtum«, »Sünde«, »Fehlentwicklung« und so weiter drängen zu lassen, Opfer für Projektionen der unbewältigten eigenen lesbischen oder homosexuellen Anteile von Therapeutinnen und Therapeuten zu sein. Welche Rolle solche Projektionen in der Diskriminierung gesellschaftlich unerwünschter oder an den Rand gedrängter Gruppen spielen, haben die Sozialwissenschaften im Bereich der Vorurteilsforschung hinreichend untersucht.

Wenn wir therapeutische Angebote in Anspruch nehmen, sollten wir unsere Wahrnehmung sensibilisieren, sehr genau hinsehen und den Mut entwickeln, unsere Ansprüche an Therapie zu artikulieren.

Im Folgenden werde ich auf vier wesentliche Problembereiche eingehen, in denen sowohl unsere Erfahrungen mit Therapie als auch unsere Forderungen zum Ausdruck kommen:
1. Offene und versteckte Abwertung,
2. Sexismus in der Therapie,
3. Individuelle versus gesellschaftliche Perspektive,
4. Lesbische Therapeutinnen.

1. Offene und versteckte Abwertung

Eine negative Einschätzung lesbischer Frauen ist erfahrungsgemäß leider immer noch nicht aus der Therapie ausgeschlossen. Dies wurde zum Beispiel in der Untersuchung an 372 lesbischen Frauen von Brigitte Reinberg und Edith Rossbach zur »Diskriminierung lesbischer Frauen«[6] nachgewiesen. Im Hinblick auf therapeutische Erfahrungen ergab sich folgendes Bild: 20 Prozent der Befragten waren von ihrer Umgebung therapeutische oder medizinische Maßnahmen gegen ihr Lesbischsein empfohlen worden. Bei 9 Prozent der Befragten, die eine Therapie beginnen wollten, wurde diese verweigert. 18 Prozent der lesbischen Frauen wurden mit »Heilungsversuchen« konfrontiert. 3 Prozent erfuhren sogar Angebote »aktiver« (sexueller) Mithilfe durch Therapeuten.

Eine lesbische Frau kann durchaus noch mit Etiketten wie »neurotisch«, »gestört« und so weiter abgestempelt werden. Bei solchen Erfahrungen sollte sie schnellstens die Therapeutin oder den Therapeuten wechseln. Bisher gibt es noch keine anderen Möglichkeiten, sich gegen Diskriminierung in kirchlichen und außerkirchlichen Einrichtungen zu schützen, als individuelle Auseinandersetzungen. Welche »Kraftakte« dazu notwendig sind, davon können unzählige lesbische Frauen berichten. Was immer auch die heterosexuelle Fachwelt offiziell äußern mag, es steht außer Frage, daß es *keinen* Grund gibt, lesbische Bedürfnisse und Lebensweisen zu stigmatisieren und »wegzutherapieren«.

Lesbischsein ist kein »biologisches Schicksal«, keine »Anlage«, keine »Fehlentwicklung«, ist nicht ausschließlich »das Ergebnis kindlicher Erfahrung«, sondern auch eine Existenzweise, die von Frauen zunehmend in dem Maße gewählt wird, »wie sie als *der* Ausweg, als konsequente Absage an patriarchale Herrschaftsansprüche erkannt wird«[7].

Es gibt jedoch auch eine Reihe subtilerer Formen der Diskriminierung als die offene Ablehnung und Stigmatisierung. Besondere Vorsicht ist geboten, wenn Therapeutinnen und Therapeuten grundsätzlich davon ausgehen, alle Probleme seien »rein menschlicher Natur«, es gäbe keine Unterschiede zwischen Lebensproblemen von Heterosexuellen und weiblichen und männlichen Homosexuellen zum Beispiel bei Selbstwertproblemen, Ängsten, in der Partnerinnen- und Partnersuche, in Beziehungsproblemen und so weiter. Diese Sichtweise beinhaltet die Vernachlässigung der Sozialisationserfahrungen lesbischer Frauen in einer zwangsheterosexuellen Umwelt, die Unkenntnis der spezifischen Situation von Frauenbeziehungen, die eigenen Ängste und Schwierigkeiten der Therapeutinnen und Therapeuten, sich auf lesbische Klientinnen angemessen einzustellen, die Verwendung eines allgemeinen Menschenbildes, das seit Jahren innerhalb der feministischen Forschung kritisch hinterfragt wird (siehe die Diskussion um die implizite Gleichsetzung von »Mensch« und »Mann«[8]). Das heißt, lesbische Existenzweise soll nicht als »gleichartig« im Hinblick auf Heterosexualität angesehen werden, sondern es geht darum, ihre Gleichwertigkeit und dennoch ihre spezifische Problemlage aufzugreifen.

Ebenso ist Vorsicht geboten, wenn die Therapeutin oder der Therapeut versucht, herauszufinden, ob überhaupt oder ob ausreichend heterosexuelle Erfahrungen gesammelt worden sind, inwieweit sich lesbische Frauen ganz bewußt auf Männer eingelassen haben, während heterosexuelle Frauen mit Sicherheit nicht nach ihren grundsätzlichen und bewußt gesuchten Erfahrungen mit andern Frauen gefragt werden. Viele von uns haben erfahren, daß uns sozusagen das Recht auf lesbische Bedürfnisse abgesprochen wurde, wenn wir nicht zumindest versucht haben, mit Männern klarzukommen. Diese versteckten Formen der Ungleichbehandlung sind deutliche Indizien für heterosexuelle Vorurteile und Diskriminierungsversuche.

Noch etwas gilt es zu beachten: Unter bestimmten Umständen, zum Beispiel bei Schwierigkeiten in der Selbstannahme, kann es wichtig sein, die individuellen Ursachen für unser Lesbischsein verstehen zu können. In diesem Zusammenhang ist es legitim, sich in der Therapie mit der eigenen Geschichte auseinanderzusetzen. Eine *einseitige* Auseinandersetzung mit den Ursachen des Lesbischseins, damit einhergehende Fragestellungen, die eher auf das Erforschen negativer Erlebnisse abzielen, beinhalten hingegen versteckte Formen der Ablehnung und Infragestellung. Die Vorstellung, Lesbischsein sei erklärungsbedürftig gegenüber der selbstverständlichen Annahme von Heterosexualität, deren Ursache nicht nachgegangen wird, weist eine Behandlung auf, die Lesbischsein im Grunde genommen als Fehlentwicklung begreift.

2. Sexismus in der Therapie

Lesbische Frauen werden im Vergleich mit schwulen Männern als weniger »gefährlich« angesehen, weil Frauen schlechthin als weniger gefährlich als Männer gelten. Häufig werden lesbische Frauen eher als stark und fähig wahrgenommen, aber gerade deswegen abgewertet, wie amerikanische Untersuchungen[9] zeigen.

Lesbische Identität verletzt Geschlechtsrollennormen. So werden lesbische Frauen in der Therapie häufig sowohl mit dem Sexismus als auch mit heterosexuellen Vorurteilen von Therapeutinnen und Therapeuten konfrontiert. Eine unabdingbare Voraussetzung in der Therapie lesbischer Frauen ist also die kritische Auseinandersetzung der Therapeutinnen und Therapeuten mit der eigenen Geschlechtsrolle, mit der Situation von Frauen in dieser Gesellschaft, der Kenntnis feministischer Belange und feministischer Therapie, ganz zu schweigen von der Auseinandersetzung mit lesbischer Lebenssituation. Lesbische Frauen werden zunächst einmal als Frauen sozialisiert. Für viele lesbische Frauen ist von daher die feministische Therapie die Alternative zu herkömmlichen Therapieformen. Dies allerdings für alle lesbischen Frauen zu fordern kann problematisch sein:

▶ Autonome Projekte sind in der Regel keine Angebote für kirchlich gebundene lesbische Frauen. Einerseits versteht sich nicht jede lesbische Frau als Feministin, andererseits werden ihre spezifischen Belange im Hinblick auf Glaube und Kirche nicht hinreichend berücksichtigt.

▶ Es gibt bisher zu wenig autonome Frauen- und Lesbenberatungsstellen.

▶ Auch feministische Therapie, die die Belange von Frauen mehr als irgendeine andere Therapieform berücksichtigt, ist keine Garantie für uneingeschränktes positives Umgehen mit lesbischen Klientinnen. Es kommt zum Beispiel im wesentlichen darauf an, inwieweit heterosexuelle Therapeutinnen ihre eigenen lesbischen Anteile reflektiert haben.

▶ Ferner ist auch feministische Therapie nicht frei von blinden

Flecken, von Macht- und Abhängigkeitsbeziehungen, kann sie sich gesellschaftlichen Strukturen letztlich nicht entziehen[10].

Das heißt, feministische Denk- und Handlungsstrategien sollten ihren Stellenwert nicht ausschließlich in sogenannten Freiräumen außerhalb offizieller Institutionen einnehmen, sondern grundsätzlich überall dort, wo mit Frauen therapeutisch gearbeitet wird. Kirchliche Beratungsstellen sollten die Auseinandersetzung mit feministischen Ansätzen nicht nur dem individuellen Interesse ihrer therapeutischen Mitarbeiterinnen und Mitarbeiter überlassen oder diese gar darin behindern, sondern sie in ihrer konzeptionellen Arbeit aufgreifen und verfolgen. Alles, was Frauen dient, ihrer Situation entsprechend ihrer Lebensform gerechter zu werden, muß als Minimalforderung auf allen Ebenen erfüllt werden, wenn Kirche für Frauen noch bedeutsam sein will.

Die Frage, welche Rolle das Geschlecht des Therapeuten in der Auseinandersetzung mit lesbischen Frauen spielt, ist schwer zu beantworten. Einige lesbische Frauen haben auch mit männlichen Therapeuten positive Erfahrungen gemacht, weil sie von ihnen in ihrer lesbischen Identität angenommen und unterstützt wurden. Für lesbische Feministinnen steht es außer Frage, sich nur von frauenbewußten, ja lesbischen Therapeutinnen therapieren zu lassen. In diesem Zusammenhang verweise ich auf die Auseinandersetzungen innerhalb der feministischen Therapie- und der Lesbenbewegung[11].

Wie sieht es nun aber mit den lesbischen Frauen aus, für die solche Gedanken noch fremd sind? Tatsache ist, daß sich Frauen als das unterdrückte Geschlecht eher mit ihrer Geschlechtsrolle und deren Implikationen bewußt und kritisch auseinandersetzen und von daher die größere Chance besteht, von einer Therapeutin verstanden zu werden. Lesbische Frauen müssen von daher besonders darauf achten, wie ihre spezifische Situation wahrgenommen wird, wenn sie einen männlichen Therapeuten aufsuchen.

Therapeuten setzen sich aufgrund ihrer Selbsterfahrung von ihrem Anspruch her anders mit sich auseinander als andere Männer. Allerdings sind Therapieformen weitgehend von Männern entwickelt worden, werden Ausbildungsinstitutionen von Männern dominiert, so daß die Frage bleibt, ob patriarchale Strukturen hinreichend hinterfragt werden. Die Entscheidung über die Wahl der Therapeutin oder des Therapeuten kann erleichtert werden, wenn lesbische Frauen sich mit ihrem Selbstverständnis als Frauen befassen.

3. Individuelle versus gesellschaftliche Perspektive

Eine wichtige Rolle in der Therapie lesbischer Frauen spielt die Trennung von psychischen Problemen einerseits und den Belastungsfaktoren lesbischen Lebensstils andererseits, oder besser gesagt, zwischen individuellen und gesellschaftlichen Problemen. Der Therapeutin oder dem Therapeuten muß es gelingen, eine therapeutische Situation herzustellen, in der über die Auseinandersetzung mit der jeweiligen psychischen Konfliktlage der lesbischen Klientin hinaus die besonderen Streßfaktoren ihrer Lebenssituation erkannt und verstanden werden. Damit kann sich die therapeutische Beziehung erheblich verbessern und die Selbstannahme der Klientin gefördert werden.

Das bedeutet vor allem, daß die Therapeutin oder der Therapeut sich nicht nur oberflächlich in der Situation lesbischer Frauen auskennt, sondern daß sie/er beispielsweise die ganz konkreten Lebensbedingungen im jeweiligen kirchlichen und außerkirchlichen Umfeld wahrnimmt. Dazu gehört, daß sie/er weiß, wie Gemeindepfarrer, Arbeitgeber und andere mit der Situation umgehen. Darüber hinaus bedarf es intensiver Kenntnisse über Lesbengruppen, Lesbenprojekte, Subkultur, Tagungen und so weiter. Dieses Wissen um die Lebenswirklichkeit lesbischer Existenz ist auch notwendig, um lesbische Frauen in ihrem Selbstfindungsprozeß, ihrem coming-out, unterstützen zu können und konkrete Hilfen zu bieten, sich ein soziales Bezugssystem zu schaffen.

Es ist ein entscheidender Unterschied, ob lesbische Frauen sich in der Vereinzelung mit ihrer Situation auseinandersetzen oder ihre Erfahrungen als gemeinsame mit anderen Frauen begreifen. Gerade für lesbische Frauen außerhalb der Frauenbewegung ist es schwierig, sich Informationen zu verschaffen. Therapeutinnen und Therapeuten sind unter Umständen die einzigen Personen, denen gegenüber sie ihr Lesbischsein zugeben. Dies gilt ganz besonders für lesbische Frauen, die in kirchlichen Institutionen außerhalb der Großstädte arbeiten.

Diese Ansprüche beinhalten die Forderung nach einer engen

Zusammenarbeit therapeutischer Mitarbeiterinnen und Mitarbeiter mit lesbischen Frauen. Darüber muß innerhalb und außerhalb der kirchlichen Beratungsarbeit verstärkt nachgedacht werden.

4. *Lesbische Therapeutinnen*

Fühlen sich lesbische Frauen zu einer Therapie motiviert, wünschen sie sich in der Regel eine lesbische Therapeutin. Diese zu finden ist allerdings nahezu unmöglich, es sei denn an einer Lesbenberatungsstelle.

Alle lesbischen Frauen, die ihre Therapie bei lesbischen Therapeutinnen gemacht haben, stellen als besonders positiv heraus, wie gut es getan hat, sich von vornherein von Druck und Befürchtungen befreit zu fühlen und sich von Anfang an auf die anliegenden Probleme konzentrieren zu können.

Den Lebensstil der Therapeutin als Kriterium anzusehen ist eine heikle Angelegenheit. Dennoch kann es von entscheidender Bedeutung sein, auf eine lesbische Therapeutin zu treffen; sie kann vor allem ein positives Identifikationsmodell darstellen. Wir haben gesellschaftlich gesehen keine Modelle, mit denen wir uns identifizieren können. Daraus ergeben sich auch eine Vielzahl von Problemen, zum Beispiel die Problematik eines Jahre bis Jahrzehnte lang dauernden Coming-out-Prozesses. Orientierung an anderen kann vor allem unsere Selbstannahme unterstützen, wie aus amerikanischen Untersuchungen deutlich wird, kann Mut machen und stärken.

Darüber hinaus ist es eine enorme Erleichterung, daß lesbische Frauen die Belastungen, den alltäglichen Druck, die Streßfaktoren einer zwangsheterosexuellen Gesellschaft nicht erst »erklären« müssen.

Wir fordern deshalb von kirchlichen Beratungsstellen:
▶ daß sie ihren lesbischen Therapeutinnen ermöglichen, sich ohne jegliche Nachteile und Einschränkungen zu ihrem Lesbischsein bekennen zu können,
▶ daß sie langfristig gesehen – und wir sind uns durchaus bewußt, wie lange das noch dauern kann – die Konzeption verfolgen, wenigstens eine lesbische Therapeutin, bezogen auf einen regionalen Sektor, offiziell anzustellen (und für schwule Männer gilt dies analog).

Sehr viele lesbische Frauen haben berichtet, daß sie ihre lesbische Existenz in ihren Therapien »ganz einfach« verschwiegen haben. Aus der Untersuchung zur Diskriminierung lesbischer Frauen geht hervor, daß 12 Prozent der Befragten ihr Lesbischsein grundsätzlich, 18 Prozent teilweise verheimlicht haben. Eine andere empirische Untersuchung an einer evangelischen Beratungsstelle in Düsseldorf[12] zeigt auf, daß die Mitarbeiterinnen und Mitarbeiter nicht wissen, wie viele lesbische Frauen sie behandelt haben. Der größte Teil der Therapeutinnen und Therapeuten kennt keine lesbischen Frauen!

Auf einer Fortbildungstagung der Diakonischen Akademie Stuttgart 1983 mit therapeutischen Mitarbeiterinnen und Mitarbeitern über das Thema »weibliche und männliche Homosexualität« war ich betroffen über die Unkenntnis der heterosexuellen Therapeutinnen und Therapeuten über lesbische Existenzweise, obgleich sie beanspruchten, lesbische Frauen zu therapieren.

In den vorangegangenen Ausführungen ging es um grundsätzliche Probleme der Psychotherapie lesbischer Frauen unabhängig von der Anzahl der an der Therapie beteiligten Personen.

In einer lesbischen Paartherapie ergeben sich zusätzliche Probleme. Während ein heterosexuelles Paar in der Regel einer Therapeutin und einem Therapeuten gegenübersteht, unter anderem zur Verbesserung der Kommunikationsprozesse, aus Identifikationsgründen, ist es eine unumstrittene Tatsache, daß einem lesbischen Paar weder zwei lesbische noch zwei heterosexuelle Therapeutinnen zur Verfügung stehen. Es ist keine Seltenheit, wie die Berichte lesbischer Frauen zeigen, daß sie – wenn überhaupt mit zwei Personen – mit einer Therapeutin und einem Therapeuten konfrontiert sind.

In den Gruppentherapien befinden wir uns als lesbische Frauen einer überwiegenden Mehrheit von heterosexuellen Klientinnen und Klienten und einer heterosexuellen Therapeutin, einem Therapeuten gegenüber, erleben also die gleiche Übermacht heterosexueller Lebensweise wie in unserem Alltag, fühlen uns oftmals in »Verteidigung« und »Offenbarung« hineingedrängt. Keine heterosexuelle Klientin und kein Klient würde dementsprechend in einer lesbischen oder homosexuellen Gruppe ihre/seine Probleme bearbeiten. Für uns soll zumutbar sein, was für andere unzumutbar ist. Hier zeigt sich in besonderer Weise die Ungleichbehandlung unserer lesbischen Existenz, die für Beratungsstellen »selbstverständlich« erscheint.

Zusammenfassend möchte ich sagen:

Wir können von einer Therapeutin, einem Therapeuten erwarten, daß sie/er mit dem Bewußtsein an die Therapie herangeht, daß die vor ihr/ihm sitzende Klientin eine lesbische Frau sein kann. Nicht alle Frauen sind heterosexuell, die sich dafür ausgeben. Es ist von seiten lesbischer Frauen noch nicht selbstverständlich, ihr Lesbischsein in eine Therapie einzubringen. Jede Therapeutin, jeder Therapeut, die/der sich als heterosexuell begreift, muß sich damit auseinandersetzen, ob sie/er in der Lage ist, lesbische Beziehungen als gleichwertige anzunehmen, und dies in der konkreten therapeutischen Situation zur Geltung bringen.

Das heißt aber auch, daß die Kirche als Arbeitgeberin den institutionellen Rahmen für positives Umgehen mit lesbischer Existenzweise möglich macht. Dabei geht es nicht um Forderungen nach größerer Toleranz gegenüber einer »gesellschaftlichen Randgruppe«, sondern vielmehr um Akzeptanz *einer* möglichen Lebensform alternativ zur herkömmlichen geschlechtsspezifischen Lebensgestaltung.

Die lesbische Frau, die sich in eine Therapie begibt, sollte versuchen, wesentliche Fragestellungen im Erstgespräch zu klären, und sich nicht scheuen, klare Forderungen zu stellen. Dabei ist mir durchaus bewußt, daß nicht in jedem Fall dies von der Betreffenden bewältigt werden kann, zumal wenn sie Schwierigkeiten mit ihrer Identität hat. Vielleicht gelingt es ihr im Verlauf der Therapie, zunehmend auf das Interaktionsgeschehen zu achten und zu erfassen, wie die Therapeutin, der Therapeut mit ihrem Lesbischsein umgeht. Bei negativen Erfahrungen ist ein Wechsel der Therapeutin oder des Therapeuten angebracht.

Kann sie sich auf die Therapie einlassen, ist anzuraten – wie es auch von vielen Therapeuten und Therapeutinnen vorgeschlagen wird –, sich eine Art Probephase einzuräumen. Die therapeutische Beziehung ist in der Regel ein Prozeß, der sich nicht in einer einzigen Therapiestunde überschauen läßt. Therapie ist immer auch ein schmerzhaftes Geschehen, und überhöhte Erwartungen können zu Fehleinschätzungen führen.

Ganz besonders wichtig ist in diesem Zusammenhang, daß wir lesbischen Frauen verstärkt miteinander ins Gespräch kommen, unsere Erfahrungen mit Therapie austauschen und einschneidende Behinderungen lesbischer Lebensweise öffentlich zur Sprache bringen. Wir sollten uns in Zukunft über Möglichkeiten eines umfassenden Informationsnetzes Gedanken machen. Die Qualität psychosozialer Versorgung für lesbische Frauen ist auch eine Frage von Öffentlichkeit.

Bei dem allen muß letzten Endes auch die Frage gestellt werden, welchen Stellenwert Therapie für die lesbische Existenzform grundsätzlich hat: Inwieweit können wir andere Möglichkeiten der Problembewältigung entwickeln? Wo machen wir uns von Therapie abhängig? Ist es sinnvoll, den »Therapieboom«[13] zu unterstützen?

Therapie als Hilfe zur Selbsthilfe kann unter bestimmten Lebensumständen für lesbische Frauen *ein* Weg sein, Konflikte zu verarbeiten und Selbstfindungsprozesse zu unterstützen. Sie kann aber kein Ersatz für politisches Handeln sein. Unsere Interessen müssen wir zunächst einmal selbst wahrnehmen, vor allem im kirchlichen Bereich, bevor sich unsere Lebensbedingungen verändern.

Kapitel 4
Darum lieferte Gott sie entehrenden Leidenschaften aus
Die weibliche Homoerotik bei Paulus
von Bernadette J. Brooten

Von zentraler Bedeutung für die Aussagen des Paulus über weibliche Sexualität, weibliches Wesen und das Verhältnis der Geschlechter zueinander ist seine Verurteilung sexueller Liebesbeziehungen zwischen Frauen in Römer 1,26. Durch die ausschlaggebende Rolle des Christentums in Europa haben die ethischen Weisungen des Neuen Testaments, seine Bilder über Frauen und Männer und seine Einstellungen zur Sexualität die westliche Welt durchdrungen. Sie sind für die Entwicklung westlicher Vorstellungen über die Familie und die gesellschaftliche Stellung der Frau sowie die Gesetzgebung im Bereich von Ehe und Sexualität grundlegend gewesen. Der Brief des Paulus an die Römer, geschrieben in der Entstehungszeit des Christentums, wurde im Laufe der Zeit zur maßgebenden Norm christlicher Theologie. Er gehört zu den Büchern des Neuen Testaments, die am meisten gelesen werden und über die am häufigsten gepredigt wird. In der gegenwärtigen kirchlichen Diskussion über die Ordination von lesbischen Frauen und homosexuellen Männern spielen die Aussagen des Paulus über sexuelle Liebesbeziehungen zwischen Frauen und Männern (Römer 1,26–27) eine wichtige Rolle. In den politischen Diskussionen unserer Zeit ziehen konservative Gruppen der Kirche oft die Autorität des Römerbriefes heran, um lesbischen Frauen und homosexuellen Männern das Recht auf Schutz vor Diskriminierung, etwa bei Anstellung und Wohnungssuche oder in bezug auf das Sorgerecht für ihre Kinder, abzusprechen.

Es war eine wichtige Erkenntnis der Frauenbewegung, daß Sexualität etwas mit Macht zu tun hat und daß wir als Frauen nicht selbstbestimmt leben können, solange andere Macht über unseren Körper haben. Feministinnen haben enthüllt, daß Sexualität nicht einfach eine Sache romantischer Liebe und auch kein unwandelbares, rein biologisches Phänomen ist; Sexualität ist vielmehr bestimmt durch gesellschaftliche Strukturen. Wenn wir betrachten, was die Ethik jeweils über weibliche Sexualität zu sagen hat, und gleichzeitig untersuchen, wie Frauen Sexualität erleben, dann lernen wir etwas über Unterordnung und Überordnung in einer bestimmten Gesellschaft. Wenn wir also weibliche Sexualität verstehen lernen, dann verstehen wir nicht nur einen Bereich unter anderen im Leben von Frauen. Dann verstehen wir einen Bereich weiblicher Existenz, in dem Macht auf nachdrückliche Weise zum Ausdruck gebracht wird.

Es besteht ein wesentlicher Unterschied zwischen dem, was Männer über die Sexualität von Frauen lehren, und den tatsächlichen Erfahrungen, die Frauen mit ihrer Sexualität machen. Die Ansichten des Paulus sind nicht einfach mit dem Denken oder dem Leben von Frauen im frühen Christentum gleichzusetzen. Nichtsdestoweniger hat sein Denken einen entscheidenden Beitrag dazu geleistet, wie im Christentum weibliche Sexualität verstanden und gelebt wird; und deshalb ist es vollkommen in das Leben christlicher Frauen einbezogen worden. Es ist Absicht dieser Studie, Paulus im Rahmen seiner kulturellen Umwelt zu verstehen. Das wird uns dazu helfen, unsere eigenen Ansichten über weibliche Sexualität und weibliches Wesen sowie die Aneignung des paulinischen Denkens im Rahmen unserer eigenen kulturellen Umwelt kritisch zu überprüfen.

Eine zentrale Botschaft im Brief des Paulus an die Römer ist die Rechtfertigung aller, die an Christus glauben. In Römer 1,18 bis 3,2 beschreibt Paulus den Hintergrund dieser Botschaft, indem er darlegt, daß alle Menschen der Rechtfertigung bedürfen, daß sie ohne Christus unter der Macht der Sünde leben und verdammt sind. Alle hatten die Gelegenheit, Gott zu erkennen, da Gott sich in seiner Schöpfung offenbart, und deshalb gibt es für diejenigen, die sich von Gott abkehrten und sich Götzen zuwandten, keinerlei Entschuldigungen. Sie haben vielmehr schwerwiegende Konsequenzen zu tragen:

»[24] Darum lieferte Gott sie durch die Begierden ihres Herzens der Unreinheit aus, so daß sie ihren Leib durch ihr eigenes Tun entehrten. [25] Sie vertauschten die Wahrheit Gottes mit der Lüge, sie beteten das Geschöpf an und verehrten es anstelle des Schöpfers – gepriesen ist er in Ewigkeit, Amen. [26] Darum lieferte Gott sie entehrenden Leidenschaften aus: Ihre Frauen vertauschten den natürlichen Verkehr mit dem widernatürlichen; [27] ebenso gaben die Männer den natürlichen Verkehr mit der Frau auf und entbrannten in Begierde zueinander; Männer trieben mit Männern Unzucht und erhielten den ihnen gebührenden Lohn für ihre Verirrung« (Römer 1,24–27, Einheitsübersetzung der Heiligen Schrift).

Demnach sieht Paulus in gleichgeschlechtlichen Beziehungen eine Folge des Götzendienstes. Sie sind ein Zeichen der Entfremdung menschlicher Wesen von Gott.

Dieser Aufsatz wird vor allem Vers 26 behandeln, in dem von unnatürlichen Beziehungen zwischen Frauen die Rede ist. Denn obwohl die Verurteilung männlicher Homosexualität in Vers 27 in Zusammenhang steht mit Vers 26, handelt es sich nicht um einen Parallelfall und kann nicht einfach unter sexuellen Liebesbeziehungen zwischen Frauen subsumiert werden.

Ich vertrete die These, daß bei Paulus die Verurteilung weiblicher Homoerotik in engem Zusammenhang mit seiner Forderung nach geschlechtsspezifischem Aussehen steht, und zwar deshalb, weil der Mann das Haupt der Frau sei (vgl. 1. Korinther 11,2–16). Paulus könnte sehr wohl übereinstimmen mit anderen zeitgenössischen Äußerungen zur weiblichen Homoerotik und zu der den Frauen zukommenden Geschlechtsrolle, daß Frauen durch ihre sexuellen Beziehungen zueinander versuchten, wie Männer zu sein, das heißt die Grenzen der ihnen von Natur aus zugeteilten passiven, untergeordneten Rolle zu überspringen. Die Worte »vertauschten den natürlichen Verkehr mit dem widernatürlichen« sind meines Erachtens so zu verstehen, daß Frauen die passive, untergeordnete Geschlechtsrolle mit einer aktiven, selbstbestimmten vertauschten. Wenn meine These zutrifft, ist auch klar, daß bei Paulus die Verurteilung sexueller Liebesbeziehungen zwischen Frauen grundlegende Bedeutung hat für sein Verständnis weiblicher Sexualität überhaupt.

Weibliche Homoerotik in der griechisch-römischen Welt

Paulus war in seinem theologischen Denken von seiner kulturellen Umwelt bestimmt. Um seine Ansichten zu verstehen, müssen wir feststellen, wo Römer 1,26 in das Spektrum antiken Denkens über weibliche Homoerotik einzuordnen ist. Wir müssen den historischen Zusammenhang verstehen, damit wir bei der Auslegung des Paulus nicht anachronistisch vorgehen, sondern den Ort seines Denkens innerhalb der zeitgenössischen Diskussion über weibliche Sexualität, wie sie sich zu seiner eigenen Zeit darstellte, bestimmen.

Jüdische Autoren

Sexuelle Beziehungen zwischen Frauen werden in der hebräischen Bibel nicht untersagt, obwohl männlich-homosexueller Geschlechtsverkehr verboten wird: »Schläft einer mit einem Mann, wie man mit einer Frau schläft, dann haben sie eine Greueltat begangen; beide werden mit dem Tod bestraft; ihr Blut soll auf sie kommen« (Einheitsübersetzung Levitikus [3. Mose] 20,13; vgl. Levitikus 18,22). In der nachbiblischen jüdischen Literatur wird die Frage des Geschlechtsverkehrs zwischen Frauen dann doch aufgenommen. Das griechisch geschriebene Werk »Die Sprüche des Phokylides«, das wahrscheinlich von einem jüdischen Autor der Diaspora abgefaßt wurde, enthält einen Abschnitt über angemessenes sexuelles Verhalten, Ehe- und Familienleben[1]. Auf das Verbot männlich-homosexueller Praxis folgt ein ähnliches Verbot in bezug auf Frauen: »Auch sollen Frauen nicht das Beilager von Männern nachahmen« (Zeile 192). Der Autor beschreibt männliche Homosexualität als eine Überschreitung der Grenzen der Natur (Zeile 190), die in der Tierwelt nicht vorkomme (Zeile 191). Leser und Leserinnen werden davor gewarnt, einen Sohn langes oder geflochtenes Haar oder einen Haarknoten tragen zu lassen, da langes Haar typisch für wollüstige Frauen sei (Zeilen 210–212). Außerdem heißt es, schöne Knaben seien vor homosexueller Umwerbung zu schützen und junge Frauen müßten bis zu ihrem Hochzeitstag in Abgeschlossenheit leben (Zeilen 213–216). Die Sexualethik dieses Gedichts basiert also auf strenger Geschlechterunterscheidung in Aussehen und sexueller Rolle. Mädchen müssen für die Ehe bewahrt werden, und nach der Hochzeit dürfen sie nicht aus den Grenzen der Ehe heraustreten. Hat eine Frau zu einer anderen sexuelle Beziehungen, wird sie bezichtigt, einen Mann nachahmen zu wollen[2].

In einem rabbinischen Kommentar über Levitikus, Sifra genannt, einer Spruchsammlung aus tannaitischer Zeit (d. h. etwa 220 n. Chr.), kommt das Thema ebenfalls zur Sprache:

»›Ihr sollt nicht tun, was man in Ägypten tut... und ihr sollt nicht tun, was man in Kanaan tut‹ (Levitikus 18,3). Man könnte das so verstehen, daß sie nicht Gebäude bauen und keine Pflanzen pflanzen sollen wie jene. Deshalb lehrt die Schrift: ›Ihre Bräuche sollt ihr nicht befolgen‹ (Levitikus 18,3)... Und was taten jene? Ein Mann heiratete einen Mann und eine Frau eine Frau, und eine Frau wurde mit zwei Männern verheiratet.«[3]

In Ermangelung eines biblischen Verses, der sexuelle Beziehungen zwischen Frauen untersagt, wird hier also ein anderer Vers aus dem Buch Levitikus so ausgelegt, als weise er auf derartige Beziehungen hin. Dabei handelt es sich nicht um ein besonderes Verbot. Vielmehr wird von Ägyptern und Kanaanitern gesagt, sie schlössen männlich-homosexuelle und lesbische Ehen, und den Israeliten wird verboten, Gesetze zu befolgen, die das erlauben.

Im Jerusalemer Talmud, einer um das fünfte Jahrhundert n. Chr. redigierten Sammlung von Texten, werden Frauen erwähnt, die sexuell miteinander verkehren, wörtlich: miteinander »hin- und herschwingen«[4]. Der Text berichtet von einer Meinungsverschiedenheit zwischen zwei rabbinischen Schulen des ersten Jahrhunderts. Strittig war die Frage, ob diese sexuellen Praktiken Frauen für das Priestertum untauglich werden lassen, das heißt untauglich, in die Priesterschaft einzuheiraten und die Opfergaben zu essen. Hintergrund der Auseinandersetzung ist das Gebot, daß ein Priester keine Frau heiraten soll, die eine »Dirne« war (Levitikus 21,7), und daß ein Hoherpriester eine Jungfrau heiraten muß (Levitikus 21,13). Die Streitfrage ist also, ob sexuelle Beziehungen zwischen Frauen als Geschlechtsverkehr gelten, was zur Folge hätte, daß die Ehe mit einem Priester verboten wäre. Dem Text zufolge wertet die Schammai-Schule sexuelle Beziehungen zwischen Frauen als Geschlechtsverkehr, der eine Frau untauglich zur

Verheiratung mit einem Priester macht; die Hillel-Schule dagegen nicht. – In späteren jüdischen Quellen wird diese Diskussion gelegentlich fortgesetzt[5].

Zusammenfassung:

Die frühesten jüdischen Quellen, die sexuelle Beziehungen zwischen Frauen ansprechen, stammen aus der römischen Zeit. Die sich abzeichnende Auseinandersetzung mit der Frage könnte besagen, daß Frauen begannen, größere Offenheit an den Tag zu legen, und möglicherweise, daß sie ihren Freundschaften zu Frauen häufiger sexuellen Ausdruck gaben – denn Besorgnis über ein Phänomen zeigt im allgemeinen an, daß dieses Phänomen tatsächlich existiert. Die Berücksichtigung sexueller Beziehungen zwischen Frauen bei Paulus paßt gut zu der Tatsache, daß sich jüdische Autoren gerade zu dieser Zeit mit dieser Frage auseinandersetzten.

Nicht-jüdische Autoren

Der früheste eindeutige Hinweis auf weibliche Homoerotik in der griechischen Literatur[6] findet sich wohl in Platons »Symposion«[7]. In einem Gespräch über die Ursprünge der Menschheit redet Aristophanes von *hetairistriai*: Frauen, die sich zu Frauen hingezogen fühlen. Sie seien aus den uranfänglichen Wesen hervorgegangen, die jeweils aus zwei verbundenen Frauen bestanden hätten. Er erwähnt diese Wesen parallel zu den anderen ursprünglichen Geschöpfen, die aus zwei Männern oder aus einer Frau und einem Mann bestanden hätten. In der Vorstellung des Aristophanes fühlt sich jedes menschliche Wesen zu einem Partner, einer Partnerin des Geschlechts hingezogen, mit dem er oder sie ursprünglich verbunden gewesen sei. In seinem letzten Werk »Gesetze«[8] bezeichnet Platon sexuelle Beziehungen zwischen Männern und zwischen Frauen als »widernatürlich« (*para physin*), und er fügt hinzu, »daß diese Frechheit zu den allerersten Vergehen gehört, wegen der Unbeherrschtheit gegenüber der Lust«[9]. Während also Platon im »Symposion« Aristophanes voraussetzen läßt, daß gleichgeschlechtliche Liebe genauso natürlich und normal sei wie heterosexuelle Liebe, wird in »Gesetze« das Gegenteil behauptet.

Im dritten Jahrhundert v. Chr. verfaßte Asklepiades ein Epigramm über zwei samische Frauen, Bitto und Nannion, die nicht in Übereinstimmung mit Aphrodites Gesetzen leben wollten. Statt dessen kehrten sie den von Aphrodite gutgeheißenen sexuellen Praktiken den Rücken, um sich anderen, »nicht schönen« zuzuwenden. Asklepiades beschwört Aphrodite, diese Frauen, die den Geschlechtsverkehr innerhalb ihres Reiches fliehen, zu hassen. Ein antiker Kommentar fügte erklärend hinzu, Asklepiades bezichtige die Frauen, *tribades* zu sein[10]. *Tribas* war die gebräuchlichste griechische Bezeichnung für eine Frau, die in einer gleichgeschlechtlichen Liebesbeziehung lebte.

In der lateinischen Literatur des frühen Römischen Reiches gibt es eine ganze Reihe von Hinweisen auf Frauen, die ihre Liebe zu einer anderen Frau auch sexuell ausdrückten. Alle diese Belege sind abschätzig. Seneca der Ältere (etwa 55 v. Chr. bis 40 n. Chr.) behandelt in seinen fiktiven Rechtskontroversen den Fall eines Mannes, der zwei *tribades*, seine Frau und eine andere Frau, im Bett ertappte und sie beide umbrachte. Ein Verteidiger beschrieb die erste Reaktion des Ehemannes: »Ich schaute zuerst auf den Mann, um zu sehen, ob er natürlich war oder aber angenäht.« Ein anderer Verteidiger bemerkte, daß man die Tötung eines männlichen Ehebrechers unter diesen Umständen nicht dulden könne, fügte aber hinzu: »wenn er aber einen Pseudoehebrecher gefunden habe...« Da können sich die Leser und Leserinnen über diese Ungeheuerlichkeit nur entsetzen, nachdem sie zu der Einsicht geführt worden sind, daß die Tat des Ehemannes gerechtfertigt sei[11].

Ovids (43 v. Chr. bis 18 n. Chr.) »Metamorphosen« enthalten die Geschichte zweier Mädchen, Iphis und Ianthe, die einander liebten und heiraten wollten[12]. Weil sich ihr Vater einen Sohn gewünscht hatte, hatte ihre Mutter Iphis als Knaben aufgezogen und das vor ihrem Mann verborgen. Iphis beklagt nun ihre unglückselige Lage und nennt ihre Liebe unerhört und sogar ungeheuerlich. Da die Götter sie zerstören wollten, wehklagt sie, »hätten ein Leid sie verhängt im Bereich der Natur und der Sitte«. Bei den Tieren liebten Weibchen keine Weibchen, sagt sie, und in ihrer Verzweiflung wünscht sie sich, nicht länger weiblich zu sein. Iphis weiß, daß sie sich als Frau akzeptieren und nach dem streben sollte, was dem göttlichen Gesetz entspricht, nämlich zu lieben, wie es sich für eine Frau gehört. Und doch liebt sie Ianthe, obwohl sie weiß: »die Natur, sie verwehrt's; sie ist stärker als alle«[13]. Angesichts dieser auf tragische Weise aus dem Rahmen fallenden Umstände – unvereinbar mit dem göttlichen Willen, der Natur, der Sitte und ganz unerhört – sind die Leser und Leserinnen erleichtert, als Isis eingreift und Iphis in einen jungen Mann verwandelt, um die Ehe mit Ianthe zu ermöglichen[14].

Der Dichter Phaedrus (gestorben um die Mitte des ersten Jahrhunderts n. Chr.) verfaßte eine Fabel, in der er die Existenz von *tribades* und passiven homosexuellen Männern (*molles mares*) auf einen Irrtum von Prometheus zurückführt. Denn als Prometheus einmal berauscht war und schläfrig von einem Festmahl heimkehrte, habe er versehentlich auf männlichen Körpern weibliche Sexualorgane und auf Frauen männliche Glieder angebracht. »Und daher kommt es jetzt zu pervertierter Lust.«[15]

Zwei Epigramme widmete Martial (etwa 40 bis 103/104 n. Chr.) Philaenis, »Tribade der Tribaden«. Er schildert Philaenis als sexuell aggressiv gegenüber Knaben und Mädchen, wobei sie von den letzteren »elf am Tage, wilder als ein von Gier gespannter Mann noch«, bearbeitet. Sie verbringe viel Zeit mit Sport: Fangball, schweren Sprunggewichten, Ringkämpfen. Sie habe Freude daran, sich von einem gesalbten Trainer mit der Peitsche schlagen zu lassen[16]. Vor dem Essen erbricht sie schon sieben Portionen unvermischten Weines. Nachdem sie sechzehn Fleischgerichte verschlungen hat, kehrt sie dann zum Wein zurück. »Nach dem allen, wenn neu die Gier erregt ist, küßt sie nicht – denn das wär zu wenig männlich – sie verschlingt gradezu den Schoß der Mädel.«[17] Die Logik der letzten Handlung kann Martial nur verachten. Wie könnte sie Cunnilingus für männlich halten? Klar ist, daß aggressives Sexualverhalten, Sport, Wein, Fleisch alle in den männlichen Bereich gehören. Daß aber diese Art der Beschäftigung mit dem weiblichen Körper männlich sein soll, ist nicht einzusehen.

In einem dritten Epigramm wendet sich Martial an eine gewisse Bassa, eine Frau, die er zuerst für ebenso keusch gehalten hatte wie die berühmte Lucretia, weil er nie Bassa sich mit Männern habe paaren sehen und von keinen Skandalgeschichten über sie gehört habe. Im Gegenteil, sie war immer von

Frauen umgeben. Aber dann wird ihm klar, daß sie ein *fututor* = »Ficker« war[18]. Ihre »unnatürliche Lieb spiegelt den Mann dabei vor«[19]. Ob es ohne einen Mann Ehebruch geben könne, ist eine dem Rätsel von Theben würdige Frage.

Wer Martial interpretieren will, muß vorsichtig sein. Die vulgäre und gewalttätige Sprach- und Bildwelt in den drei Epigrammen begegnet uns nicht nur hier, sondern ist für Martials Stil überhaupt typisch. Bemerkenswert jedoch ist vor allem seine präzise Bildersprache. *Tribas* nennt er eine Frau, die versucht, wie ein Mann zu sein. Der sexuelle Eroberungswille der Philaenis ist unersättlich; sie versucht durch ihr aggressives Drängen, so viele Knaben und Mädchen wie möglich zu erobern. Der Hinweis auf die anscheinend sado-masochistischen Freuden im Zusammenhang mit dem Trainer soll bei den Lesern und Leserinnen besonderes Entsetzen hervorrufen. Könnte es sein, daß die Bereitschaft, sich freiwillig der Gewalttätigkeit auszusetzen, symbolisiert, daß Philaenis sogar die Anwendung von Gewalt gegen sie selbst bestimmen kann? Es sieht hier so aus, als ob allein dann eine Schande vorliegt, wenn ein Mann gegenüber einer Frau nur dann gewalttätig werden kann, wenn sie es erlaubt. Dank dieser Autonomie hat Philaenis aufgehört, eine Frau im Sinne der kulturellen Definition zu sein, und ist zum Mann geworden. Martial kann es dann nur lächerlich erscheinen, daß sie Interesse für weibliche Genitalien zeigt. Denn wie könnte ein vernünftiger Mensch Cunnilingus (weil Frauen daran Gefallen finden könnten?) für männlich halten? Trotz all ihrer Macho-Geschichten ist Philaenis demnach doch kein richtiger Mann. Martial läßt in den Gedichten eine kreative Spannung entstehen, indem er die Bemühungen der Frau, männlich zu sein, übertreibt und diese Bemühungen dann als absurd anprangert. Sie sind jedoch nicht einfach lächerlich. Ein solches Verhalten ist gefährlich und verdient deshalb, als »ungeheuerlich« charakterisiert zu werden.

In einem sehr aufschlußreichen Vortrag über »Autonomie als Anomalie: Römische und nach-klassische griechische Reaktionen auf weiblich-homoerotisches Verhalten«[20] vertritt Judith Hallett die These, daß Martial Philaenis bewußt als physisch männlich, das heißt als zu einer Penetration (z. B. von Knaben) fähig, darstellt[21]. Sie weist außerdem darauf hin, daß römische Autoren – so wie etwa Martial in den Epigrammen über Philaenis – weibliche Homoerotik so darstellen, als sei es ein griechisches Phänomen, das mit ihrer eigenen Wirklichkeit nicht viel zu tun habe. Dazu bedienen sie sich zum Beispiel des Griechischen[22] oder griechischer Lehnwörter, von denen eine ganze Reihe in Martials Epigrammen über Philaenis vorkommen. Das Wort *tribas* selbst ist ein griechisches Lehnwort und klang wohl für römische Ohren schon immer ausländisch. Halletts Hypothese ist:

»In gewissem Maße ist dieses männliche Interesse an physischer Männlichkeit, besonders am Besitz des Penis, eine notwendige Komponente weiblich-sexueller Autonomie und Homoerotik. Diese Darstellung weiblich-sexueller Autonomie als ausländisch und nicht-römisch scheint einen Versuch darzustellen, derartiges weibliches Verhalten in symbolischer Sprache zu beschreiben, und zwar als eine imaginäre und allzu starke Abweichung von den weiblicher Sexualität gesetzten Grenzen, eine Abweichung, die römischen Männern nur vermittels männlicher Begrifflichkeit erklärbar war.«[23]

Hallett argumentiert wie folgt: Im Gegensatz zu römischen Männern, die die passive sexuelle Phase, während der ein anderer Mann in sie eindringen konnte, etwa im Alter von zwanzig Jahren hinter sich ließen, wurde von den Römerinnen erwartet, daß sie auch als Erwachsene in der passiven Rolle verharrten. Frauen, die die passive sexuelle Rolle ablehnten, waren offenbar am einfachsten zu verstehen, wenn man sich vorstellte, sie hätten – wie die Männer – das nächste Stadium erreicht, zu dem es gehört, in jemanden einzudringen.

Juvenals (etwa 67 v. Chr. bis ?) »Sechste Satire« enthält einen Hinweis auf gewisse Frauen: »Wenn sie am alten Altar der Züchtigkeit vorbeikommen, pissen sie mit langem Strahl auf das Bild der Göttin; dann besteigen sie einander, und der Mond ist Zeuge ihrer (unzüchtigen) Bewegungen.«[24]

An einer anderen Stelle läßt Juvenal eine Frau namens Laronia Frauen mit homosexuellen Männern vergleichen. Unter Frauen, so meint Laronia, »findet man kein Beispiel für solche Abscheulichkeiten«[25].

Auch griechisch schreibende Autoren der römischen Zeit schilderten weibliche Homoerotik fast immer nur negativ. Der Philosoph und Biograph Plutarch (etwa 45 bis etwa 120 n. Chr.) ist eine wichtige Ausnahme. Er beschreibt die Knabenliebe im

Sparta des legendären Urhebers der spartanischen Verfassung, Lykurg, ziemlich wohlmeinend als der Erziehung der Jugend förderlich. Nebenbei fügt Plutarch hinzu: »Aber wenn auch die Liebe bei ihnen etwas so Anerkanntes war, daß auch echte Frauen Jungfrauen zu ihren Geliebten machten, so gab es darin doch keinen feindlichen Wettstreit...«[26] Mit keinem Wort erklärt er diese Liebe für pervers oder abscheulich. Dennoch sollten wir uns davor hüten, einfach anzunehmen, daß Plutarchs Bewunderung für die Sitten im alten Sparta bedeutete, daß er Liebesbeziehungen zwischen Frauen oder weiblich-sexuelle Autonomie zu seiner Zeit ebenfalls akzeptiert hätte[27].

Auch die griechischen Autoren des zweiten Jahrhunderts nach Christus und danach, die sich zur weiblichen Homoerotik geäußert haben, greifen immer wieder die hier skizzierten Motive auf. Der Schriftsteller Jamblichus (nach 100 bis ?) erzählt von der Liebe der Berenike, der Tochter des Königs von Ägypten, zu Mesopotamia, mit der sie schlief. Jamblichus sagt von Berenike, sie habe »wilde und gesetzeswidrige Liebesaffären«[28].

Im fünften Gespräch der »Hetärengespräche« Lukians, eines Autors des zweiten Jahrhunderts, geht es um ein Erlebnis, das Leaena mit zwei anderen Hetären, Megilla und Demonassa, hatte. Megilla, einer wohlhabenden Frau aus Lesbos, war es gelungen, Leaena zu verführen, obwohl sich Leaena dieser seltsamen Zuwendung schämte. Es stellt sich heraus, daß Megilla ihr wahres Selbst darin sieht, eine Megillus zu sein, und daß sie Demonassa als ihre Ehefrau betrachtet. Um ihre kurzen Haare zu verbergen, trägt Megilla eine Perücke. Sie habe, so sagt sie, zwar kein männliches Glied, dafür aber eine Art Ersatz. Leaena weigert sich, die sexuelle Begegnung genau zu beschreiben, weil es zu »schändlich« sei[29].

In Dialogform geschrieben sind auch die »Amores« des Pseudo-Lukian (wahrscheinlich frühes 4. Jh.). Einer der Redner spricht darin von »tribadischer Ausschweifung« und wiederholt das bekannte Motiv, Frauen mit homoerotischen Neigungen verhielten sich wie Männer[30].

In seiner Abhandlung über Traumdeutung erwähnt Artemidoros (2. Jh.) Träume, in denen eine Frau eine andere sexuell besitzt[31]. Die beiden von Soranus im zweiten Jahrhundert verfaßten Traktate »Über chronische Krankheiten« und »Über akute Krankheiten« sind nur in der lateinischen Übersetzung des afrikanischen ärztlichen Schriftstellers Caelius Aurelianus (5. Jh.) erhalten. Darin ist von der Krankheit der *tribades* die Rede; sie würden so genannt, weil sie an beiden Formen der Liebe interessiert seien, obwohl sie Frauen bevorzugten und ihnen mit einer schon fast männlichen Eifersucht nachstellten[32].

Einige antike Astrologen erwähnen sexuelle Beziehungen zwischen Frauen als eine von den Sternen und Planeten verursachte Störung. So schreibt Ptolemäus (2. Jh.) über *tribades*: Sie »werden widernatürlichen Begierden unterliegen, geil sein und... der Sexualität in männlicher Art... fröhnen«, und sie bezeichnen sogar Partnerinnen manchmal als »rechtmäßige Ehefrauen«. An einer anderen Stelle nennt er *tribades* »kastrierte (Männer)«[33]. Nach Vettius Valens (Mitte des 2. Jh.) sind die *tribades* »ausschweifend, unterwürfig, und sie tun schändliche Dinge«[34]. Und Manetho (wahrscheinlich 4. Jh.) sagt von ihnen, sie »verrichten Taten nach der Art von Männern«[35].

Zusammenfassung

Die meisten der hier besprochenen Autoren sehen sich offensichtlich nicht in der Lage, weibliche Homoerotik als etwas Rechtmäßiges und Natürliches anzusehen; nur Aristophanes in Platons »Symposion« und Plutarch in bezug auf Sparta vertreten eine andere Ansicht. Die anderen Autoren stellen *tribades* mehr oder weniger so dar, als seien sie Männer oder versuchten zumindest, wie Männer zu sein (Seneca d. Ä., Martial, Phaedrus, Lukian, Pseudo-Lukian, Caelius Aurelianus in seiner Übersetzung der Werke des Soranus, Ptolemäus, Manetho, Firmicus Maternus, möglicherweise ist auch Artemidoros so zu verstehen; vgl. Pseudo-Phokylides). Demnach könnte das eigentliche Problem dort liegen, wo Frauen die Grenzen der ihnen von der griechisch-römischen Kultur auferlegten weiblichen passiven Rolle überschritten. Im Grunde ginge es dann um die Frage der weiblichen sexuellen Autonomie, und das würde auch erklären, warum zum Beispiel Martial selbstbewußtes sexuelles Verhalten gegenüber Jugendlichen auch *männlichen* Geschlechts mit der *tribas* Philaenis in Verbindung bringt[36]. Lukian und Ptolemäus erwähnen einige Frauen, die ihre Partnerinnen »Ehefrauen« nennen[37]. Weibliche Homoerotik wird als Verstoß gegen die Gesetze der Aphrodite gewertet und als nicht schön (Asklepiades), als ungeheuerlich (Ovid, Martial), unnatürlich (Platon, Ovid, Ptolemäus, implizit auch Seneca), schändlich (Lukian), gesetzwidrig (Jamblichos) und so weiter.

Nach der Soran-Übersetzung des Caelius Aurelianus handelt es sich um eine Geisteskrankheit, die entsprechend zu behandeln sei, Phaedrus denkt an einen göttlichen Irrtum, und die hier erwähnten Astrologen machen bestimmte Planeten-Konstellationen verantwortlich.

Andere Belege

Zwei griechische Vasenmalereien, die Frauen in einer Haltung erotischer Zuneigung abbilden, sind hier zu erwähnen, obwohl sie aus einer früheren Zeit stammen. Ein Teller (etwa 620 v. Chr.) von der Insel Thera zeigt zwei Frauen von ungefähr gleicher Größe, von denen eine der anderen auf typische Weise den Hof macht, indem sie ihre Hand unter das Kinn der anderen legt[38]. Eine attische rotfigurige Vase (etwa 500 v. Chr.) zeigt eine kniende Frau, die die Klitoris einer anderen Frau streichelt[39]. Es ist nicht ausgeschlossen, daß diese Vase dazu diente, Männer sexuell zu erregen. Die Vase war eine Kylix, das heißt ein Trinkgefäß für Wein. Für den Teller trifft das jedoch wohl nicht zu, denn darauf sind beide Frauen vollständig bekleidet, während sie auf der Vase nackt sind. Beide Bilder stellen die Frauen in keiner Weise männlich oder pseudomännlich dar, und beide unterscheiden sich von griechischen Vasen, auf denen männliche Paare abgebildet sind, insofern, als die Frauen jeweils etwa gleich alt zu sein scheinen, während männliche Paare fast immer aus einem bärtigen Erwachsenen und einem bartlosen Jugendlichen bestehen[40].

Wichtig ist auch, wie die Dichterin Sappho in der römischen Zeit gesehen wurde. In der ältesten Sappho-Biographie (P. Oxy. 1800, Fr. 1, 2./3. Jh.) heißt es: »Sie ist von einigen beschuldigt worden, unsittlich und eine Liebhaberin von Frauen zu sein.« In seinen Ausführungen über ihre Verstechnik nennt Horaz sie »männliche Sappho«, aber das braucht sich nicht auf ihre Sexualität zu beziehen[41]. Plutarch[42] und Maximus von Tyros[43] verglichen sie mit Sokrates, der für seine Vorliebe für Männer bekannt war. Ovid schreibt, sie habe Frauen geliebt, und nimmt die Legende auf, nach der sie sich in einen Mann namens Phaon verliebte, der diese Liebe aber nicht erwiderte – eine Geschichte, die wahrscheinlich eine Reaktion auf das Bild von der frauen-liebenden Sappho ist[44]. Der christliche Schriftsteller Tatian (2. Jh.) bezeichnet Sappho als Hetäre und nennt sie eine »liebestolle Frauenhure, die ihre eigenen Ausschweifungen besang«[45]. Der Kontext ist eine Reihe von abschätzigen Bemerkungen über vierzehn griechische Schriftstellerinnen, deren Werke fast alle verlorengegangen sind. Nach dem mittelalterlichen Lexikon »Suda«, in das viele frühere Traditionen aufgenommen wurden, wurde Sappho von manchen der »schändlichen Liebe« zu Frauen beschuldigt[46]. In der römischen Zeit und darüber hinaus läßt sich also ein wachsendes, gewöhnlich von Mißbilligung begleitetes Interesse an Sapphos Liebe zu Frauen feststellen. Diese Art der Sappho-Rezeption fügt sich gut in die für die römische Zeit schon festgestellte allgemeinere Entwicklung ein: eine zunehmende Beschäftigung mit sexuellen Beziehungen zwischen Frauen, die vehement abgelehnt wurden.

Die Verurteilung weiblicher Homoerotik bei Paulus

In Römer 1,18–32 beschreibt Paulus eine Reihe von tragischen Vertauschungen[47]. Obwohl die Menschen Gelegenheit hatten, Gott aufgrund des göttlichen Schöpferwerks zu erkennen, vertauschten sie die Wahrheit über Gott mit einer Lüge und verehrten und beteten Abbilder eben dieser Schöpfungswerke an. Die Folge dieser grundlegenden Unordnung und Verwirrung in der menschlichen Beziehung zu Gott und zu seiner Schöpfung sind weitere Vertauschungen: Gott lieferte sie der Unreinheit aus, so daß sie ihre Leiber entehrten (Vers 24); Gott lieferte sie schändlichen Leidenschaften aus (Vers 26); Gott lieferte sie einem verworfenen Denken und unziemlichen Tun aus (Vers 28). Die dem Götzendienst zugrundeliegende Unordnung und Verwirrung wiederholt sich in der Unordnung und Verwirrung gleichgeschlechtlicher Liebe (Verse 26–27)[48] und anderen unziemlichen Verhaltensweisen (Verse 29–32).

Wir haben gesehen, daß das Motiv der *tribas*, die ein Mann wird oder ein Mann ist oder versucht, Mann zu sein, in der Diskussion über *tribades* in der Literatur der griechisch-römischen Welt immer wieder auftaucht. *Tribades* sind Frauen, die die Grenzen ihrer Weiblichkeit gemäß der kulturellen Definition überschreiten. Sie stellen eine Anomalie dar, weil sie weder in die maßgebliche Kategorie des Weiblichen noch in die des Männlichen hineinpassen. Aus Struktur und Terminologie von Römer 1,18–32 und 1. Korinther 11,2–16 geht das Anliegen des Paulus hervor, daß die Ordnung, die er als Schöpfungsordnung verstand, in bezug auf Geschlechterrollen und Geschlechterpolarität aufrechterhalten werden sollte. Paulus sah in der weiblichen Homoerotik eine unzulässige Grenzüberschreitung, eine Verwischung der Kategorien männlich und weiblich.

Unreinheit in Römer 1,24

Zum Verständnis des komplexen Begriffs »Unreinheit« können anthropologische Einsichten hilfreich sein. Mary Douglas[49] weist nach, daß die Reinheitsgesetze systematisch erforscht werden müssen. In bezug auf das alte Israel schreibt sie:

»Die Reinheitsgesetze der Bibel ... setzen die großen inklusiven Kategorien fest, denen zufolge das ganze Universum in eine Rangordnung gestellt und strukturiert ist. Ihre Bedeutung erschließt sich, wenn dieselben Grundregeln von einem Zusammenhang auf einen anderen übertragen werden.«[50]

Zwischen den jeweiligen Klassifizierungen für Tiere, Menschen, Opfertiere, Priester und Frauen besteht eine Symmetrie. Douglas schreibt:

»Dem Begriff der Reinheit bei Tieren [in Levitikus 11 und Deuteronomium 14] liegt das Prinzip zugrunde, daß sie der Klasse, der sie angehören, voll entsprechen müssen. Unrein sind die Arten, die unvollkommene Mitglieder ihrer Klasse sind oder deren Klasse das allgemeine Kategorienschema der Welt durcheinanderbringt.«[51]

Diese Überlegungen erleichtern das Verständnis des Begriffs Unreinheit in Römer 1,24. Die Vertauschung natürlicher Beziehungen für widernatürliche in den Versen 26–27 konkretisiert die in Vers 24 beschriebene Unreinheit und Entehrung des Leibes[52]. Gleichgeschlechtliche Liebe ist also Unreinheit und Entehrung des eigenen Körpers. Die Kategorien männlich und weiblich sind dann nicht mehr eindeutig. Bei sexuellem Verkehr mit Angehörigen des anderen Geschlechts sind die Geschlechterrollen eindeutig, bei sexuellen Beziehungen zwischen Angehörigen desselben Geschlechts herrscht Verwirrung der Rollen. Der biologisch männliche Partner könnte sich weiblich (so wie es kulturell definiert wird) verhalten; und die biologisch weibliche Partnerin – könnte sie wie ein Mann werden? Durch gleichgeschlechtliche Liebe entsteht eine Klasse, die »das allgemeine Kategorienschema der Welt durcheinanderbringt«. Männlicher und weiblicher gleichgeschlechtlicher Liebe ist jedenfalls das gemeinsam, daß sie die Grenzen der Geschlechterrollen überschreiten. Der jüdische Philosoph Philon von Alexandrien, ein Zeitgenosse des Paulus, schreibt über männliche Homosexualität:

»Während es früher als große Schande galt, auch nur davon zu sprechen, rühmen sich ihrer jetzt nicht nur die, welche sie üben, sondern auch diejenigen, die sich dazu gebrauchen lassen; zu krankhafter Frauenart haben sie sich durch Gewöhnung erzogen, geben Leib und Seele dem Zerfall preis und lassen (gleichsam) keinen Funken ihrer Mannesart mehr fortglimmen: mit auffallend gekämmtem Haupthaar, wohlgeputzt, die Augen mit Bleiweiß, Purpurfarbe und ähnlichen Dingen geschminkt und bemalt, mit duftenden Salben fein gesalbt – denn an allen sorgfältig herausgeputzten Menschen übt von solchen (Reizmitteln) der schöne Duft am stärksten anlockende Wirkung aus –, schämen sie sich nicht, künstlich durch gewisse Mittel ihre männliche Art in weibliche umzuwandeln. Gegen diese Menschen muß man schonungslos vorgehen nach der Vorschrift des Gesetzes, daß man den ›weibischen Mann‹, der das Gepräge der Natur verfälscht, unbedenklich töten und keinen Tag, ja keine Stunde am Leben lassen soll, da er sich, seinem Hause, seinem Vaterlande und dem ganzen Menschengeschlecht zur Schande gereicht. Und der Knabenschänder soll wissen, daß ihn die gleiche Strafe trifft, weil er widernatürlicher Lust nachgeht und an seinem Teile auf die Verödung und Entvölkerung der Städte hinarbeitet, wenn er seinen Samen zu Grunde richtet, weil er sich ferner zum Verkünder und Lehrer der schlimmsten Laster macht, der Unmännlichkeit und Weiblichkeit...«[53]

Die Verurteilung bei Paulus

Philons Voraussetzung, daß zum Geschlechtsverkehr ein aktiver und ein passiver Partner gehören (in der Regel ein Mann und eine Frau), seine Ansicht, daß passive homosexuelle Männer weiblich werden, ja an der Krankheit der Verweichlichung leiden, und seine Abscheu gegen rollenverletzendes, weibliches Aussehen sind charakteristisch für antike Verurteilungen männlicher Homosexualität[54]. Direkte Parallelen zwischen Paulus und Philon sind: Beide mißbilligen männliche Homosexualität. Beide verwenden den Begriff »unnatürlich« oder »widernatürlich« (*para physin*)[55]. Beide lehnen Haartrachten, die auch Frauen tragen, für Männer ab (siehe 1. Korinther 11, 2–16). Beide denken an eine physische Vergeltung für homosexuelles Verhalten bei Männern. Ferner erleben beide als Diasporajuden den Widerspruch zwischen offen gelebter männlicher Homosexualität in ihrer Umgebung und dem levitischen Verbot homosexueller Beziehungen.

Philons Worte verraten Ekel, ja sogar Abscheu vor dem zweideutigen anomalen Menschen, der durch die männliche Homosexualität geschaffen worden ist. Das entspricht genau dem Verständnis von unrein als dem, was seiner Klassifizierung nicht vollkommen entspricht.

Das Gegenteil von Unreinheit ist für Paulus Gerechtigkeit (Römer 6,19), oder Heiligkeit (1. Thessalonicher 4,7 und 1. Korinther 7,14). Zu diesem Thema Mary Douglas: »Heiligkeit fordert von Individuen, der Art, zu der sie gehören, genau zu entsprechen. Und Heiligkeit erfordert, daß Dinge verschiedener Klassen nicht vermischt werden.«[56] In 1. Thessalonicher 4,3–8 unterscheidet die Heiligkeit die Christen von den »Heiden, die Gott nicht kennen«. Zur Heiligkeit gehört, sich des verbotenen Geschlechtsverkehrs zu enthalten und »daß jeder von euch lernt, mit seiner Frau [wörtlich Gefäß] in heiliger und achtungsvoller Weise zu verkehren« (1. Thessalonicher 4,4, Einheitsübersetzung der Heiligen Schrift[57]). Heiligkeit ist hier das Merkmal, das Christen von der übrigen Welt unterscheidet. Sie besteht darin, die vorgegebenen Grenzen im Bereich der Sexualität einzuhalten.

In Römer 1,24–27 sind Entehren und Schande unmittelbar in bezug zu Unreinheit gesetzt. Bruce Malina wendet anthropologische Kategorien auf das Neue Testament an:
»Symbolisch gesehen bezeichnet Ehre den angemessenen

Platz einer Person in der Gesellschaft, ihre soziale Stellung. Dieser Ehrenplatz wird abgegrenzt durch ein bestimmtes Maß an Macht, sexuellem Status und die Stellung in der sozialen Rangordnung. Aus strukturalistisch-funktionalistischer Sicht ist Ehre der Wert, den eine Person in ihren eignen Augen hat, zuzüglich dem Wert, den diese Person in den Augen ihrer sozialen Gruppe hat.«[58]

Die Aussagen im Römerbrief in Vers 24 über die Entehrung ihres Leibes »durch ihr eigenes Tun« und in Vers 26 über die »sie entehrenden Leidenschaften« würden dann bedeuten, daß gleichgeschlechtlich Liebende nicht mehr ihren angemessenen Platz in der Gesellschaft einnehmen. Malina ist der Meinung, Ehre bedeute für Frauen etwas anderes als für Männer[59]. Ich lege die obige Stelle aus dem Römerbrief dahingehend aus, daß einige Männer den ihrem Geschlecht zustehenden Ehrenplatz aufgegeben haben und daß »ihre Frauen« (beachte das unterordnende relativierende »ihre«) sich nicht an die ihrem Geschlecht gebührende Schamhaftigkeit[60] und die ihnen angemessene Geschlechtsrolle gehalten haben. Weil sie damit die mit ihrer gesellschaftlichen Stellung und ihrem Platze in der Schöpfungsordnung gegebenen Grenzen überschritten haben, leben sie in Unreinheit und Schande. Im Gegensatz dazu wird sich ein christlicher Mann, der diese Grenzen respektiert, seine Frau in Heiligkeit und Ehre nehmen (1. Thessalonicher 4,4–8).

Nicht zufällig wird in Römer 1,24–27 gerade die gleichgeschlechtliche Liebe als eine Wiederholung des in bezug auf den Götzendienst festgestellten Vertauschungsmusters hervorgehoben. Götzendiener, das heißt Anhänger und Anhängerinnen aller griechisch-römischen Religionen, das Judentum ausgenommen, leben völlig außerhalb des Reiches der Heiligkeit. Daraus folgt für Paulus, daß bei ihnen eine äußerste Kategorienverwischung oder Unreinheit herrscht. Die Verwischung der Kategorien Männlichkeit und Weiblichkeit stellt eine grundlegende »Symbolverwirrung« dar[61]. Daß sexuelle Reinheit für Paulus grundlegender war als beispielsweise die Reinheit und Unreinheit von Speisen, zeigt sich daran, daß er die Begriffe »rein« und »unrein« ausdrücklich nicht auf Speisen anwendet (Römer 14,20–21; vgl. 1. Korinther 8,10; Galater 2,11–14), im Bereich der Sexualität aber weiterhin das

Klassifizierungsschema von Unreinheit und Heiligkeit anwendet (vgl. 1. Korinther 5,1–13; 7,14; 1. Thessalonicher 4,3–8).

Römer 1,26 und 1. Korinther 11,2–16

1. Korinther 11,2–16 greift Paulus in einen konkreten Konflikt in einer Gemeinde ein, die er selbst gegründet hatte und gut kannte. Römer 1,26–27 dagegen steht im Zusammenhang einer allgemeinen Abhandlung über die menschliche Sündhaftigkeit und wendet sich an eine Gemeinde, die Paulus nicht selbst gegründet hat. Trotz dieser Unterschiede ist es sinnvoll, 1. Korinther 11,2–16 mit heranzuziehen, um zu verstehen, warum Paulus gleichgeschlechtliche Liebe als Unreinheit und Entehrung des eigenen Leibes bezeichnet. Im Verwischen der Geschlechterunterschiede sieht Paulus einen Verstoß gegen die Natur und gegen die Stufenordnung von Gott – Christus – Mann – Frau. In 1. Korinther 11,2–16 steht[62]:

»[2] Ich lobe euch, daß ihr in allem an mich denkt und an den Überlieferungen festhaltet, wie ich sie euch übergeben habe. [3] Ihr sollt aber wissen, daß Christus das Haupt des Mannes ist, der Mann das Haupt der Frau und Gott das Haupt Christi. [4] Wenn ein Mann betet oder prophetisch redet und dabei sein Haupt bedeckt hat, entehrt er sein Haupt. [5] Eine Frau aber entehrt ihr Haupt, wenn sie betet oder prophetisch redet und dabei ihr Haupt nicht verhüllt. Sie unterscheidet sich dann in keiner Weise von einer Geschorenen. [6] Wenn eine Frau kein Kopftuch trägt, soll sie sich doch gleich die Haare abschneiden lassen. Ist es aber für eine Frau eine Schande, sich die Haare abschneiden oder sich kahlscheren zu lassen, dann soll sie sich auch verhüllen. [7] Der Mann darf sein Haupt nicht verhüllen, weil er Abbild und Abglanz Gottes ist; die Frau aber ist der Abglanz des Mannes. [8] Denn der Mann stammt nicht von der Frau, sondern die Frau vom Mann. [9] Der Mann wurde auch nicht für die Frau geschaffen, sondern die Frau für den Mann. [10] Deswegen soll die Frau mit Rücksicht auf die Engel das Zeichen ihrer Vollmacht auf dem Kopf tragen. [11] Doch im Herrn gibt es weder die Frau ohne den Mann noch den Mann ohne die Frau. [12] Denn wie die Frau vom Mann stammt, so kommt der Mann durch die Frau zur Welt, alles aber stammt von Gott. [13] Urteilt selber! Gehört es sich, daß eine Frau unverhüllt zu Gott betet? [14] Lehrt euch nicht schon die Natur, daß es für den Mann eine Schande, [15] für die Frau aber eine Ehre ist, lange Haare zu tragen? Denn der Frau ist das Haar als Hülle gegeben. [16] Wenn aber einer meint, er müsse darüber streiten: Wir und auch die Gemeinde Gottes kennen einen solchen Brauch nicht« (Einheitsübersetzung der Heiligen Schrift).

In dieser Perikope verlangt Paulus in bezug auf Haartracht und Kopfputz eine strenge Geschlechterunterscheidung. Frauen und Männer sollten nicht gleich aussehen. Das ist für Paulus von theologischer Bedeutung. Er begründet die Notwendigkeit einer sich in der äußeren Erscheinung ausdrückenden Geschlechterpolarität damit, daß der Mann das Haupt der Frau so wie Christus das Haupt des Mannes und Gott das Haupt Christi sei, daß die Frau Abglanz des Mannes, der Mann dagegen Abbild und Abglanz Gottes sei, und daß die Frau aus dem Mann und für den Mann geschaffen sei. Zwischen Frau und Mann besteht ein Unterschied, und dazu gehört, daß die Frau auf ihr Haupt hin, nämlich den Mann, von dem sie abstammt, ausgerichtet sein soll (die Zugeständnisse, die Paulus in den Versen 11 und 12 macht, ändern nichts an dieser Grundstruktur). Die Grenzen zwischen Weiblichkeit und Männlichkeit dürfen nicht dadurch verwischt werden, daß Frauen kurze oder Männer lange Haare tragen. Doch selbst wenn Frauen lange Haare haben, wird der Unterschied noch nicht in ausreichendem Maße hervorgehoben. Als ein sichtbares Zeichen ihres Platzes in der Schöpfungsordnung sollen Frauen vielmehr zusätzlich noch einen Schleier tragen. Wie schon Römer 1,26–27 beruft sich Paulus auf die Natur. Die Natur lehre, daß es für einen Mann eine Unehre (*atimia*) sei, langes Haar zu haben, während es für eine Frau schandbar (*aischron*) sei, das Haar kurz zu tragen; eine unverschleierte Frau schände (*kataischynei*) ihr Haupt. Also ist hier die Natur die Grundlage für eine strenge Geschlechterunterscheidung im Aussehen. Sich der Natur zu widersetzen bedeutet für einen Mann Ehrverlust, das heißt, er nimmt nicht mehr den rechtmäßigen Platz in der Gesellschaft ein.

Diese Ausführungen zu Kopfputz und Haartracht erinnern an Äußerungen in der Antike über die gleichgeschlechtliche Liebe. Ein Mann, der wie eine Frau aussieht, muß befürchten, seine Männlichkeit zu verlieren und auf die Ebene einer Frau herabzusinken. Trägt eine Frau kurze Haare, dann ist es ein Zeichen dafür, daß sie zu einem Mann wird oder wie ein Mann zu sein versucht. Das erinnert an Lukians[63] Megilla/Megillus, die ihre Perücke abnahm, um ihr kurzes Haar zu enthüllen, und sich selbst als Demonassas Ehemann bezeichnete. Eine Frau kann nicht auf die Ebene eines Mannes herabsinken. Sie kann nur den lächerlichen, jedoch bedrohlichen Versuch machen, sich auf die Ebene des Mannes zu erheben. Einige Exegeten haben erkannt, daß es in 1. Korinther 11,2–16 möglicherweise auch um gleichgeschlechtliche Liebe gehen könnte. Frühkirchliche Auseinandersetzungen mit gleichgeschlechtlicher Liebe beinhalten oft einen Hinweis auf diese Perikope[64].

Im 19. Jahrhundert schrieb Johannes Weiss: »Die ›Geschorene‹ ist die Sittenlose, die sich das Haupt rasiert, um aus lasziven Gründen männliche Erscheinung vorzutäuschen«; und in einer Anmerkung fügt er mit Bezug auf Apuleius hinzu, daß die »perversen Frauen« gemeint seien, »die das lesbische Laster treiben«[65]. In jüngster Zeit wurde ein derartiger Zusammenhang zuletzt von Jerome Murphy-O'Connor hergestellt, der in dem korinthischen Verhalten eine Reaktion auf Galater 3,28 sieht: »Wenn es nicht mehr Mann oder Frau gäbe, fühlten sich die Korinther/innen frei, den Unterschied zwischen den Geschlechtern zu verwischen... Der konsequente Infantilismus der Korinther/innen traf ihn an einer empfindlichen Stelle, und die Haartrachten ließen die beunruhigende Frage der Homosexualität in der Gemeinde aufkommen.«[66]

Paulus und die weibliche Nicht-Unterordnung

Es wäre falsch, zu behaupten, Paulus sei grundsätzlich für die Unterordnung der Frauen. Indem er Frauen empfiehlt, unverheiratet zu bleiben (1. Korinther 7,8–9. 25–35. 39–40), befürwortet er faktisch, daß Frauen anomal, nämlich nicht in direkter Unterordnung unter einen Ehemann, leben. Indem er außerdem die Taufformel von Galater 3,28 zitiert – »Es gibt nicht mehr Juden und Griechen, nicht Sklaven und Freie, nicht Mann und Frau; denn ihr alle seid ›einer‹ in Christus Jesus« –, macht er den Weg frei für eine Verwischung der Geschlechterrollen und für eine Veränderung gesellschaftlicher Strukturen. Daß die Formel wirkmächtig war, zeigt sich an der Tatsache, daß Paulus in 1. Korinther 12,13 eine andere Version zitiert, und zwar ohne den Satzteil über Mann und Frau, wahrscheinlich weil er erkannt hatte, daß die Korinther und Korintherinnen die Implikationen des »nicht Mann und Frau« tatsächlich verstanden hatten. An anderer Stelle erkennt Paulus die Arbeit von Frauen für das Evangelium ausdrücklich an (Römer 16,1–16; Philipper 4,2–3), ebenso wie das Recht von Frauen, in liturgischen Versammlungen zu prophezeien (1. Korinther 11,5). Wenn die Ermahnung, Frauen hätten in Gemeindeversammlungen zu schweigen und sollten sich unterordnen (1. Korinther 14,33b–36), von Paulus sein sollte und keine spätere Interpolation ist, wäre das ein weiteres Beispiel für die schon aufgezeigte Spannung in seinem Denken.

Unklarheiten in bezug auf die Geschlechterrollen in der christlichen Gemeinschaft gehen also zumindest teilweise auf Paulus selbst zurück. Wenn er sich aber gedrängt sieht, wie etwa im Fall des äußeren Erscheinungsbildes der Geschlechter in Korinth, Stellung zu nehmen, fordert er eine strikte Unterscheidung und begründet das mit der Rangordnung der Geschlechter, wobei er das »nicht Mann und Frau« nicht zitiert, da dieser Satz offensichtlich die herrschenden Geschlechterrollen gefährdet. Vielleicht war es gerade seine positive Einstellung zum Zölibat (in sich schon eine potentielle Bedrohung der patriarchalischen Ehe), die Paulus veranlaßte, hartnäckig auf der Geschlechterporalität in Kleidung und sexuellem Verhalten und damit auch auf der weiblichen Unterordnung zu bestehen. Aufgrund seiner unmittelbaren Naherwartung und seines Verständnisses von Christus als dem Haupt von Mann und Frau konnte Paulus Frauen zwar erlauben, sich ausschließlich Christus zu widmen und dadurch einem männlichen Oberhaupt in Form eines Ehegatten zu entgehen. Er wollte aber nicht hinnehmen, daß Frauen sich durch erotische Erfahrungen ihrer eigenen Kraft in einer Weise bewußt wurden[67], die die Stufenordnung von Gott – Christus – Mann – Frau – in Frage stellen mußte.

Folgerungen und Implikationen

Der kurze Quellenüberblick hat gezeigt, daß männliche griechisch-römische Autoren wenig Toleranz für sexuelle Liebesbeziehungen zwischen Frauen aufbringen, während ihre Einstellung zu männlicher Homosexualität recht gemischt ist. Diese unterschiedliche Betrachtungsweise in den Quellen läßt es methodologisch fragwürdig erscheinen, Liebesbeziehungen zwischen Frauen unter männlicher Homosexualität einzuordnen, wie die folgenden Beispiele zeigen. John Boswell, von dem ich trotz unserer unterschiedlichen Interpretationen viel gelernt habe, faßt seine Ausführungen über die römische Gesellschaft wie folgt zusammen:

»... in den großen Städten war Intoleranz in bezug auf diese Angelegenheit selten, ja fast bedeutungslos. Homosexuelle Frauen und Männer waren streng genommen eine Minderheit, aber weder sie selbst noch ihre Zeitgenossen hielten ihre Neigungen für schädlich, grotesk, unmoralisch oder bedrohlich, und sie waren in jeder Beziehung voll in das römische Leben integriert.«[68]

Robin Scroggs schließt die Auswertung antiker Quellen über männliche Homosexualität mit den Worten ab:

»Wogegen sich demnach das Neue Testament wandte, war die Vorstellung von Homosexualität als Knabenliebe und hierbei vor allem gegen ihre schmutzigen und entmenschlichenden Dimensionen [wie das Fehlen von Gegenseitigkeit]. *Es wäre bedauerlich, wenn sich im Neuen Testament jemand solcher Entmenschlichung nicht widersetzt hätte.«*[69]

Scroggs fügt ausdrücklich hinzu, daß er hier nur von männlicher Homosexualität spricht. Seine Ausführungen über Frauen beschränken sich auf einen viereinhalbseitigen Anhang mit dem Titel »Weibliche Homosexualität in der griechisch-römischen Welt«[70].

Obwohl Boswell und Scroggs dieselben Quellen auswerten, kommen sie zu völlig unterschiedlichen Ergebnissen. Boswell behauptet, daß seine These auch auf Frauen zutrifft, Scroggs dagegen nicht. Auf jeden Fall aber treffen weder die Schlußfolgerungen des einen noch die des anderen auf Frauen zu. Denn die hier zu Wort gekommenen männlichen Autoren hielten sexuelle Beziehungen zwischen Frauen sehr wohl für schädlich, grotesk, unmoralisch und bedrohlich; sie mißbilligten durchweg das Verhalten von Frauen, die ihrer Zuneigung zueinander sexuellen Ausdruck verliehen. Jedoch läßt sich aus den besprochenen Aussagen antiker Autoren nicht belegen, daß ihr Urteil der Ansicht entsprang, ein solches Verhalten sei, etwa wegen mangelnder Gegenseitigkeit, menschenunwürdig. Ganz im Gegenteil: Für diese Autoren hatten sich normale Beziehungen nach einer Rangordnung zu vollziehen. Abnorm war es, wenn Frauen sich dieser Rangordnung nicht unterwarfen. Es ist nicht einzusehen, daß Scroggs nicht untersuchte, warum die Quellen über Frauen seine These über Männer nicht bestätigen.

Ich möchte ausdrücklich darauf hinweisen, daß der hier erörterte Teil der Geschichte nicht ein Stück Geschichte lesbischer Existenz, das heißt der Geschichte von Frauen ist, die sich vorrangig mit Frauen identifizierten und dies auch – oder auch nicht – in sexueller Hinsicht zum Ausdruck brachten[71]. Vielmehr habe ich Quellen behandelt, die männliche Ansichten und Phantasien *über* lesbische Frauen wiedergeben und dabei ein beredtes Zeugnis von der stark genital orientierten Sichtweise der männlichen Autoren ablegen. Diese Ansichten von Männern sind für die Frauengeschichte insofern von Bedeutung, als sie die Kultur bestimmten, in der Frauen lebten. In welchem Ausmaß dieser Einfluß zum Tragen kam, bleibt noch festzustellen. Deshalb können Rückschlüsse auf die Frauengeschichte nur in sehr vorläufiger und allgemeiner Form vorgenommen werden. Die zunehmende Beachtung sexueller Beziehungen zwischen Frauen in der römischen Zeit könnte ein Indiz dafür sein, daß lesbische Frauen offener lebten und als eine größere Bedrohung wahrgenommen wurden. Auf zwei verschiedene Weisen wird der lesbischen Bedrohung begegnet: durch völliges Verschweigen und durch vehemente Ablehnung, wobei ein plötzlicher Methodenwechsel nicht unüblich ist. Die hier genannten Quellen stellen anscheinend einen solchen Wechsel von Verschweigen zu offener Ablehnung dar, obwohl gleichzeitig weithin versucht wurde, lesbische Beziehungen durch die Methode des Verschweigens an den Rand zu drängen und einzudämmen.

Wir müssen uns über die Bedeutung dieser Quellen für Paulus klarwerden und nicht annehmen, daß Paulus irgendeine der hier besprochenden Quellen persönlich kannte oder gelesen hatte. Einige wurden sogar erst nach seinem Brief an die Römer geschrieben. Aber weil es sehr verschiedenartige Quellen sind, ist davon auszugehen, daß die darin dokumentierten Ansichten auch Paulus und seinen Lesern und Leserinnen bekannt waren. Angesichts der weitverbreiteten Mißbilligung weiblicher Homoerotik überrascht es nicht, daß auch Paulus sie verurteilt und sie mit dem Begriff *para physin*, »unnatürlich« oder »widernatürlich«, belegt.

Das Motiv von Frauen, die wie Männer sind oder zu sein versuchen, muß Paulus gekannt haben, ebenso wie die in der männlichen Phantasie erfolgte Gleichsetzung homoerotischer Praktiken von Frauen mit sexueller Aggressivität und Ausschweifung. Könnte dies eine bewußt überzeichnende Beschreibung weiblich-sexueller Autonomie sein? Vielleicht ist es auch kein Zufall, daß Paulus diese Frage gerade in seinem Römerbrief aufnimmt. In der Zeit, in der der Römerbrief entstand, äußerten sich mehrere Autoren, die in Rom ausgebildet wurden oder dort lebten (Seneca d. Ä.; Ovid; Martial; Phaedrus), zu diesem Thema, so auch im frühen zweiten Jahrhundert Juvenal (Rom) und Soranus (Rom und Alexandrien; nach der Übersetzung aus dem 5. Jh.). Diese geographische Konzentration hängt sicherlich zum Teil damit zusammen, daß Rom zu dieser Zeit ein literarisches Zentrum war, könnte aber auch auf eine besondere Beschäftigung der Stadt Rom mit diesem Thema hinweisen.

Zusammenfassung

Die Quellen zeigen, daß Paulus und seine Kultur Männlichkeit und Weiblichkeit im Sinne einer Rangordnung verstanden. Zur Zeit des Paulus beruhten die kulturellen Strukturen auf einer Definition von Männlichkeit und Weiblichkeit, die eine strenge Rangordnung voraussetzt. Diese kulturelle Definition schlägt sich nachdrücklich nieder in der Verwerfung intimer körperlicher Liebesbeziehungen zwischen Frauen und der damit verbundenen Forderung nach Geschlechterpolarität im äußeren Erscheinungsbild von Männern und Frauen. Diese Definition von Männlichkeit und Weiblichkeit veranlaßt Paulus, weibliche Homoerotik zu verurteilen. Deshalb kann dieses Problem nicht als eine Randfrage, die nur eine kleine Anzahl von Frauen betrifft, abgetan werden. Wo immer Menschen darunter leiden, daß sie durch eine ihnen aufgezwungene Polarität und Rangordnung als Frauen und Männer definiert werden, da muß man sich auch mit der christlichen Verwerfung lesbischer Existenz und männlicher Homosexualität auseinandersetzen, für die Paulus eine primäre Quelle ist.

Theologie und Kirchen haben die Aufgabe, über die Implikationen der Tatsache nachzudenken, daß sich Römer 1,26 weder aus seinem unmittelbaren Zusammenhang noch aus dem paulinischen Denken über Männer und Frauen überhaupt herauslösen läßt. In den Augen des Paulus vollzog eine Frau, die ihrer Liebe zu einer anderen Frau physischen Ausdruck verlieh, noch einmal das Austauschmuster des Götzendienstes, das heißt der Enfremdung von Gott. Es ist inkonsequent, die Gleichstellung der Geschlechter zu fordern und gleichzeitig zu verlangen, Frauen sollten sich entweder auf Männer hin ausrichten oder im Zölibat leben. Ebenso inkonsequent ist es, zu behaupten, Römer 1,26 (und 27) sei für die Theologie nicht normativ, und trotzdem die übrige paulinische Theologie und theologische Anthropologie unüberlegt zu übernehmen. Die paulinische Theologie muß vielmehr sorgfältig analysiert und grundlegend neu durchdacht werden. Da das paulinische Denken die westliche Welt tief beeinflußt hat, ist das eine Aufgabe für alle, nicht nur für Christinnen und Christen[72].

Kapitel 5
Meine Schwester, meine Braut, kostbarer ist mir deine Liebe als die Liebe der Männer
Die Suche nach frauenliebenden Vorschwestern in unserer christlichen Frauengeschichte

Die hebräische Bibel schweigt über uns. Jesus schweigt über uns. Die Autoren frühchristlicher Schriften schweigen ebenfalls bis auf den Apostel Paulus, der in seinem Brief an die Römer, eher beiläufig und deutlich abfällig, Liebesbeziehungen von Frauen zu Frauen erwähnt, die in der römisch-hellenistischen Welt mehr als jemals sonst sichtbar wurden (vgl. Brooten).

Auch das Schweigen der Kirchenväter über lesbische Beziehungen ist deutlich, bis auf zwei oder drei eher beiläufige, abfällige Bemerkungen. Frauenliebende Frauen selbst schweigen jahrhundertelang aus verschiedenen Gründen; dies ist ja auch die Rolle, die uns Frauen in der Kirche zugedacht war.

Nur im erosfreundlichen Hochmittelalter erscheint für eine Weile ein positiveres Bild: Wir hören Liebesgedichte von Frauen an andere Frauen, von Nonnen, Beginen und Minnesängerinnen, nicht nur die Stimmen von Kirchenmännern, die negativ urteilen über Frauen und ihre Beziehungen untereinander.

In den schlimmen Jahrhunderten der Verfolgung von Frauen und der Verteufelung weiblicher Sexualität, vom Ende des Mittelalters bis weit in die Neuzeit hinein, können wir kaum ein frauenfreundliches Zeugnis erwarten.

Wenn bürgerliche Frauen im 18. und 19. Jahrhundert – domestiziert, asexualisiert, in erstickend enge Rollenkorsetts gezwängt – ihre romantische Freundschaft und leidenschaftliche Liebe zu Frauen in Briefen, Tagebüchern und literarischen Werken darstellen, sind nur wenige kirchlich eingestellte Frauen darunter. Lesbische christliche Frauen scheinen auch in der ersten Frauenbewegung zu fehlen, in der selbst radikale Frauenrechtlerinnen große Zurückhaltung im Offenlegen ihrer eigenen lesbischen Beziehungen übten. Erst im Schlepptau der neuen Frauenbewegung wagen christliche Frauen, die Frauen lieben und in ihnen den Mittelpunkt ihres Lebens sehen, selbstbewußt geworden, die dichten Lagen jahrhundertelangen Schweigens zu durchbrechen. Für diese Bewegung ist das Buch amerikanischer Schwestern »Lesbische Nonnen brechen das Schweigen«[1] ein Signal.

Bei unserem Aufbruch brauchen wir nicht nur die stärkende Gemeinsamkeit lesbischer Frauen untereinander, sondern auch die Verbindung mit den Schwestern vor uns. Wir brauchen Identifikationsmodelle aus unserer Frauengeschichte, positive Spuren vom Leben frauenliebender christlicher Frauen[2]. Wir müssen auch unsere Leidensgeschichte aufarbeiten, die Geschichte des Verschweigens, der Unterdrückung und Verfolgung lesbischer Frauen. Die Passionsgeschichte von Frauen in der Kirchengeschichte läßt uns trauern und zornig werden, aber auch den Mut finden, Änderungen zu wollen und neu anzufangen.

Es scheint jedoch ein nahezu aussichtsloses Unternehmen zu sein, in der so patriarchalisch bestimmten christlichen Geschichte die Spuren von Frauen, die Frauen geliebt haben, auffinden zu wollen. Das Leben von Frauen, ihr Werk und ihre Leistungen, besonders aber ihre Liebe zueinander verschwinden in der Geschichte wie die Spuren eines Schiffes im Meer, nach einem Bild, das Anna Maria von Schurmann gebraucht, eine hochgelehrte Frau des 17. Jahrhunderts, die erste protestantische Theologin, die als »zehnte Muse« und »holländische Sappho« gerühmt wurde[3].

Der Überlieferungszustand unserer Frauengeschichte ist fragmentarisch, und die historisch-theologische Frauenforschung steckt noch in ihren Anfängen; es fehlen uns Forschungsmöglichkeiten für feministische Theologinnen an den Universitäten. Wenn wir den Versuch wagen, der Geschichte lesbischer Frauen in der Kirche nachzuspüren, und dabei Forschungslücke an Forschungslücke knüpfen, müssen wir fordern: Wir brauchen dringend Forschung von Frauen an Universitäten und Hochschulen, die ohne Zensur *unsere eigenen Fragen stellen*[4] und neue Quellen finden oder altbekannte

Texte neu interpretieren, die der männlich orientierten Wissenschaft bisher belanglos erschienen sind. Wahrscheinlich sind bei den frühchristlichen gelehrten Frauen, bei mittelalterlichen Mystikerinnen, in den Lebensgeschichten von Ordensgründerinnen und Diakonissen und in unbekannten Werken, Tagebüchern und Briefwechseln frauenliebender Frauen noch manche Schätze unserer Geschichte zu heben. Frauen werden noch viele Mosaiksteine zusammentragen müssen, damit die Geschichte unserer Vorschwestern, einer unterdrückten christlichen Gruppe, nicht mehr länger »eine abenteuerliche Reise in ein Reich des Schweigens und der Widersprüchlichkeit« bleibt, wie E. Ann Matter in ihrem Vortrag »Meine Schwester, meine Braut. Frauenidentifizierte Frauen im christlichen Mittelalter«[5] ausführte.

Der Mangel an Quellen zur Geschichte des verborgenen Lebens von Frauen und die »Fußnotenexistenz« lesbischer Frauen in wissenschaftlichen Werken führen dazu, daß wir uns bei der Suche nach unserer Geschichte so oft mit dem zu befassen haben, was Männer über Frauen geschrieben haben, wie Frauen ihrer Meinung nach waren und zu sein hatten. Die Spiegelung weiblicher Lebenszusammenhänge in verzerrender männlicher Weltsicht kann sich allerdings sehr davon unterscheiden, wie Frauen sich selbst verstanden haben.

Es besteht ein groteskes Mißverhältnis zwischen der Anzahl von Quellen, die gleichgeschlechtliche Liebe unter Männern behandeln, und den Quellen, die frauenliebende Frauen erwähnen. In seiner Studie zur Sozialgeschichte der Homosexualität im christlichen Abendland trägt John Boswell reichhaltiges Quellenmaterial über einen Zeitraum von nahezu 1500 Jahren zusammen. Von den rund 400 Seiten des Buches betreffen jedoch nur etwa zwölf Stellen oder Fußnoten Frauen[6].

In patriarchalen Gesellschaften schreiben Männer für ein männliches Publikum, vor allem über andere Männer als die eigentlich wichtigen Menschen. Mit Frauen befassen sie sich, falls überhaupt, nur nebenbei. Dies gilt gleichermaßen für antike, frühchristliche und mittelalterliche Autoren ebenso wie für die Werke von Zeitgenossen zum Thema Homosexualität und Kirche, in denen lesbische Frauen nicht vorkommen[7].

Neben dem desinteressierten Schweigen von »maßgebenden

Menschen« ist eine weitere Variante der »Totschweigestrategie«[8] lesbischer Existenz das aktive Auslöschen von Traditionen der Frauenliebe. Dieses Verschweigen dient in der Hand der Mächtigen zum Unsichtbarmachen der Möglichkeit lesbischer Existenz, dieses »versunkenen Kontinents, der von Zeit zu Zeit bruchstückhaft auftaucht«[9], zum Beispiel in der wunderschönen Liebesdichtung Sapphos. Aber selbst das Werk Sapphos, der berühmten altgriechischen Dichterin von der Insel Lesbos aus dem sechsten vorchristlichen Jahrhundert, hat bis auf wenige überlieferte Fragmente den Filter patriarchalischer Zensur und Tradierung nicht überstanden: es wurde diffamiert und vernichtet[10]. Daher ist uns aus der Antike – in auffallendem Gegensatz zu der Fülle literarischer Zeugnisse zur Liebe unter Männern – in Sapphos Liebesliedern nur dieses *eine* fragmentarische Zeugnis lesbischer Liebe überliefert, das von einer Dichterin stammt und eine *positive* Sicht von Liebe unter Frauen vermittelt. Es gab jedoch viele antike Dichterinnen, von denen uns kaum mehr als der Name bekannt ist, die ebenso wie die zeitgenössischen Männer homoerotische Liebesdichtung verfaßt haben könnten.

Die kostbaren und vergänglichen Bücher, in alter Zeit Papyrusrollen, mußten von Generation zu Generation immer wieder neu mit der Hand abgeschrieben werden, um zu überdauern, oder später in noch kostbarere Pergamenthandschriften übertragen werden. Bei diesem Überlieferungsprozeß, für den jahrhundertelang christliche Klöster zuständig waren, verschwand so manches antike Werk auf Nimmerwiedersehen und machte Psaltern und Bibelkommentaren Platz. Da unter den Mönchen eine Kultur homoerotischer »geistlicher Freundschaft« gepflegt wurde, kopierten sie wahrscheinlich gern Werke von Männern, die auch andere Männer liebten, wie viele lateinische Klassiker. Mönche waren oft recht frauenfeindlich eingestellt, so daß Werke von Dichterinnen »verloren«gingen. Wir kennen literarische Äußerungen frauenliebender Frauen erst aus Nonnenklöstern des 11./12. Jahrhunderts, die Handschriften herstellten und illuminierten.

Als eine rühmliche Ausnahme von diesem selektiven Überlieferungsmechanismus, der sich gegen Frauen wendet, sei der gelehrte griechische Patriarch Photios aus dem 9. Jahrhundert genannt, der in seiner »Bibliothek« über verschollene hellenistische Literatur referiert und uns so einen ganz seltenen Hinweis auf eine gleichgeschlechtliche Heirat unter Frauen überliefert, indem er eine »lesbische Liebesgeschichte mit Happy-End« nacherzählt: In seinem Roman »Babyloniaca« habe der Autor Iamblichos aus dem 2. Jahrhundert von Berenike erzählt, der Tochter des ägyptischen Königs, und ihrer wilden und gesetzlosen Leidenschaft für die schöne Mesopotamia, wie sie mit ihr geschlafen habe und wie sie ihr entführt, später jedoch gerettet und wieder zu ihr zurückgebracht worden sei. Nach dem Tod ihres Vaters Königin von Ägypten, habe Berenike Mesopotamia geheiratet und wegen der Geliebten einen Krieg mit dem Entführer geführt[11].

Neben dem eklatanten Mangel an Quellen zu lesbischen Beziehungen haben wir noch eine zweite methodische Schwierigkeit: Frauen, die Frauen lieben, werden meist als Untergruppe männlich vorgestellter Homosexualität gesehen in der phallokratischen Anmaßung, daß alles, was über Männer gedacht und geschrieben wird, irgendwie Frauen als die untergeordnete Menschenklasse mitbetrifft. Obwohl wir heute erkennen, daß gleichgeschlechtliche Beziehungen unter Frauen und unter Männern keine parallelen Erscheinungen sind, müssen wir uns als Frauen in einer von Männern beherrschten Theologie und in einer von Männern geleiteten Kirche paradoxerweise doch häufig mit Aussagen zur männlichen Homosexualität befassen. Es gilt zu prüfen, ob Frauen jeweils mitgemeint oder ausgeschlossen sind und welche Bedeutung diese Aussagen für lesbische Frauen haben. Unser Ziel dabei ist jedoch, die Einordnung lesbischer Existenz unter männlicher Homosexualität als eine Verfälschung und Auslöschung unserer Geschichte zu überwinden[12].

Bei der Suche nach frauenliebenden Vorschwestern wollen wir das für uns Frauen Stärkende und Positive betonen. Kaum bekannte christliche Traditionen, die versuchen, Erotik und Liebe als wertvolle menschliche Erfahrung zu verstehen, sollen uns hier wichtiger sein als die altbekannten leibfeindlichen Positionen, die die christliche Tradition prägten.

In einem ersten Abschnitt sollen Liebe und Freundschaft unter Frauen als eine Ausgestaltung des Ideals geistlicher Freundschaften in klösterlichen Gemeinschaften dargestellt werden.

Die Quellenlage erlaubt hier einen Einblick in alternative Modelle nicht-heterosexueller Beziehungen in der christlichen Geschichte von den Anfängen bis zum Mittelalter. In einem zweiten Abschnitt müssen wir uns mit der abwertenden Beurteilung von Frauenliebe und mit der Leidensgeschichte von Frauen befassen. Der Zusammenhang zwischen Verfolgung von Ketzern und Hexen und der Verfolgung lesbischer Frauen soll untersucht werden. In einem letzten Abschnitt wird das nach der Hexenverfolgung gründlich entsexualisierte Freundschaftsideal in seinem Weiterleben als romantische Liebe und Freundschaft unter bürgerlichen Frauen betrachtet. Diese leidenschaftlichen, lebenslangen Frauenfreundschaften waren sozial vollkommen akzeptiert, bis die Frauenrechtsbewegung, die zunehmenden Möglichkeiten autonomer Lebensgestaltung für Frauen ohne Eheschließung und die »Entdeckung« der Sexualität Frauenbeziehungen suspekt und gefährlich erscheinen ließen.

Erst heute scheint der Versuch möglich, eine christliche und eine lesbische Identität als Frau zu vereinen und in Frauenbeziehungen die bisher ausgegrenzte Sexualität in verantwortlicher Weise zu integrieren.

Wenn wir bei dem Wagnis, in der Geschichte den Spuren von Frauen nachzugehen, die ihre primäre Identifikation in anderen Frauen fanden und sie liebten, doch oft Quellen betrachten müssen, die nicht von Frauen selbst stammen, bitten wir unsere Leserinnen um Geduld und darum, zu beherzigen, was Christine de Pisan (1364 – ca. 1430), Schriftstellerin und Historikerin, dazu bemerkt:

»Frauen schrieben keine Bücher,
noch schrieben sie Dinge hinein,
die man dort gegen sie und ihre guten Sitten lesen kann...
Aber hätten Frauen selbst geschrieben –
das weiß ich ganz genau –
sie hätten es anders gemacht.«[13]

Geistliche Freundschaft in klösterlichen Gemeinschaften vom frühen Christentum bis ins Mittelalter

Homoerotische Freundschaften unter dem Klerus

Ausgehend von der heutigen Haltung von Kirchen und christlichen Gemeinden zur Homosexualität erscheint kaum eine andere Annahme denkbar, als daß das Christentum von seinen Anfängen an homosexuellen Beziehungen ablehnend begegnet und daß die feindselige Einstellung in den Ländern der westlichen Welt unter christlichem Einfluß entstanden sei. Wider Erwarten kommt John Boswell nach eingehendem Quellenstudium zu dem Schluß, im ersten Jahrtausend christlicher Geschichte habe es *keine einheitliche Lehre gegen Homosexualität* gegeben. Die frühe Kirche habe die biblischen Schriften keineswegs so verstanden, daß sie Liebe und Freundschaft unter Menschen des gleichen Geschlechts verwarfen. Eine christliche Kultur homoerotischer Freundschaften war anerkannt und weit verbreitet. Erst im 13. Jahrhundert sei es zu einem gesellschaftlich bedingten radikalen Wandel von der Toleranz gegenüber gleichgeschlechtlicher Freundesliebe zu scharfer Ablehnung gekommen, der sich in der scholastischen Theologie manifestiert. In der frühen Kirchengeschichte habe es zwar unter den »Kirchenvätern«, darin eher Außenseiter in ihrer Zeit, kritische Stimmen gegenüber homosexuellem Verhalten gegeben, dieselben »Väter« verurteilten allerdings ebenso vehement das Rasieren, Geldverleih gegen Zinsen, die Ehescheidung, den Militärdienst und Zimmerpflanzen als »unnatürlich«.

Neben den asketischen und unerbittlich leibfeindlichen Strömungen im frühen Christentum, die wie die gesamte zeitgenössische nichtchristliche Philosophie Erotik ablehnten und Sexualität vom 5. Jahrhundert an nur noch zu Zeugungszwecken billigen konnten, habe es immer eine sinnenfrohe und leibfreundliche christliche Tradition gegeben, die eine positive Haltung zu Erotik, Liebe und zu gleichgeschlechtlicher Freundschaft erkennen ließ. In dieser Tradition wurde besonders in den Klöstern das Ideal »geistlicher Freundschaft« gepflegt, das sich zum Beispiel in einem griechisch-orthodoxen »Hochzeitsritus« für zwei Mönche zur geistlichen Bruderschaft aus dem 9./10. Jahrhundert[14] und in klösterlicher Liebesdichtung zeigt. Diese »Freundschaft« und »Bruderliebe« nahm sich Jesus und Johannes, »den Jünger, den er liebte«, zum Vorbild und war durchaus nicht nur himmelwärts gerichtet. In der Liebe zum konkreten Menschen wollte sie sich der Liebe zu Gott nähern.

Aus den erhaltenen literarischen Zeugnissen, die zu der schönsten Liebesdichtung der christlichen Tradition gehören, spricht unverkennbar romantische Liebe, manchmal innig und zart, manchmal sinnlich und leidenschaftlich.

Homoerotische Freundschaften kamen unter dem christlichen Klerus häufig vor. Angesehene Bischöfe, Gelehrte und kanonisierte Heilige, auch Nonnen und Äbtissinnen pflegten im 12. Jahrhundert »geistliche Freundschaften«. Nichts hindert uns daran anzunehmen, daß ähnliche Beziehungen wohl auch außerhalb von Klöstern vorkamen, ohne daß sie literarische Spuren hinterließen.

Das Konzept »geistlicher Freundschaft« (amicitia spiritualis) enthält durchaus erotische und sinnliche Inhalte. Diese Freundschaft ist noch nah dem griechischen Eros, der »romantischen Liebe« späterer Zeiten, weil sie der Kultur antiker Gesellschaften entstammt, in der Erotik und Sexualität Bestandteil einer Beziehung unter Menschen des gleichen Geschlechts sein konnten. Die heute übliche scharfe Trennung bei der Definition von Freundschaft und Liebe ist heterosexistisch: Freundschaft darf nur ohne Sexualität gelebt werden, Liebe dagegen muß mit Sexualität gelebt werden, und zwar zwischen Menschen verschiedenen Geschlechts. Diese Definition verstellt den Blick für das Phänomen christlicher spiritueller Freundschaft ebenso wie für Frauenbeziehungen mit ihren fließenden Grenzen zwischen Freundschaft, Erotik und Liebe. Wie einzelne Ordensleute damals ihre persönlichen Freundschaftsbeziehungen im Rahmen eines Gelübdes von Ehelosigkeit und Keuschheit gelebt haben, wissen wir nicht, da es nicht üblich war, über Sexualität zu reden; es finden sich nur wenige Andeutungen dazu. Sinnlich-erotischer Ausdruck konnte in verschiedenem Maß Teil dieser Freundschaften sein oder auch ganz fehlen. Alkuin am Hof Karls des Großen mit seinem Kreis geistlicher Freunde und Schüler, die zu den bedeutendsten Gelehrten der karolingischen Renaissance im 9. Jahrhundert gehörten, stand in der Tradition liebender Beziehungen zwischen

Lehrenden und Lernenden in religiösen Gemeinschaften[15]. Dafür sind die Anreden »Vater – Sohn«, in Nonnenklöstern »Mutter – Tochter« typisch.

In leidenschaftlichen Liebesgedichten, die alle an Männer gerichtet sind, gibt Alkuin seinen Gefühlen Ausdruck und verherrlicht die Liebe in eleganten Versen wie sein antikes Vorbild Vergil. Im Alter bereut er seine »Jugendsünden«. Diese Reue bezieht sich kaum auf die Tatsache homoerotischer Beziehungen, sondern nur darauf, daß er als Mönch, der sich einer zölibatären Lebensweise verpflichtet fühlte, Sexualität in seinen Freundschaften gelebt hatte.

Am anderen Ende des Spektrums geistlicher Freundschaft stehen Mystiker wie der Heilige Bernhard von Clairvaux, dem in seinen Freundschaften wohl kaum eine erotische Komponente bewußt war, der Heilige Aelred von Rievaulx, der Heilige Anselm und andere.

Anselm von Canterbury, der »Vater der Scholastik«, war im 11. Jahrhundert dem Ideal jungfräulichen Lebens ganz ergeben und pflegte doch außerordentlich starke emotionale Beziehungen zu Männern wie seinem Lehrer Lanfrank und zu einigen seiner Schüler[16]. In sein theologisches Werk integriert er Liebe und Spiritualität. Aus menschlicher Zuneigung und Freundschaft, aus Gesprächen, entstehen die theologischen Erkenntnisse. Ähnlich wie Anselm gibt auch der Abt von Kloster Reichenau, Lehrer und Schriftsteller Walafrid Strabo (gestorben 849) der Liebe zu seinen geistlichen Freunden Liutger und Gottschalk in zarter, vergeistigter Liebeslyrik Ausdruck, die eine im frühen Mittelalter seltene Tiefe und Feinheit des Empfindens zeigt[17].

Was bedeutet dies für Frauen? Frauen gehörten bekanntlich niemals dem Klerus an, im Mittelalter lebten jedoch sehr viele Frauen in Klöstern. Aber auch die offenbar weitgehende Akzeptanz homoerotischer Beziehungen unter Mönchen und einflußreichen Klerikern im ersten christlichen Jahrtausend heißt für Frauen nicht von vornherein, daß Freundschaften und Beziehungen unter Frauen gleichermaßen geschätzt wurden. Für die Jahrhunderte von der frühchristlichen Zeit bis ins hohe Mittelalter sind uns nur wenige auf Frauenfreundschaften bezogene Quellen bekannt: eine frühchristliche Märtyrerlegende aus dem zweiten Jahrhundert, eine Warnung von Augustinus vor sexuellen Beziehungen zwischen Frauen, ein anonymes Schmähgedicht aus dem 6. Jahrhundert, zwei Kommentare zu sexuellen Frauenbeziehungen anhand von Römer 1,26, einige irisch-angelsächsische Bußbücher aus dem Mittelalter – diese Quellen stammen aus der Feder von Männern. Wie Frauen selbst ihre Beziehungen erlebten, wissen wir für die frühchristliche und frühmittelalterliche Zeit nicht. Wir haben erst Zeugnisse von Frauen (Liebesgedichte und Briefe von Frauen in Klöstern und Beginenhöfen) im hohen und späten Mittelalter, besonders im 11. bis 13. Jahrhundert.

Freundschaft unter Frauen im frühen Christentum

In den frühchristlichen Jahrhunderten war die Märtyrerlegende von zwei Frauen, der Heiligen Perpetua und Felicitas, sehr beliebt[18]. In einer Zeit, in der romantische Freundschaften gepflegt wurden, erweckte die heroische Liebe der beiden jungen Frauen zueinander bis in den Tod, gepaart mit Glaubensstärke, viel Sympathie.

In Karthago starben am 7. März des Jahres 203 fünf Christinnen und Christen gemeinsam den Märtyrertod in der Arena durch wilde Tiere oder durch das Schwert. Perpetua und Felicitas, so berichtet die von Zeitgenossen aufgezeichnete Heiligenlegende, sollen sich im Gefängnis gegenseitig liebevoll getröstet und im Glauben gestärkt haben. Sie gaben sich vor ihrem gemeinsamen Tod zum Abschied noch den Friedenskuß. Das Gedächtnis an dieses frühchristliche Freundinnenpaar wird wachgehalten durch die namentliche Nennung in der Eucharistiefeier der katholischen Kirche neben den Aposteln Petrus und Paulus, Johannes und Jakobus und anderen Zeuginnen und Zeugen.

Ob bei einer der gnostischen Sekten des 2. und 3. Jahrhunderts, den Kainiten, tatsächlich alle sexuellen Ausschweifungen ausgeübt wurden, deren man sie bezichtigte, oder ob sie nur leibfreundlicher und frauenfreundlicher eingestellt waren, sei dahingestellt. Tatsächlich entspricht der Katalog ihrer sexuellen »Laster« genau dem, was üblicherweise von ketzerischen Sekten, später von den Hexen, behauptet wurde: »Geschlechtsgenuß bis zur Promiskuität, die Prostitution bis zum Inzest und die mann-männliche Liebe, die Tribadie bis zur Sodomie«. Frauen spielten offenbar in dieser gnostischen Ophitensekte eine große Rolle; sie sollen die Schlange als ihre Himmelskönigin verehrt und Satan angebetet haben. In einer entrüsteten Darstellung dieser »verbrecherischen« und »satanisch-sodomitischen« Sekte von 1906 heißt es über sie: »Um die Frauen für diese monströse ›Religion‹ zu gewinnen, lehrte eine schöne Tribade namens Quintilia den Frauen die ›Moraltheologie‹ der Sappho mit solchem Erfolg, daß die ungeheuerliche Sekte sich im Norden Afrikas und besonders im lasterhaften Karthago riesig ausbreitete.«[19]

Einen frühen Hinweis auf erotische Beziehungen unter christlichen Frauen gibt eine der Randbemerkungen von Kirchenvätern zu diesem Thema. Aurelius Augustinus (354–430), seit 396 Bischof von Hippo in Nordafrika, ermahnt in einem Brief eine religiöse Gemeinschaft jungfräulich lebender Frauen, die seine Schwester leitet, die vergeistigte christliche Liebe zu leben und sich nicht so zu verhalten, wie es offenbar andere Zeitgenossinnen taten: »Nicht fleischlich, sondern geistlich soll die Liebe unter euch sein. Denn was Frauen ohne Schamgefühl sogar mit anderen Frauen treiben, indem sie sich unanständigerweise amüsieren und herumspielen, das darf nicht nur von Witwen und unberührten Dienerinnen Christi, die sich mit einem heiligen Versprechen geweiht haben, nicht getan werden, sondern überhaupt nicht von Frauen, weder von Ehefrauen noch von unverheirateten jungen Mädchen.«[20]

Diese Bemerkung zeigt, wie verbreitet und bekannt Frauenbeziehungen im 4./5. Jahrhundert gewesen sein müssen. Nennt Augustinus doch ausdrücklich Frauen jeglichen Alters und jeder Lebensform: noch unverheiratete Jungfrauen, Ehefrauen, christliche Witwen und Nonnen, die Frauen lieben und Zärtlichkeiten mit anderen Frauen austauschen. »Gegen den Anstand und das Schamgefühl verstoßen« ist eine milde Form der Mißbilligung. Die Ausdrücke »scherzen« und »spielen« für erotische Handlungen unter Frauen verraten, daß hier ohne Mitwirkung eines Mannes keine wirkliche, ernstzunehmende Sexualität vorliegen könne. Augustinus sieht bekanntlich Sexualität in jeder Form als böse, schmutzige Lust an, sofern sie nicht in der Ehe durch den Wunsch nach Nachkommenschaft gerechtfertigt wird. Und das, obwohl er so bewegende Worte über die Liebe findet – aber eben nur über jene so unendlich reine, vergeistigte Liebe ohne jede Beimischung von angeblich erniedrigender Körperlichkeit. Seine dualistische Feindseligkeit gegen den Körper, gegen alle Formen von Erotik und besonders gegen Frauen, die er mit vielen seiner »heidnischen« Zeitgenossen teilt, hat fatale Auswirkungen auf die christliche Theologie gehabt, auch auf die reformatorische, die in der Sexualmoral und in der Wertung von Frauen keine Reformation unternahm (Luther war Mönch im strengen Orden der Augustinereremiten).

Der heilige Augustinus behauptet zum Beispiel, nichts sei für den männlichen Geist erniedrigender als die Versuchung durch Frauen und der Kontakt mit Frauenkörpern. Und der Körper eines Mannes sei angeblich so viel edler und überlegener als der Körper einer Frau, wie die Seele besser und edler sei als der Körper. In seinen lustvolleren Jugendjahren, bevor Augustinus Christ, Bischof und »Heiliger« wurde, hat er wie alle jungen Männer damals eine große Zahl von Sklavinnen und Sklaven, Freigelassenen und Angehörigen der unteren Volksschichten als Sexualpartner und -partnerinnen zur Verfügung gehabt. Sicher war das nicht der Fall bei den frommen christlichen Frauen, die er so väterlich zu geistigen Liebesbeziehungen anhielt; von ihnen wurde als freigeborenen Bürgerinnen Keuschheit und Jungfräulichkeit vor der Ehe erwartet. Augustinus schildert auch eigene Erfahrungen mit tiefer homoerotischer Freundschaft in seinen »Bekenntnissen« (Confessiones): Die Liebe zu einem Jugendfreund, mit dem »seine Seele eins war in zwei Körpern«, war für ihn sehr bedeutungsvoll; sein Tod habe ihn in Verzweiflung und in abgrundtiefen Schmerz gestürzt. Aber anders als viele seiner Zeitgenossen bereut er später bitter den gelebten sexuellen Aspekt seiner Leidenschaft: er habe die Reinheit der Freundschaft mit dem Schmutz der Begierde (concupiscentia) und der Wollust (libido) besudelt.

Uns als nachgeborenen Leidtragenden christlicher Leibfeindlichkeit bleibt nur das Bedauern darüber, daß sich die inhumanen Ansichten eines Augustinus und anderer frühchristlicher Asketen als Erbe antiker griechischer Philosophie schließlich im Christentum durchsetzten – und nicht die erosfreundliche Haltung eines Paulinus beispielsweise, ebenfalls Bischof und Heiliger im 4. Jahrhundert. Seine leidenschaftliche

Liebesbeziehung zu dem christlichen Dichter Ausonius lebt fort in seiner Dichtung von großer Anmut und Schönheit und hat die europäische mittelalterliche Liebesdichtung stark beeinflußt. Den heiligen Paulinus habe seine brennende Liebe zu einem Mann überhaupt nicht in seinem Gewissen belastet, meint Boswell, weder was den Gegenstand seiner Liebe noch deren Intensität angeht. Niemand scheint damals eine solche gegenseitige Anziehung unter Freunden als »unnatürlich« und »sündhaft« empfunden zu haben[21].

Eine Theologie der Freundschaft aus dem 12. Jahrhundert

Bevor wir zur mittelalterlichen Liebesdichtung von Frauen für Frauen kommen, müssen wir uns noch mit einer der liebenswürdigen Gestalten unter den »Heiligen der ungeteilten Christenheit« befassen, dem Heiligen Aelred von Rievaulx, Abt einer Zisterzienserabtei in England, der zu Unrecht vergessen ist. Aelred schrieb im 12. Jahrhundert ein klassisches Werk zur Theologie der Freundschaft, das für lange Zeit die Freundschaften von Nonnen und Mönchen stark beeinflußte, aber auch außerhalb der Klöster weit verbreitet war. Heute versuchen lesbische feministische Theologinnen und Philosophinnen ähnliches, indem sie Visionen und Modelle von Frauenfreundschaften erstellen[22].

In seinen Schriften »Spiegel der Nächstenliebe« und »Geistliche Freundschaft (De amicitia spirituali)«, die er dem Mitbruder Bernhard von Clairvaux widmet, greift Aelred Motive aus der Tradition der geistlichen Liebesdichtung und der antiken Philosophie der Freundschaft bei Aristoteles und Cicero auf. Aelred hebt die Freundschaftsliebe zur Höhe der Nächstenliebe hinauf, ja zur Gottesliebe und entwickelt eine ausdrückliche Theologie homoerotischer Freundschaft.

Der Freund, »der Gefährte deiner Seele«, mit dem der Liebende eins werden will, muß darum sorgfältig ausgesucht werden. Freundschaft beginnt zwar mit Zuneigung, sie hat aber auch mit Unterscheidung und Ordnung, mit Verstand zu tun, die die geistliche Freundschaft davor bewahren, »fleischlich« zu werden. Die Liebe ist »süß« wegen der Zuneigung und »rein« wegen der Vernunft. »Welches Glück, welche Sicherheit, welche Freude bedeutet es, einen zu haben, zu dem du unter Gleichen wie zu einem anderen Selbst wagen kannst zu reden. Einem, mit dem du, ohne zu erröten, die Fortschritte in deinem geistlichen Leben teilen kannst, einem, dem du alle Geheimnisse deines Herzens anvertrauen kannst. Was ist angenehmer, als mit sich selbst den Geist eines anderen zu vereinen und eins statt zwei zu sein.«[23]

Liebe und Freundschaft, die ganz natürlich sind, ganz persönlich, betrachtet Aelred als die Grundlagen des klösterlichen gemeinsamen Lebens und als einen Weg, sich der Liebe Gottes anzunähern. Angeregt durch das Johannesevangelium und durch die »besondere Freundschaft« Jesu mit dem »Lieblingsjünger« Johannes, kommt Aelred zu Aussagen wie »wer in der Freundschaft bleibt, bleibt in Gott« und »Gott ist Freundschaft«[24].

Aelred von Rievaulx hat in seinen Essays und persönlichen Briefen genaue Aufzeichnungen über seine individuelle Entwicklung und seine freundschaftlichen Beziehungen hinterlassen. Als er, ehemals Mitglied des schottischen Königshofes, der Welt unter vielen Kämpfen entsagte, um die eine und verläßliche Freundschaft zu Gott zu suchen, und in einen strengen Orden eintrat, habe er sich heftig in Simon verliebt, der bis zu seinem Tod das Zentrum in Aelreds Leben blieb. »Die Regeln unseres Ordens verboten uns zu sprechen, aber sein Gesicht sprach zu mir ... sein Schweigen sprach zu mir.« Aus der bewegten Klage über den Verlust des geliebten Freundes könnten manche schließen, seine Liebe sei »allzu fleischlich« gewesen, sagt Aelred und fügt hinzu: »Laß sie denken, was sie wollen.« Später baut er eine tiefe Beziehung zu einem jüngeren Mitbruder auf, mit dem er »ein Herz und eine Seele« ist. Obwohl Aelred sexuelle Beziehungen zwischen Mönchen, die sich dem ehelosen Leben geweiht haben, nicht für erstrebenswert hält und er für sich persönlich auf gelebte Sexualität verzichtet – er bekämpft sein Verlangen mit Fasten und Bädern in einer eiskalten Quelle –, kann er auch in der körperlich vollzogenen Sexualität zwischen Freunden Gutes sehen: die Freude, die sie den Liebenden bringt. Diese »fleischliche Freundschaft«, wie er mit den Worten des von ihm verehrten Augustinus sagt, sei häufig unter jungen Leuten und könne als Stufe zu einer »heiligeren Freundschaft« dienen, die Gott und die beiden Liebenden vereine. Als Abt erlaubt Aelred seinen Mönchen, einander die Hände zu halten und ihre Freundschaft und Zuneigung füreinander auch körperlich-sinnlich auszudrücken. Gegen die Autorität von Ordensgründern wie Basilius dem Großen (4. Jahrhundert) und dem Heiligen Benedikt von Nursia (6. Jahrhundert), die in ihren Regeln für das Ordensleben gerade in den leidenschaftlichen »besonderen Freundschaften« eine Bedrohung der monastischen Ideale und des Gemeinschaftslebens sehen, beruft sich der heilige Aelred auf das Beispiel von Jesus und Johannes, deren Beziehung zueinander er als »vollkommene Liebe« und als »himmlisches Hochzeitsbett« beschreibt.

Frauenliebe im Kloster: Liebesgedichte von Nonnen

Ordensfrauen im Mittelalter wurden oft schon als Kinder im Alter von fünf bis sieben Jahren in ein Kloster zur Erziehung gegeben, wo Mädchen eine Bildung erhielten, die das Niveau von Männern und Frauen außerhalb der Klöster weit übertraf. Viele Frauen traten aus eigenem Entschluß in eine klösterliche Gemeinschaft ein, um einer Ehe zu entgehen, die die Frau der »munt«, der Vormundschaft des Eheherrn, unterstellte und seiner Gewalt unterwarf. Züchtigung von Ehefrauen war üblich und kirchlich abgesegnet. Manche Witwen nutzten nach dem Tod eines Ehegemahls, der kaum mehr wußte, als mit Schwert und Lanze zu klappern und den sie sich nicht selbst erwählt hatten, die Gelegenheit, um in den gesellschaftlich höher bewerteten religiösen »jungfräulichen Stand« einzutreten und in einer Gemeinschaft von Gleichen und Seelenverwandten zu leben. Gerade Frauen aus dem Adel mußten als Familienfrauen oft recht isoliert von Freundinnen leben. Verständlich, daß so viele Frauen im 12. und 13. Jahrhundert in die Klöster drängten, um die Erfahrung von Schwesternschaft und »Freundschaft der Seelen« miteinander zu machen (bis die männlichen Orden sich weigerten, weitere Frauen aufzunehmen, und das Vierte Laterankonzil 1215 die Gründung neuer Frauenklöster verbot)[25]. Ordensfrauen verbrachten fast ihr gesamtes Leben in einer Frauengemeinschaft und lebten frauenidentifiziert – vermutlich haben sie sich ebenso häufig in andere Nonnen verliebt, wie Mönche das dem Vernehmen nach taten. Nur haben Frauen gewöhnlich über sich geschwiegen und uns wenige Spuren ihrer Liebe hinterlassen.

In einer Handschrift des 12. Jahrhunderts aus dem Kloster Tegernsee, dem Mutterhaus von Benediktbeuren, der Heimat der berühmten »Carmina Burana«-Handschrift, findet sich eine Sammlung mittellateinischer Liebesbriefe. In diesen Gedichten reden Nonnen von ihrer Liebe zu einem Mann oder zu einer Frau. Diese kulturhistorischen Kostbarkeiten zeigen ohne Zweifel, daß im späten 11. und im frühen 12. Jahrhundert in süddeutschen Frauenklöstern zahlreiche kultivierte junge Frauen die Werte höfischer Minnedichtung auf die Priester übertrugen, die ihre Gemeinschaft betreuten. Die wenigen Liebesgedichte an Frauen beweisen aber auch, daß die Tradition geistlicher Freundschaft auch in den religiösen Frauengemeinschaften gepflegt wurde[26].

In den Liebesgedichten an Geistliche finden sich Hinweise auf die Gefahren der heimlichen Beziehung, Angst um die eigene Keuschheit und »Reinheit der Liebe«, die mit Mühe und Leid gleichgesetzt wird[27]. Dies zeigt eine durchaus realistische Sicht einer heterosexuellen Romanze unter klösterlichen Bedingungen, die für die beteiligten Frauen ein hohes Risiko barg. Auch die in anmutige lateinische Reime gefaßte Entschuldigung, mit der »unkultivierten Sprache« die Ohren des gelehrten Mannes zu beleidigen, fehlt nicht.

Negative Aspekte wie Angst vor unerwünschten Folgen, vor dem Verlust der Reinheit und vor Entdeckung eines heimlichen Liebesverhältnisses finden sich in den drei Liebesgedichten von Nonnen an Mitschwestern nicht. Offenbar bestand keine Notwendigkeit, eine solche Beziehung geheimzuhalten. Liebe und Freundschaft unter den Ordensfrauen, selbst wenn diese als noch so intensiv, intim und exklusiv beschrieben wird, ist in den Frauengemeinschaften des 11. und 12. Jahrhunderts vollkommen anerkannt. Die drei von Frauen an eine Freundin gerichteten Liebesbriefe der Sammlung (V, VI, VII) haben die gleiche, in der Minnedichtung ebenso wie in der klösterlichen Liebesdichtung sehr beliebte Thematik: Sehnsucht nach der abwesenden Geliebten, Erinnerung an vergangenes Liebesglück, Versprechen unvergänglicher Liebe und die Hoffnung auf baldige Vereinigung der Liebenden.

Die Sprache, mittellateinische Verspaare mit Endreim ohne feste metrische Ordnung, zeigt Verwandtschaft mit den Liedern der »Carmina Burana«-Sammlung, aus deren Umfeld sie stammen. Im emotionalen Ausdruck wirken diese Liebesbriefe so authentisch, daß wegen der Intensität der Empfindung wohl die Komposition vernachlässigt wurde. Die Autorinnen kreisen um ihr Thema und finden kein Ende, in immer wieder neuen Bildern ihre Sehnsucht und Liebe auszudrücken.

Im sechsten Liebesbrief der Sammlung sagt eine Nonne zu einer anderen:

> »Süßer bist du als Milch und Honig,
> ausgewählt aus Tausenden.
> Dich lieb ich vor allen,
> du allein bist meine Liebe
> und mein Verlangen.
> Du süßer Trost meines Geistes,
> ohne dich ist nichts angenehm
> in der weiten Welt.
> Alles, was schön war mit dir,
> ist ohne dich mühsam und schwer.
> Wenn es möglich wäre,
> daß ich mein Leben für dich gäbe,
> gern würd' ich es tun,
> weil du allein es bist,
> die ich erwählt habe
> in meinem Herzen.«[28]

Die Briefschreiberin B. wirft der abwesenden Freundin C., »der einzigen und besonderen«, vor, daß sie so lange ausbliebe. »Willst du denn deine einzige Freundin zugrunderichten, die dich *mit Leib und Seele liebt*, wie du ja selbst weißt? Die wie ein verdurstendes Vögelchen nach dir seufzt in jeder Stunde, jeder Minute.«

Die scharfe Trennung bei Augustinus zwischen der rein geistigen Liebe und der »fleischlichen« Liebe ist hier einer ganzheitlichen Auffassung gewichen. In diesem Gedicht vereint die Verfasserin Elemente der geistlichen Freundschaft, die seelische Übereinstimmung und vergeistigte, wertschätzende Liebe (dilectio) mit Sinnlichkeit und Erotik aus der recht weltlichen Liebesdichtung: »tu sola amor et desiderium – du allein bist meine Liebe und mein Verlangen« (VI, 31) kann sprachlich kaum anders als erotisch und sexuell getönt verstanden werden. Die Ordensfrau betont auch den sinnlichen Anteil ihrer Beziehung, indem sie eigens auch den Körper in ihre Liebe einbezieht. »Anima et corpore te diligit – (die) dich mit Seele und Körper liebt.«

Beim fünften Liebesbrief meint der Herausgeber Peter Dronke, dem sich John Boswell anschließt, er enthalte keinen ausdrücklichen Hinweis auf das Geschlecht der Verfasserin[29]. Aus sprachlichen und inhaltlichen Gründen läßt sich jedoch die weibliche Autorenschaft nachweisen. Die Betonung der »wahren ungeheuchelten Freundschaft« (V,7) und der seelischen Harmonie zwischen den Liebenden spricht für eine gleichgeschlechtliche Bziehung in der Form der geistlichen Freundschaft. Auch der Schlußgruß des Briefes »Es grüßt dich, du süße Perle, auch der Konvent der jungen Frauen« (V,31) zeigt, daß die Briefschreiberin Mitglied einer klösterlichen Frauengemeinschaft ist und an eine andere Frau schreibt, die mit »süße Perle (dulcis margarita)« angeredet und mit einer weiblichen Personifikation, der »Philosophia«, verglichen wird.

> »Obwohl uns so weite Entfernung trennt,
> verbindet uns doch der Gleichklang der Seelen
> und wahre Ereundschaft, nicht geheuchelt,
> sondern in meinem Herzen verankert.
> Du bist mir nah in meinen Träumen
> wie die Philosophie
> und gibst mir tröstliche Worte und fromme.«[30]

Wir wissen leider überhaupt nichts über die Verfasserinnen der drei Liebesgedichte an Freundinnen, nur daß sie im späten 11. oder frühen 12. Jahrhundert in einer klösterlichen Frauengemeinschaft in Süddeutschland lebten. Sie kamen wohl aus adligen Familien und waren so gebildet, daß sie in der Tradition geistlicher Freundschaft lateinisch dichten konnten. Noch nicht einmal ihren Namen kennen wir, denn die Handschrift überliefert für alle Briefe nur die abgekürzten Namen: »An G. von A.« lautet der Gruß zu Beginn des VII. Briefes, des schönsten der drei Liebesgedichte, das Boswell »das hervorragendste Beispiel mittelalterlicher lesbischer Literatur«[31] nennt.

Vielleicht heißt die dichtende Nonne Aba, Agnes, Anna oder Adelheid? Diese Namen finden sich im »Hortus deliciarum«, dem Garten der Köstlichkeiten der Herrad von Landsperg aus dem 12. Jahrhundert, neben den Bildern der Äbtissin und ihrer sechzig »süßen Jungfrauen Christi«[32].

Herrads Werk, ein einzigartiges Lehrbuch für die Nonnen ihres Klosters, zeigt die umfassende Bildung mittelalterlicher Nonnen. Es enthält klassische Texte, Auszüge aus der Bibel und aus frühmittelalterlichen Autoren, Illustrationen sowie eigene lateinische Dichtungen mit Musikanleitung. Herrad lebte in einer Bildungs- und Kulturtradition von hochgelehrten Äbtissinnen im elsässischen Kloster Odilienberg; ihre Lehrerin und Vorgängerin Relindis und ihre Nachfolgerin Gerlindis verfaßten ebenfalls lateinische Dichtungen[33].

Der Liebesbrief an die ferne Freundin, die sich offenbar trotz der Klausur auf einer längeren Reise außerhalb des Klosters befindet, beginnt mit einem großen »G« und dem Namen der Freundin, »ihrer einzigen Rose«. Dieses Initial war wohl in der Originalhandschrift des Briefes liebevoll farbig ausgestaltet. Vielleicht ähnelte es dem Initial der schreibenden und malenden Nonne Guda, die in einem mittelrheinischen Kloster um 1150 ihr Homiliar, eine Sammlung von Predigtstellen, recht selbstbewußt mit ihrem Porträt und ihrem Namen signierte als eine der frühesten Künstlerinnen, die ihren Namen nennen. Mit klaren Zügen und kraftvoll segnender Hand stellt sie sich selbst dar und fügt ihrer großen Leistung hinzu: »Guda, die Sünderin, die Frau, hat dieses Buch geschrieben und gemalt.«[34] Das Selbstbewußtsein der Nonne Guda könnte unser Freundinnenpaar auch gehabt haben. Taufen wir sie in unserer Phantasie Adelheid und Guda, weil sie uns nah sind. Weil die Geschichte ihnen sogar ihre Namen genommen hat. An Guda von Adelheid. So könnte es gewesen sein. Wir wissen es nicht.

Selbstporträt der Nonne Guda zu einem Initial ihrer Handschrift aus der 2. Hälfte des 12. Jh., wahrscheinlich aus dem Frankfurter Weißfrauenstift. Initiale D mit Selbstbildnis. Illumination aus dem Homiliar der Nonne Guda, um 1150 Frankfurt, Staats- und Univ.-Bibl.

»An G. von A.

Meiner einzig geliebten Rose
ein Zeichen kostbarer Zuneigung.
Habe ich denn die Kraft,
dein Weggehen geduldig zu ertragen?
Bin ich denn aus Stein,
daß ich deine Rückkehr
ruhig erwarten könnte?
Tag und Nacht hör ich nicht auf
zu trauern um dich,

wie amputiert fühl ich mich.
Jede Freude, jedes Vergnügen,
ohne dich ist's nichts wert.
Ich freu mich nicht mehr,
ich weine nur noch,
unaufhörlich bin ich traurig,
wenn ich mich an deine Küsse erinnere
und wie du mit zärtlichen Worten
meine Brust liebkost hast,
möcht ich sterben,
weil ich dich nicht sehen kann.
Was soll ich Arme tun,
wohin soll ich mich wenden?
Wenn mein Leib doch tot wäre,
bis du Heißersehnte zurückkommst.
Könnt ich durch die Lüfte segeln wie Habakuk,
nur ein einziges Mal zu dir kommen,
um das Gesicht meiner Liebsten zu sehen.
Was kümmerte es mich,
wenn ich in dieser Stunde sterben müßte?
Denn auf der ganzen weiten Welt
gibt es keine andere Frau,
die so lieb und wunderschön ist wie du,
und die mich so von Herzen,
so tief und zärtlich liebt.
Drum bin ich traurig ohne Ende,
bis ich dich wiedersehen kann.
Jener Weise hat recht:
ein großes Unglück ist's für uns,
mit denen nicht zu sein,
ohne die wir nicht sein können.
Solange die Welt besteht,
sollst du in meinem Herzen sein.
Was schreib ich noch mehr?
Komm schnell zurück,
du Süße, du Liebe!
Halt dich nicht
auf mit deiner Reise.
Weißt du, ich kann deine Abwesenheit
wirklich nicht länger ertragen.

Bis bald!
Und denk an mich.«

Liebesgedichte dieser Art in der Tradition der geistlichen Freundschaft und der höfischen Minnedichtung wurden im 12. Jahrhundert in den Klöstern zur Freude und zur Entspannung vorgelesen. Kein Schatten eines Verdachts scheint auf diesen Frauenbeziehungen zu liegen, noch ist aus der sinnenfrohen erotischen Sprache der klösterlichen Freundschaftslyrik eine Spur von schlechtem Gewissen herauszulesen. Der Herausgeber bemerkt zu diesem Liebesgedicht, es scheine eine leidenschaftliche körperliche Beziehung vorauszusetzen[35]. Ob ihre Freundschaft Zärtlichkeiten enthält, die über Küsse, zärtliche Worte und Streicheln der Brust hinausgehen, ist dem Gedicht nicht zu entnehmen. Eine genital-sexuelle Beziehung wäre in einem klösterlichen Kontext jedenfalls als schwere Verfehlung und als Bruch des Keuschheitsgelübdes angesehen worden, gleichgültig, ob mit einer Frau oder einem Mann begangen. Dies beweisen die für heterosexuelle und lesbische sexuelle Beziehungen vorgesehenen Bußen in den mittelalterlichen Bußbüchern, in denen Nonnen härtere Strafen auferlegt bekommen als nicht durch Gelübde gebundene »weltliche« Frauen. Mittelalterliche Klosterfrauen hatten durchaus sexuelle Wünsche und Erfahrungen mit intimen Beziehungen. Daß sie dafür auch Buße tun mußten, zeigt beispielsweise der zornige Stoßseufzer einer unbekannten Nonne aus dem 11. Jahrhundert. »Alle Äbtissinnen verdienen zu sterben, die ihnen untergebene Nonnen unglücklich und einsam im Bett liegen lassen, nur weil sie sich der Liebe ergeben haben. Ich weiß, wovon ich rede, denn ich mußte fasten bei steinhartem Brot wegen der Liebe.«[36]

Dagegen steht die Liebe der beiden Ordensfrauen zueinander, wie sie hier dargestellt ist, ganz in der Tradition geistlicher Freundschaft, wie wir sie von Aelred von Rievaulx und Anselm von Canterbury kennen. Als wahre Freundschaft, die »ohne Verstellung in tiefster (geistiger) Liebe liebt« (VII, 27 f.), überschreitet sie in ihrem verbalen und physischen Ausdruck nicht den damals gegebenen Spielraum zwischen Spiritualität und Sexualität in einer klösterlichen Lebensform. Zärtlichkeit, Umarmungen, Küsse und der leidenschaftliche dichterische

Ausdruck von Liebe unter Freundinnen und Freunden des gleichen Geschlechts waren im 12. Jahrhundert mit tiefer Gläubigkeit und klösterlichen Gelübden vereinbar. Der Freiheitsraum für intensiven emotionalen und sinnlichen Ausdruck von Liebe und Freundschaft unter Ordensleuten war damals viel größer, gemessen an den Einschränkungen, die heutigen Nonnen und Diakonissen auferlegt werden, und an dem Mißtrauen gegenüber persönlichen Freundschaften in heutigen religiösen Gemeinschaften.

»Meine Augen verlangen sehnsuchtsvoll danach, euer Gesicht zu sehen, Geliebteste. Meine Arme strecken sich aus nach euren Umarmungen. Mein Mund sehnt sich nach euren Küssen.« So konnte beispielsweise Anselm von Canterbury an zwei junge Männer schreiben, die sich seiner klösterlichen Gemeinschaft anschließen wollten. Untröstlich über ihre Trennung und voll Verlangen nach ihm, schreibt er einem Freund einen leidenschaftlichen Liebesbrief, »Bruder Anselm an Gilbert, den Bruder, Freund und geliebten Liebhaber«[37]. Damit bringt er einen Kirchenhistoriker des 20. Jahrhunderts in Verlegenheit, der die Sprache dieser Freundschaftsliebe als Übersteigerung bezeichnet, die nicht das bedeute, was wir heute dabei empfänden und hörten. Es handele sich *nicht* um den Ausdruck leidenschaftlicher Liebe, wie die Wortwahl heute nahelegen würde, da damals Liebe im wesentlichen ein »intellektuelles« Konzept gewesen sei.

Liebe – ein intellektuelles Konzept? In einer Zeit, deren Lieblingslektüre das »Hohe Lied der Liebe« ist, in der die Minnedichtung blüht? Es scheint sich eher um eine bei heutigen Auslegern häufige Freudsche Behinderung zu handeln, wenn sie meinen, die Gefühle früher lebender Menschen zensieren und verkleinern zu müssen, wenn sie sich nicht an das »richtige« Geschlecht wenden. Hätte Anselm seine Briefe an eine Frau gerichtet, gäbe es keine Interpretationsprobleme für die Tiefe seiner Empfindungen. So schreibt er als Mann einem Freund voll schmerzlicher Sehnsucht, während ihm beim Schreiben die Tränen Gesicht und Hände benetzen. Ein solch starker Ausdruck sinnlicher und zugleich vergeistigter homoerotischer Freundesliebe war damals einem Mönch und Heiligen gestattet[38].

Hildegard und Richardis – eine geistliche Freundschaft

Die Liebesgedichte unbekannter Ordensfrauen an Mitschwestern in der Handschrift aus dem Kloster Tegernsee sind trotz hoher Emotionalität doch auch ein kunstvolles Spiel mit literarischen Motiven und Formen der im 11. und 12. Jahrhundert gepflegten Minnedichtung. Die Persönlichkeiten der liebenden Dichterin und der umschwärmten Geliebten bleiben in diesen »Liebesbriefen« ohne individuelle Züge. Die Nonnen sind als konkrete Personen nicht sichtbar. Es geht vor allem um die Feier der »geistlichen Freundschaft« und der »Minne«. Wie die beteiligten Frauen ihre Freundschaftsbeziehung persönlich gelebt haben, liegt für uns im dunkeln. Darüber schweigen sie – wie so viele andere Frauen vor und nach ihnen in der Kirche, die Frauen geliebt haben.

Anders dagegen läßt der umfangreiche persönliche Briefwechsel der heiligen Hildegard von Bingen (1098–1179) ein lebensvolles Bild einer großen und kraftvollen Frauengestalt des 12. Jahrhunderts erkennen. Rund dreihundert Briefe hat die Äbtissin aus altem Adelsgeschlecht an die Großen und Mächtigen ihrer Zeit in Kirche, Politik und Geistesleben geschrieben, aber auch an ratsuchende Klostergemeinschaften und ihre Nonnen; Hildegards Korrespondenz gibt uns auch eine Chronik einer geistlichen Freundschaft zwischen ihr und einer Mitschwester. Nachdem Hildegard im Jahr 1141 als Gesandte Gottes, »als sie zweiundvierzig Jahre und sieben Monate war«[39], den Auftrag erhalten hat, ihre Visionen niederzuschreiben und der Welt mitzuteilen, übt sie Kraft ihrer Sendung prophetische Zeitkritik. Sie ruft in Briefen und Schriften und auf Predigtreisen zur Umkehr auf; sie scheut nicht davor zurück, mit Bischöfen und Fürsten hart ins Gericht zu gehen und sich als Mystikerin politisch einzumischen. Oft beginnt sie ihre Mahnschreiben voll Autorität mit einer Wendung wie »Der da ist, spricht...«, so an Kaiser Friedrich I., oder mit einem prophetischen Satz wie: »Die Weisheit lehrte mich in wahrhaftiger Schau folgende Worte...«[40] Hildegard, »die Seherin vom Rupertsberg«, Mystikerin und Prophetin, eine der religiös und politisch einflußreichen Äbtissinnen ihrer Zeit, berühmt als Dichterin, hat sich in ihrer vielseitigen Begabung neben ihrem umfangreichen literarischen Werk auch der Dichtung und Komposition geistlicher Lieder gewidmet, naturwissenschaftliche Studien betrieben und über Heilkunst und Heilkräuter geschrieben[41].

Hildegard von Bingen interessiert uns bei unserer Suche nach frauenidentifizierten christlichen Frauen vor allem als »Geistliche Mutter« ihrer Rupertsberger und Eibinger Schwestern in den beiden von ihr gegen starken männlichen Widerstand gegründeten Frauenklöstern. Mit diesen Frauengemeinschaften und einzelnen ihrer Nonnen, ihren geliebten »Töchtern«, ist Hildegard, die selbst als Achtjährige zu der Klausnerin Jutta auf den Disibodenberg kam, eng und herzlich verbunden. Um eine ihrer Schwestern, Richardis von Stade, reiht sich ein Zyklus von Briefen, in dem die »Mutterliebe«[42] Hildegards ergreifend Ausdruck findet. Hildegard selbst bezeichnet ihre Beziehung zu Richardis nicht als Mutterliebe, sondern als »liebende Freundschaft« und spricht von der jüngeren Richardis als »meiner Tochter und zugleich meiner Mutter« in der Tradition liebender Beziehungen zwischen Lehrerin und Schülerin in klösterlichen Gemeinschaften. Wie innig Hildegard mit der Nonne Richardis verbunden ist, die ihr in den zehn Jahren nach ihrer Berufung während der Arbeit an ihrem prophetischen Erstwerk zur Seite steht, berichtet sie selbst in ihrer Autobiographie: »Als ich das Buch Scivias (Wisse die Wege) schrieb, war ich einer adligen Nonne, der Tochter der genannten Markgräfin, *in voller Liebe zugetan,* so wie Paulus dem Timotheus. Sie hatte sich *mir in allem durch liebende Freundschaft verbunden* und litt mein Leiden mit mir, bis ich das Buch vollendet hatte.«[43]

Die Freundschaft zwischen Hildegard und Richardis hat nach vielen Jahren einen Sturm auszuhalten. Ihre Familie möchte Richardis zur Äbtissin machen, in einem reichen adligen Frauenkloster, dem Stift Bassum bei Bremen. Hildegard lehnt es jedoch mit guten Gründen ab, Richardis freizugeben, selbst als eine Delegation des Stifts einen Brief mit scharfen Drohungen des Erzbischofs Heinrich von Mainz vorweisen kann. Sie schreibt dem Erzbischof einen geharnischten Brief, in dem sie ihm Mißbrauch geistlicher Ämter vorwirft, und weigert sich entschieden, seinem Befehl Gehorsam zu leisten: »Die Gründe, die für die Erhebung jener Nonne (zur Äbtissin) vorgebracht werden, haben bei Gott kein Gewicht. Denn

ICH, der Hohe und Tiefe und Umkreisende, der ICH das einfallende Licht bin, habe sie nicht gesetzt, sondern aus der ungeziemenden Verwegenheit einsichtsloser Herzen sind sie entstanden... Darum darf man euren verfluchenden, böswilligen und drohenden Worten kein Gehör schenken.«[44]

Nach der Vollendung des Buches habe sich Richardis im Hinblick auf ihr angesehenes Geschlecht einer höheren Stellung zugeneigt. »Sie wollte Mutter eines vornehmen Klosters genannt werden. Dies erstrebte sie nicht im Sinne Gottes, sondern im Sinne weltlicher Ehrsucht.«[45] Hildegard versucht wiederholt in Briefen, Einfluß auf die Familie der Richardis zu nehmen. So schreibt sie der Markgräfin von Stade, der Mutter der Richardis, einen eindringlichen Brief, als diese ihre Tochter Richardis und ihre Enkelin Adelheid zu Äbtissinnen machen will. Hildegard möchte die beiden jungen Frauen bei sich in ihrer Gemeinschaft behalten: »Ich beschwöre und ermahne dich: bringe meine Seele nicht derart in Aufruhr, daß du meinen Augen bittere Tränen entlockst und mein Herz mit grausamen Wunden verletztest wegen meiner geliebten Töchter Richardis und Adelheid, die ich jetzt leuchten sehe im Morgenrot, geschmückt mit einem Perlengeschmeide an Tugenden. Hüte dich also, ihren Sinn und ihre Seele von dieser erhabenen Schönheit durch deinen Willen, Rat und Beistand abzulenken. Denn die Äbtissinnenwürde, die du (für sie) begehrst, ist sicher, sicher, ja sicher nicht von Gott, noch ist sie zum Heil ihrer Seelen. Wenn du also die Mutter dieser deiner Töchter bist, so hüte dich, der Untergang ihrer Seelen zu sein.«[46]

Dieser Brief bringt nicht den ersehnten Erfolg, weil Richardis sich den Wünschen ihrer Familie fügt; sie folgt dem verlockenden Ruf und wird Äbtissin in Bassum; Adelheid wird Äbtissin des Stiftes Gandersheim. Nach der Trennung wendet sich Hildegard »in Tränen und Trübsal« an den Bruder der Richardis, Hartwig, Erzbischof von Bremen, der die Berufung seiner Schwestern bewirkt hat, und versucht, Richardis zurückzugewinnen[47]. Sie bittet ihn, den Willen Gottes in dieser Sache zu erfüllen. »Denn meine Seele ist sehr betrübt, weil ein gewisser schrecklicher Mensch in der Angelegenheit unserer geliebten Tochter Richardis meinen Rat und Willen und den meiner Schwestern und Freundinnen mißachtet und sie durch seinen verwegenen Willen aus unserem Kloster entführt hat.« Einer

Wahl Gottes widersetze sie sich nicht, doch könne sie in Hartwigs Forderung nicht den Willen Gottes sehen und das Seelenheil seiner Schwester. Darum beschwört sie ihn bei Christus und seiner edelsten Mutter: »Sende meine geliebte Tochter zurück«, und fügt ihren persönlichen Wunsch hinzu: »Doch bitte ich, daß ich durch sie und sie durch mich Trost findet.«

Hildegard wendet sich in dem Versuch, die »geliebte Tochter« Richardis zurückzugewinnen, sogar an Papst Eugen III., der antwortet, die Nonne solle entweder dort, wo sie ist, die Benediktinerregel streng einhalten – in dem reichen Stift adliger Damen kaum möglich – oder aber zu Hildegard zurückkehren.

Richardis aber bleibt als Äbtissin in Bassum, und Hildegard muß sich schmerzerfüllt in das Unabänderliche ihrer Trennung fügen. Sie fühlt sich verwaist zurückgelassen und erkennt »mit aller Deutlichkeit, daß sie Richardis zu sehr auf der Ebene der Natur geliebt hat«. Hildegard richtet an ihre geistliche Tochter und Freundin einen ergreifenden Brief, fordert Richardis jedoch nicht zur Rückkehr auf.

»Hildegard an Richardis von Stade, Äbtissin von Bassum

Höre, Tochter, mich, deine Mutter, die ›im Geiste‹ zu dir spricht: Schmerz steigt in mir auf. Der Schmerz tötet das große Vertrauen und die Tröstung, die ich in einem Menschen besaß. Von nun ab möchte ich sagen: Besser ist es, auf den Herrn zu hoffen, als auf Fürsten seine Hoffnung zu setzen. Das heißt: Der Mensch soll Ihn, den Hohen, Lebendigen, schauen, ohne irgendeine Umschattung der Liebe und ohne die schwache Zuverlässigkeit, wie die luftige Feuchtigkeit der Erde sie nur für ganz kurze Zeit bietet. Der Mensch, der so auf Gott schaut, richtet wie ein Adler sein Auge auf die Sonne. Und darum soll man nicht sein Augenmerk auf einen hochgestellten Menschen richten, der wie die Blume verwelkt. Hierin habe ich gefehlt aus Liebe zu einem edlen Menschen.

Nun sage ich dir: Jedesmal, wenn ich auf diese Weise sündigte, hat Gott mir diese Sünde entweder durch irgendwelche Ängste oder Schmerzen offenbar gemacht. So geschah es auch jetzt um deinetwillen, wie du selbst weißt.

Nun sage ich wiederum: Weh mir Mutter, weh mir Tochter! Warum hast du mich wie eine Waise zurückgelassen? Ich habe den Adel deiner Sitten geliebt, deine Weisheit und deine

Keuschheit, deine Seele und dein ganzes Leben, so daß viele sagten: ›Was tust du?‹ Nun sollen alle mit mir klagen, die Schmerz leiden gleich meinem Schmerz; die aus Gottes Liebe in ihrem Herzen und Gemüt Liebe zu einem Menschen trugen, wie ich sie zu dir gehabt – einem Menschen, der ihnen in einem Augenblick entrissen ward, so wie du mir entrissen worden bist.

Gottes Engel schreite vor dir her, es schütze dich Gottes Sohn, und Seine Mutter behüte dich. Gedenke deiner armen Mutter Hildegard, auf daß dein Glück nicht dahinschwinde.«[48]

Schon ein Jahr nach ihrer Ankunft im Stift Bassum stirbt die Äbtissin Richardis im Jahr 1151 an einer schweren Krankheit. Hildegard und Richardis sollten sich nicht wiedertreffen. Erzbischof Hartwig teilt Hildegard brieflich den Tod seiner Schwester mit. Sie habe die Ehre, die er ihr verschafft habe, gering geschätzt und sich in ihrer Todesstunde weinend aus ganzem Herzen nach Hildegards Kloster zurückgesehnt und sich dem Herrn durch seine Mutter und den heiligen Johannes empfohlen. Hartwig bittet: »Du wollest sie lieben, so sehr, wie sie dich geliebt hat. Und scheint sie irgendwie gefehlt zu haben, so gedenke wenigstens – da dies nicht auf sie, sondern auf mich zurückzuführen war – ihrer Tränen, die sie über das Verlassen deines Klosters vergossen hat; dessen waren viele Zeugen. Und wenn der Tod sie nicht daran gehindert hätte, wäre sie nach der eben erhaltenen Erlaubnis zu dir zurückgekehrt.«[49]

Im Antwortbrief Hildegards, die zu dieser Zeit vierundfünfzig Jahre alt ist, findet sich kein Vorwurf wegen der familiären Machtpolitik Hartwigs, auch kein Ausdruck des Schmerzes, sondern gläubiges Vertrauen und liebevolle Erinnerung an Richardis, an ihre Schönheit, ihre Klugheit und ihre Frömmigkeit. »Gott hat mit solchem Eifer von ihrer Seele Besitz ergriffen, daß die Lust der Welt sie nicht zu umgarnen vermochte; sie kämpfte vielmehr ständig dagegen, obgleich sie wie eine Blume erschien in der Schönheit und Zier und Symphonie dieser Welt... Und doch wollte die alte Schlange sie durch den hohen Adel ihres menschlichen Geschlechtes von dieser seligen Ehre abziehen. Da aber zog der höchste König diese meine Tochter an sich und schnitt allen menschlichen Ruhm von ihr ab. Darum hegt meine Seele großes Vertrauen zu ihr, obgleich die

Welt ihre Schönheit und Klugheit liebte, als sie noch in der Welt lebte. Doch Gott liebte sie noch mehr. Darum wollte Er Seine Geliebte dem feindlichen Liebhaber, der Welt, nicht überlassen.«

Und Hildegard findet auf ihre eigene Art schöne und starke Worte für ihre Liebe: »Also geschah es mit meiner Tochter Richardis, die ich meine Tochter und zugleich meine Mutter nenne. Denn mein Herz war voll von Liebe zu ihr, weil das Lebendige Licht in einer starken Schau mich lehrte, sie zu lieben.«[50]

Minnedichtung im Beginenhof und in der höfischen Gesellschaft des 13. Jahrhunderts

Für ihre mystischen Visionen und die Schönheit ihrer Dichtung, für die sie die Volkssprache gebrauchte, nicht mehr wie Hildegard und die Nonnen des 12. Jahrhunderts das Lateinische, ist auch Hadewijch berühmt, eine flämische Begine. Von ihrem Leben wissen wir wenig; sie hat in einem Beginenhof in Brüssel oder Antwerpen gelebt, in einer jener freieren religiösen Frauengemeinschaften, in denen Frauen aus den bürgerlichen Schichten im 13. Jahrhundert ohne klösterliche Gelübde in apostolischer Armut und Frömmigkeit lebten, für ihren Lebensunterhalt gemeinsam arbeiteten und sich mit Krankenpflege und Mädchenbildung befaßten[51]. Hadewijchs großes Thema ist die »Minne«, die ebenso in der höfischen Dichtung ihrer Zeit verherrlicht wird. Gott wird von ihr in der erotischen Sprache der Brautmystik als Liebe erfahren in einer Beziehung, die der Liebe unter Menschen ähnlich ist. Nur durch die noch unvollkommene Erfahrung irdischer Liebe kann die Vereinigung mit dem himmlischen Liebhaber und Bräutigam erahnt werden. Es gilt, gemeinsam nach dieser Minne zu streben; dazu drängt Hadewijch ihre Freundinnen. Ihre Briefe offenbaren auch ihre menschlichen Liebesbeziehungen, oft schmerzliche Sehnsucht durch lange Trennung von Schwestern. Einer ihrer Briefe zeigt, wie die Macht der »Minne« in ihrem Leben, zugleich göttlich und tief menschlich, ihr auch Leid bringt in der Beziehung zu der »besonderen Freundin« Sara. Es wird deutlich, wie sehr diese Freundschaften in die größere Frauengemeinschaft eingebunden und keine isolierten

Zweierbeziehungen sind, sondern ein Netzwerk geistlicher Frauenfreundschaften bilden. Geistliche Freundschaft sollte mit mehr als einer anderen unterhalten werden. »Grüß Sara auch von mir, ob ich ihr nun irgend etwas bedeute oder gar nichts. Könnte ich doch vollkommen alles sein, was ich in meiner Liebe für sie sein will, gern wäre ich es. Und ich werde es auch vollkommen sein, ganz gleich, wie sie mich behandelt. Sie hat meine Betrübnis ganz vergessen, aber ich will sie dafür nicht tadeln und ihr Vorwürfe machen. Ich sehe ja, daß die Liebe sie in Ruhe läßt und sie nicht ermahnt, obwohl die Liebe sie immer neu anfeuern sollte, sich ihrem edlen Geliebten (d. h. Christus) zu widmen. Jetzt, da sie eine andere Beschäftigung hat und ruhig meinen Kummer mitansehen kann, läßt sie mich leiden. Und doch weiß sie genau, daß sie ein Trost für mich sein sollte, hier in diesem Leben in der Fremde und in dem anderen Leben in der Seligkeit. Dort wird sie mir wohl ein Trost sein – aber hier läßt sie mich im Stich.

Und Emma und Du selbst, Ihr seid mir gleichermaßen lieb. Ihr könnt mehr von mir erhalten als alle Menschen auf der Welt – außer Sara! Aber Ihr beide wendet Euch viel zu wenig der Liebe zu, die mich so furchtbar in den Zustand unerfüllter Liebe geworfen hat. Mein Herz, meine Seele und meine Sinne lassen mir keinen Augenblick Ruhe, nicht bei Tag und nicht bei Nacht: die Flamme brennt ständig im Kern meiner Seele.«[52]

In diesem Brief läßt Hadewijch noch einer weiteren Schwester, Margriet, ausrichten, sie möge sich vor Stolz hüten, sich ganz Gott zuwenden und sich darauf vorbereiten, mit der Frauengemeinschaft zu leben. »Sie ist uns jetzt schon so nahe, ja wirklich sehr nahe, und wir sehnen uns so danach, daß sie bei uns bleibt.«

Mit der Erwähnung einer Predigt über Worte des heiligen Augustinus, die sie in gewaltige Flammen gesetzt hat, schließt Hadewijch ihren Brief enthusiastisch: »Liebe ist alles!«

Die Erfahrung gelebter Schwesterlichkeit in dem Zisterzienserinnenkloster Helfta bei Eisleben mag auch Mechthild von Hackeborn bewogen haben, Gottes Beziehung zu uns auch als *»Schwester in der süßen Freundschaft«* zu verstehen. Mechthild sagt, Gott werde in der Schöpfung als »Vater« erfahren, in der Erlösung als »Mutter« und im Teilen des Reiches Gottes als »Bruder«[53]

Das Kloster Helfta, in dem Mechthild lebt, ist im 13. Jahrhundert berühmt als Zentrum mystischer Frömmigkeit. Mechthilds Schwester, Gertrud von Hackeborn, ist dort Äbtissin, Erzieherin von Gertrud der Großen; auch die als häresieverdächtig angefeindete Mystikerin und Begine Mechthild von Magdeburg, die in glühenden Visionen die Minne zwischen Gott und der Seele darstellt, findet schließlich dort Zuflucht[54].

Während Nonnen und Beginen in der Brautmystik des 13. Jahrhunderts der Minne zum göttlichen Bräutigam – und zuweilen auch zu den Mitschwestern – dienen, pflegen adlige Frauen an den Höfen der Provence zwischen 1160 und 1230 die höfische Minnedichtung neben ihren berühmteren männlichen Kollegen, den Troubadouren. Unter den etwa einundzwanzig französischen Minnesängerinnen, »Trobairitz« genannt, richtet zumindest eine (mutmaßlich) ihre Verehrung an eine andere Frau, »die einzige lesbische Stimme im Mittelalter außerhalb des religiösen Lebens«[55].

Ein der Dichterin Bieris de Romans zugeschriebenes Liebesgedicht in provencalischer Sprache ist ihrer Dame Maria gewidmet und feiert sie wie die gesamte mittelalterliche Dichtung von Frauen an Frauen in der höfischen Tradition von Sehnsucht, Trennung und Hoffnung auf Vereinigung mit der Geliebten. Nach dem Preis der besonderen Vorzüge ihrer Dame wirbt Bieris um sie.

> »So bitte ich dich,
> wenn es dir gefällt,
> daß wahre Liebe, Verehrung und süße Schlichtheit
> mir solchen Trost von dir bringen könnte,
> wenn es dir gefällt, liebste Frau,
> dann gib mir, was am meisten Hoffnung
> und Freude verspricht.
> Denn in dir liegt mein Herzensverlangen,
> von dir kommt all mein Glück.
> Deinetwegen seufze ich oft.
> Weil Verdienst und Schönheit
> dich hoch über alle erheben,
> – keine übertrifft dich –
> bitte ich dich flehentlich
> durch dies Lied, das dich ehrt:

schenk deine Liebe nicht
einem windigen Verehrer.
Liebste Frau, Anmut, edle Sprache
und dein Geist erheben dich,
für dich sind meine Verse.
Denn in dir sind Freude und Glück
und all die guten Dinge,
die eine von einer Frau
erbitten kann.«

Diese französische Minnesängerin konnte im höfischen eleganten Spiel ihre Liebe zu einer verehrten Frau frei und ohne Versteckspiel ausdrücken wie Ordensfrauen und Beginen, weil diese Frauen wahrscheinlich in ihrem Verhalten und in ihrem Erscheinungsbild der jeweils geforderten weiblichen Rolle entsprachen. Solange Frauen nicht versuchten, in ihrem Aussehen, in Kleidung, Haartracht und in ihrem Auftreten Männer nachzuahmen und dadurch Privilegien in Frage zu stellen, schien man ihnen und ihren Freundschaften wenig Aufmerksamkeit zu schenken. Die Zeiten verschlechterten sich jedoch für Frauen gegen Ende des 13. Jahrhunderts. Dies kann beispielhaft am Schicksal der Beginen abgelesen werden. Die Beginenbewegung, eine echte Frauenbewegung, breitete sich im 13. Jahrhundert mit unglaublicher Schnelligkeit über alle Städte Europas aus. Da die Beginen nicht nach kirchlicher Erlaubnis fragten und als »allein« lebende Frauen ohne Gelübde, ohne Ehe jeglicher Kontrolle entzogen waren, stellte ihre Unabhängigkeit eine Bedrohung für die Hierarchie dar. Bischöfe stellten fest, daß Frauen Beginen wurden, um dem Gehorsam gegenüber den Priestern und dem Zwang ehelicher Bande zu entgehen. Die Freiheit und die Unabhängigkeit, die Beginen genossen, wurden als unmoralisch mißbilligt, ihre theologischen Diskussionen für häretisch erklärt. 1311 verurteilte ein Konzil die Lebensweise der Beginen. Viele Beginenhöfe wurden aufgelöst.

Geistliche Freundschaft bei Teresa von Avila

Auch für Ordensfrauen und Mystikerinnen im späten Mittelalter hat die »Freundschaft der Seelen« und ihre Vereinigung eine tiefe Bedeutung; Frauenklöster sind Gemeinschaften geistlicher Freundinnen. Katharina von Siena (14. Jh.), Teresa von Avila und Juana Inez de la Cruz nennt Janice Raymond als einige der hervorragenden Frauen, in deren mystischem Werk, in deren Dichtung und Theologie diese Freundschaft gefunden werden kann[56].

Die heilige Teresa von Avila (1515–1582), »Kirchenlehrerin«, lebt zu einer Zeit, in der in Mitteleuropa Glaubenskämpfe stattfinden – Reformation und Gegenreformation – und in der Frauen, die Frauen lieben, als Hexen verbrannt werden. Aber in Spanien dauert das Mittelalter länger: Teresas Reform entspricht dem Geist früherer mittelalterlicher Reformen verweltlichter Orden. »Unter heftigem Widerstand von Welt-, Ordensklerus und Laienkreisen führte sie den Karmelitenorden zur ursprünglichen Strenge der vollkommenen Armut zurück, gründete achtzehn Frauen- und fünfzehn Männerklöster. Sie gilt als die größte Mystikerin der Kirche. Mit ihrem mystischen Leben verband sie ein apostolisch-karitatives Wirken. Ihre Schriften zählen zu den klassischen Werken der spanischen Literatur.«[57]

Teresas Name war in Spanien mit Sappho verbunden, wie Vita Sackville-West in ihrem Buch über Teresa sagt[58]. Sie habe in ihrer Lebensbeschreibung ihre leidenschaftliche Liebe zu einer Kusine und einer anderen Freundin angedeutet, die »dem gleichen Zeitvertreib« ergeben waren. Trotz der Mißbilligung ihrer Eltern habe Teresa sich an dem Zusammensein mit ihrer Kusine erfreut. Es sei schwierig zu sagen, was unter den Mädchen geschehen ist, doch Teresa gebraucht im Rückblick dafür starke Worte: »Todsünde« und »blind vor Leidenschaft«. Vermutlich hat dieses Jugenderlebnis ihre späteren Mahnungen über die Gefährdungen geistlicher Freundschaft beeinflußt.

Im 16. Jahrhundert ist der unbefangene und sinnliche Umgang mit Freundschaft, der uns bei den Ordensleuten des 12. Jahrhunderts anspricht, deutlich einer ambivalenten Haltung gewichen. Einerseits rät Teresa ihren Nonnen, von Beginn einer Freundschaft an auf der Hut zu sein; sie sollten sorgsam damit umgehen und die Ordensregel einhalten, um sich nicht von ihrer Zuneigung besiegen zu lassen. Andererseits beschreibt sie ihre Vision geistlicher Freundschaft mit Wärme und Anteilnahme: »Es ist seltsam zu sehen, wie leidenschaftlich diese Liebe ist, wieviele Tränen, Bußen und Gebete sie kostet! Wie sorgsam ist die liebende Seele bemüht, die Geliebte allen zu empfehlen, die Ansehen haben bei Gott, und darum zu bitten, für sie einzutreten. Wie ausdauernd ist ihre Sehnsucht, so daß sie nicht glücklich sein kann, bevor sie sieht, daß die geliebte Seele Fortschritte macht. Wenn diese Seele vorangeschritten ist und zurückzufallen droht, dann scheint ihre Freundin überhaupt keine Freude mehr am Leben zu haben: Sie ißt nicht mehr und schläft nicht mehr. Sie ist immer voll Angst, daß die Seele, die sie so sehr liebt, verlorengehen könnte und daß die beiden für immer getrennt würden.«[59]

Janice Raymond, die selbst zwölf Jahre in einem Orden verbrachte, merkt dazu an, der christliche Glaube habe Nonnen darin bestärkt, daß das, was sie so leidenschaftlich in der anderen liebten, die Seele sei. Darum sei auch das Geschlecht der »geliebten Seele« nicht von Bedeutung, sondern die Vereinigung der Seelen. Da geistliche Freundschaften oft dazu neigen, andere auszuschließen und die Gemeinschaft zu stören, beurteilt Teresa sie als Ordensreformerin doch recht skeptisch. Ihre Worte zeugen von Erfahrung: »Ein Ergebnis dieser Freundschaften ist es, daß die Nonnen sich untereinander nicht gleichmäßig lieben. Irgendein Unrecht, das einer Freundin angetan wurde, wird anderen nachgetragen. Eine Nonne möchte einer Freundin unbedingt etwas geben und versucht ständig, Zeit dafür zu finden, um mit ihr zu sprechen. Oft genug ist ihr Ziel dabei nichts anderes, als ihr zu sagen, wie sehr sie sie liebt und andere unwesentliche Dinge, viel mehr, als darüber zu reden, wie sehr sie Gott liebt. Diese intimen Freundschaften sind selten dazu angetan, zur Liebe Gottes zu führen. Ich bin mehr geneigt zu glauben, daß der Teufel sie begonnen hat, um für Spaltungen in den Ordensgemeinschaften zu sorgen.«[60]

Das Kloster als alternative Lebensform für Frauen im Mittelalter

Kein Zweifel! Es gab im europäischen Mittelalter leidenschaftliche Liebe zwischen Frauen. Wir besitzen zwar nur wenige literarische Zeugnisse davon – aber haben wir nicht erwartet, es gäbe gar keine? Sie stammen meist aus religiösen Frauengemeinschaften; andere frauenliebende Frauen konnten damals kaum schriftliche Aufzeichnungen hinterlassen. Klösterliches Leben bot, trotz mancher Einschränkung der individuellen Freiheit, Frauen einen Freiraum mit vielfältigen Bildungsangeboten und Muße zu geistiger, künstlerischer und handwerklicher Tätigkeit. Wissenschaft, Kunst und Literatur gingen im Mittelalter von den Klöstern aus. In den Bibliotheken, Schreibstuben und Werkstätten von Frauenklöstern wurde ein wichtiger Beitrag zur Kultur der Zeit erbracht. Die Dichterinnen und Künstlerinnen des Mittelalters und viele hochgebildete Frauen lebten in klösterlichen Gemeinschaften von Gleichen. Ihre Freundschaften konnten vergeistigt sein wie die Hildegards, aber doch voll Wärme und Tiefe des Empfindens. Andere Freundschaften schlossen auch intensive erotische und sinnliche Komponenten ein, die zuweilen so weit gingen, daß Fasten und Büßen angesagt war.

Den Vorschwestern, die dem Zwang zur Ehe und der Unterordnung gegenüber einem Eheherrn entgehen wollten, bot sich im klösterlichen Leben in einer Zeit der zahlenmäßigen Überlegenheit von Frauen eine alternative Lebensform zur herkömmlichen Frauenrolle. Eheloses Leben bedeutete nicht den Verzicht auf Liebe und Freundschaft; es bedeutete auch nicht unbedingt den Verzicht auf jede sexuelle Erfahrung. Klöster waren nicht die »Versorgungsanstalten für Sitzengebliebene«[61], wie männliche Bosheit sie sah, aber auch selbst im späten Mittelalter nicht die dekadenten Bordelle, die Erasmus und die Reformatoren karikierten. Vielmehr fanden Frauen dort Entfaltungsmöglichkeiten für intellektuelle und künstlerische Interessen, die sie im »normalen« Frauenleben nicht entwickeln konnten.

Die Errungenschaften der Reformation, die als Befreiung von den Zwängen des Zölibats gedacht waren, haben paradoxerweise durch die Abschaffung der Klöster und durch den verstärkten Druck auf das Eingehen einer patriarchalischen Ehe eine tiefgreifende Einschränkung *weiblicher* Lebenswahlmöglichkeiten gebracht. Nichts griffen die Reformatoren so heftig an wie den Status religiös gelobter »Jungfräulichkeit«, auf den sie die moralische Verkommenheit von Nonnen und Mönchen zurückführten. Nonnen wollten sich nur den natürlichen Pflichten von Ehe und Mutterschaft entziehen, um ein loses, unmoralisches Leben zu führen. Die Berufung der Frau sollte fortan im Heim als Ehefrau und Familienmutter liegen. »Die neue Kirche der Reformatoren predigte den regelrechten Ehezwang; jede Frau sollte heiraten und damit einen – irdischen – Herrn über sich akzeptieren. *Keine Nonnen, keine Huren mehr.* Ob Calvin in Genf, Luther in Wittenberg oder Zwingli in Zürich, alle formulierten sie die *gottgewollte Unterordnung der Frau in Anlehnung an Paulus.*«[62]

Mit dem Nein zum ehelosen Leben und der Forderung nach Eheschließung und Mutterschaft für alle Frauen festigten die Reformatoren die Heterosexualität und die bürgerliche Ehe unter der Vorherrschaft des Mannes als die Eckpfeiler der patriarchalischen Gesellschaft. Erschwerend kam noch hinzu, daß unter dem Druck männlicher Konkurrenz in den wirtschaftlichen Notzeiten des ausgehenden Mittelalters Frauen fast vollständig aus dem Erwerbsleben vertrieben wurden und ihnen durch den Ausschluß von den Universitäten die Teilnahme am geistigen Leben verwehrt wurde. Während Männern im Zeitalter des Humanismus alle Möglichkeiten offenstanden, wurden Frauen mehr und mehr in eine häusliche Ehefrauen- und Mutterrolle gedrängt, die sie rechtlich, wirtschaftlich und sexuell völlig von ihren Ehemännern abhängig machte. »Und das Problem der alleinstehenden Frauen? Die Unverheirateten waren willkommene und billige Helferinnen in verwandten Familien, die Vorzugsstellung der Nonne, die unbelastet von Gehorsams- und Gebärpflichten war und die Chance hatte, sich persönlich zu entfalten, sich zu bilden und innerhalb der Klostergemeinschaft politisch zu führen, war im protestantischen Raum gestorben. Den Zugang zur Bildung haben die Reformatoren den Frauen eher verwehrt, jenen zur Bibel gefördert... Als einzige außerhäusliche Beschäftigung wurde die Armen- und Krankenpflege, das Amt der Diakonisse toleriert. Die Ehe, das Dogma der Reformation, triumphiert bis heute über die alleinstehenden Frauen; die Frauen waren ganz unter die Kontrolle des Herrn im doppelten Sinne geraten.«[63]

Die Ehe galt auch als das Heilmittel gegen sexuelle Ausschweifungen von Mönchen und gegen homosexuelle Beziehungen unter ihnen: »Die Bornquelle aller Hurerei und Unzucht im Papsttum ist«, sprach D. M. L. (d. h. Doctor Martin Luther), »daß sie die Ehe, den allerheiligsten Stand, verdammen. Denn Alle, die den Ehestand verachten, müssen in schändliche, gräuliche Unzucht fallen, auch also, ›daß sie den natürlichen Brauch verwandeln in den unnatürlichen Brauch‹, wie S. Paulus sagt zu Rom. I, weil sie verachten Gottes Ordnung und Creatur, das ist, das Weib. Denn Gott hat das Weib geschaffen, daß es soll bey dem Manne seyn, Kinder gebären und Haushaltung verwalten.«[64]

Im Gegensatz zu Paulus hat Luther bei dieser Bemerkung aus seinen Tischreden Beziehungen unter Frauen gar nicht im Blick (denn frauenliebende Frauen verachten gerade nicht »Gottes Creatur, das Weib« – sie werten es höher als Männer). Aus männlicher Sicht sieht Luther Frauen nur als potentielle Ehefrauen, Mütter und Hausfrauen.

Mit lesbischen Nonnen befaßt sich dagegen der Humanist Erasmus von Rotterdam (1466–1536), ein antiklerikaler Kritiker, der in seinen Schriften scharf gegen unabhängige, unverheiratete Frauen wettert und den »losen Lebenswandel« von Nonnen verspottet. Erasmus selbst ist nach einer lieblosen, harten Kindheit ins Kloster gezwungen worden und war »zeitlebens ein schwaches, schüchternes Männlein«[65]. In dem Dialog »Das Mädchen ohne Interesse an der Ehe« will ein Verehrer Katharina davon abhalten, in ein Kloster zu gehen. Er argumentiert, es sei nicht alles so jungfräulich unter diesen Jungfrauen. – Wie denn das? – Weil da viele seien, die eher Sapphos Verhalten nachahmten, als daß sie ihre Talente teilten[66]!

Vom Zwangszölibat zum Ehezwang. Kirche und Gesellschaft waren im 16. Jahrhundert noch nicht fähig und bereit, einzelnen Wahlmöglichkeiten zu geben und in Sachen des Glaubens und der Lebensform eine freie Entscheidung zu lassen. Um so weniger konnte dies Frauen zugestanden werden. An der Verfolgung der Beginen im 14. Jahrhundert ist bereits zu erkennen, wie sehr die »Jungfräulichkeit« und das »Alleinleben« vieler Frauen den Keim zu Autonomie und Widerstandsgeist in sich trägt. Weil diese freieren Frauengemeinschaften von der Hierarchie, das heißt der »Heiligen Herrschaft« von Männern, als gegen die Ordnung, als freizügig, unabhängig und häretisch gefürchtet wurden, mußten sie gewaltsam ausgerottet werden: Beginen wurden zu Hunderten von der Inquisition verurteilt und verbrannt, der Besitz der »Ketzerinnen« enteignet und beschlagnahmt[67].

Die alte Männerkirche hatte oft Konflikte und Kämpfe mit widerborstigen Frauenklöstern und starken Äbtissinnen auszufechten, die neue machte mit der Ehelosigkeit und dem »Weiberregiment« (Luther) endgültig Schluß. Für manche Nonnen wie für Florentina, die als Mädchen gegen das ihr aufgezwungene Klosterleben protestierte und sich an Luther um Hilfe wandte, mag die Auflösung der Orden eine Befreiung gewesen sein[68]. Für andere bedeutete die Abschaffung der Klöster erneuten Zwang und Unterdrückung. »Die reformatorische Eroberung der Frauenklöster war verbunden mit roher Gewalt, mit wirtschaftlichen Sanktionen, mit psychischem Terror, mit Strafe nach sich ziehenden Geboten der Obrigkeit und mit Sprüchen aus dem Evangelium.«[69]

Frauenklöster, die ihre vertraute Lebensweise und den alten Glauben nicht aufgeben wollten, wurden zu ihrer »Befreiung« und zum »Eheglück« gezwungen, indem man starrsinnige Nonnen vergewaltigte und ihre Kloster ausplünderte und anzündete. Dies ist nachzulesen in der Denkschrift der Priorin Anna Stehelin, in der sie die Wirren von 1529 bis 1532 um Auflösung und Fortbestand ihres Dominikanerinnenklosters St. Katharinental bei Schaffhausen dokumentiert.

Auch die Memoiren der Äbtissin Charitas Pirckheimer von Nürnberg (bis 1528) bezeugen den erfolgreichen Widerstand von Charitas und ihren Nonnen gegen wiederholte Versuche, ihre Klostergemeinschaft durch Gewalttätigkeiten, Entführung von jungen Nonnen und sexuelle Angriffe aufzulösen. In einer Eingabe an den Rat der Stadt wendet sich die Äbtissin gegen Vorwürfe der Unmoral, die verleumderisch gegen ihr Kloster erhoben worden seien, und erklärt, sie verachte keineswegs den Ehestand und halte auch keine ihrer Nonnen mit Gewalt zurück. »Aber wie wir niemand zwingen, so wollen auch wir nicht gezwungen werden. Wir wollen vielmehr frei bleiben im Geist wie im Körper.«[70]

Passionsgeschichte von Frauen

Verurteilung von Frauenbeziehungen durch Kirchenmänner im Mittelalter

Ist das Bild von mittelalterlichen Frauen an Höfen, in Klöstern und in Beginenhöfen, die einander liebevoll zugetan sein konnten und ihre Freundschaften mit Frauen in Liebesgedichten feierten, nicht viel zu einseitig und rosig gezeichnet? Die Geschichte erspart es uns leider nicht, uns auch mit der Leidensgeschichte von Frauen, mit Verurteilung und Verfolgung auseinanderzusetzen und die idyllischen Inseln frauenidentifizierten Lebens mit der von Männern beherrschten und tief frauenfeindlichen kirchlichen und gesellschaftlichen Realität zu konfrontieren.

Mittelalterlichen Frauen, die nach eigenem Bekunden ihre Beziehungen untereinander ganzheitlich mit geistigen, emotionalen, erotischen und sinnlichen Komponenten erfuhren, eingebettet in ein Netz von Frauenbeziehungen, wäre es wohl kaum in den Sinn gekommen, ihre Freundschaften ausgerechnet über genitale Kontakte zu definieren. Gerade das tun Kirchenmänner im Mittelalter, im übrigen eher eine Periode des Schweigens über Frauenbeziehungen. Die wenigen Zeugnisse aus der Feder von Männern reduzieren Frauenfreundschaften auf genital-sexuelle Beziehungen und sind abwertend, im Gegensatz zu der gleichzeitigen Verherrlichung homosexueller Beziehungen unter Klerikern. Als Quellen sind uns bekannt: Erwähnungen sexueller Beziehungen unter Frauen in Bußbüchern aus dem 6. bis 12. Jahrhundert und zwei Bemerkungen mittelalterlicher Theologen zu Frauenbeziehungen (9. und 12. Jh.). Die theologische Abwertung von Frauenliebe als »Sünde« gegen die »Keuschheit« soll hier noch betrachtet werden, bevor wir uns mit einem der dunkelsten Kapitel aus der Kirchengeschichte befassen, dem Holocaust an Frauen und seinen Anfängen im 13. Jahrhundert, einem meist verschwiegenen Kapitel (un)christlicher Geschichte.

Mittelalterliche Bußbücher und sexuelle Beziehungen unter Frauen

Die irisch-angelsächsischen Bußbücher[71] beweisen für die Zeiten des Schweigens über Frauenbeziehungen die Existenz von Liebe und Sexualität zwischen Frauen. Schon im frühen Mittelalter hat es unter »weltlichen« Frauen und unter Nonnen Frauen gegeben, die andere Frauen liebten.

Missionierende irische Mönche haben mit diesen Handbüchern für Beichtväter, in denen Sünden nach Art und Schwere katalogisiert und mit einer Kirchenstrafe versehen sind, vom 6. Jahrhundert an ihre Bußpraxis überall in Europa verbreitet. Die Buße bestand im angelsächsischen Bußtarifsystem in einer bestimmten Zeit des mit Gebet verbundenen Fastens und war grundsätzlich privat und jederzeit wiederholbar. Es gab in diesen theologisch recht fragwürdigen, aber ungemein beliebten Hilfsmitteln für die praktische Seelsorge viele Regelungen, die zum Mißbrauch einladen mußten. Jede »Buße« konnte durch Frömmigkeitsübungen oder durch Zahlung von »Bußgeldern« ersetzt oder sogar stellvertretend für andere geleistet werden. Wenn eine Kirchenstrafe von »sieben Jahren Fasten bei Wasser und Brot« uns übermäßig hart erscheint, ist dabei zu bedenken, daß die Buße von »sieben Jahren« durch tägliches Beten von Psalmen auf ein einziges Jahr verkürzt werden konnte, ja sogar auf ein dreitägiges Fasten, wenn sich nur genügend andere fanden, die mitfasteten.

Frauen sind für die mönchischen Verfasser der Bußbücher meist nur als Objekt männlicher Sexualität erwähnenswert (War sie verheiratet? Eine Nonne? Noch Jungfrau?) oder als Opfer illegitimer sexueller Beziehungen. Die häufigsten Bußen für Frauen beziehen sich auf Abtreibung und Kindestötung.

Das pastorale Interesse für Details homosexueller Praxis unter Männern geht oft bis zum unfreiwillig Pornographischen, während Frauenbeziehungen nur von wenigen Bußbüchern kurz erwähnt werden.

Der älteste Beleg für sexuelle Frauenbeziehungen findet sich in einem Bußbuch, das dem Erzbischof Theodor von Canterbury zugeschrieben wird: Wenn eine Frau mit einer anderen Frau sexuell verkehre oder sich selbst befriedige, soll sie drei

Jahre Buße tun. (Für Männer beträgt der Bußtarif zehn Jahre.) Das Poenitential des Heiligen Gregor III., Papst im 8. Jahrhundert, bestimmt: »Wenn eine Frau mit einer anderen Geschlechtsverkehr hat (einen Koitus macht), soll sie viermal vierzig Tage Buße tun. Schwule sollen ein Jahr büßen.«[72]

Wie relativ milde gleichgeschlechtliche Beziehungen von den Autoren der Bußbücher bedacht werden, ist daran ersichtlich, daß das gleiche Bußbuch als Strafe für einen Priester, »der zur Jagd geht«, eine Buße von drei Jahren festlegt. Abweichungen von der als »normal« bezeichneten Position beim ehelichen Verkehr, bei der die Frau passiv unter liegen mußte, wurden ebenso als bußwürdig angesehen wie »widernatürliche« orale Kontakte und Masturbation. Das schlimmste sexuelle Fehlverhalten war nach der Einschätzung der Bußbücher Sexualverkehr zwischen einer Nonne und einem Priester, da in diesem Fall zwei Personen ihre Keuschheitsgelübde verletzten. Nonnen wurden strenger bestraft als »weltliche« Frauen, Männer härter als Frauen. Der Klerus erhielt je nach Rang längere Bußen, gemäß der mittelalterlichen hierarchischen Ordnung: Frau – Nonne – Mann – Kleriker – Subdiakon – Diakon – Presbyter – Bischof. Drei Jahre Buße für lesbische sexuelle Beziehungen nennen auch das dem Beda zugesprochene Bußbuch und eine karolingische Zusammenstellung aus Beda und Egbert, die noch hinzufügt, Frauen, die bestimmte Hilfsmittel benutzen (per machina), sollten dafür sieben Jahre lang Buße tun.

Mittelalterliche Theologen zu Frauenbeziehungen nach Römer 1,26

Sexuelle Betätigung unter Frauen, die in irgendeiner Form eine Nachahmung männlicher Genitalien einschließt, wird entschieden strenger geahndet als einfache »Unkeuschheit« zwischen Frauen. Diese Ansicht vertritt auch Erzbischof Hinkmar von Reims, einer der einflußreichsten Theologen der karolingischen Zeit. In einer Abhandlung verteidigt er im Jahr 860 Lothar II., der sich »wegen Zauberei« von seiner Ehefrau Teutberga scheiden ließ und eine Geliebte heiratete. Hinkmars Argumentation setzt voraus, daß Frauen durch Zauberei mit Hilfe des Teufels Männer impotent machen und Haß oder Liebe zwischen Eheleuten bewirken könnten. Bei dieser Gelegenheit doziert Hinkmar ausführlich über alle Arten von Sexualität, die nicht der Fortpflanzung dienen und somit »wider die Natur« seien. Die Sexualität werde von einer teuflischen Macht beherrscht. In seinen Ausführungen zu Römer 1,26 meint er, Paulus lehne alle Formen illegitimer Sexualität ab. Dabei bewertet Hinkmar Homosexualität nicht anders als andere Arten von »Sodomie«. Denn der Apostel sage zu den Römern, alle beginnen eine »Unreinheit«, die vom Reich Gottes trenne und in die Hölle bringe, gleichgültig, ob Männer mit Männern, Frauen mit Frauen, Männer mit Frauen oder jede(r) mit sich selbst [73].

Hinkmars Ansicht zeigt, daß die typische christliche Haltung vor dem 13. Jahrhundert eher mit genereller Sexualfeindschaft zu beschreiben ist als mit spezifischer Ablehnung von Homosexualität: Sogar Frauen hätten dieses »schmutzige Verlangen« (d. h. ein sexuelles Verlangen). »Sie fügen Fleisch an Fleisch, nicht aber das Geschlechtsglied des Körpers in den Körper der anderen, da dies die Natur verwehrt, sondern sie vertauschen den natürlichen Gebrauch dieses Körperteils mit einem Gebrauch, der gegen die Natur ist. *Man sagt von ihnen, daß sie gewisse Instrumente für teuflische Manipulationen* benutzen, die zur Befriedigung der Geschlechtslust dienen. Und so sündigen sie auch, indem sie Unzucht gegen ihren eigenen Körper begehen.«[74]

Es scheint, daß der Erzbischof zu der langen Reihe von Männern gehört, die angestrengt darüber nachgrübeln, wie Frauen es eigentlich bewerkstelligen, die »Sünde der Sodomie« zu begehen, da ihnen doch das Wichtigste zum »Unzuchttreiben« fehle. Er gibt eine der klassischen Antworten darauf, indem er (nach dem Hörensagen) annimmt, Frauen würden einen mechanischen Ersatz für den Penis benutzen. Somit gilt dies als sexueller Akt und als wirkliche Sünde, die zu Hinkmars Zeit noch leicht abzubüßen ist, während sie einige Jahrhunderte später als todeswürdiges Verbrechen staatlich verfolgt wird.

Über den weiblichen Körperbau in Zusammenhang mit Römer 1,26 denkt auch Peter Abaelard (1079–1142) nach, ein Pariser Theologe, der wegen seines bewegten Lebens und der Romanze mit Heloise bekannt ist. Abaelard meint, die weiblichen Geschlechtsorgane seien ihrem Bau nach von Natur aus für den Gebrauch durch den Mann bestimmt und nicht dafür, daß

Frauen mit Frauen schliefen[75]. Abschließend ist zur Ablehnung lesbischer Beziehungen durch mittelalterliche Theologen zu bemerken: Die stark abwertende Haltung von Mönchen und Theologen zu Beziehungen unter Frauen, die dem Befund Boswells über die positive Bewertung und Akzeptanz homosexueller Beziehungen unter dem Klerus entgegensteht, kann nicht anders als durch die generelle Frauenfeindlichkeit dieser Kirchenmänner erklärt werden, die weder in Frauen als dem »Einfallstor des Teufels« (Tertullian) noch in ihren Beziehungen irgend etwas Gutes finden konnten. Um diese Behauptung zu belegen, kann die Leserin unschwer in beliebigen Predigten, Schriften und Diskussionen von Theologen und ihren Zeitgenossen[76], angefangen von den Kirchenvätern und frühchristlichen Asketen bis zu den mittelalterlichen Scholastikern, den Reformatoren und den antifeministischen Diskutanten in der »Querelle des Femmes«[77], dem jahrhundertelangen Streit um die intellektuelle und ethische Gleichrangigkeit der Geschlechter, eine erdrückende Masse frauenhassender, verächtlicher Äußerungen finden, die die allgemein verbreitete »Psychopathologie der Frauenfeindlichkeit«[78] in und außerhalb der Kirche aufweisen und den Nährboden für die systematische Verfolgung und Vernichtung von Frauen bilden.

Verfolgung lesbischer Liebe im Zusammenhang mit der Verfolgung von Ketzern und Hexen

Wir können die Geschichte lesbischer Frauen insgesamt als eine Geschichte zwischen Verschweigen und Ablehnung ansehen. Gegen Ende des 13. Jahrhunderts bemerken wir einen abrupten Wechsel von der »Totschweige-Strategie« zu einer aggressiven »Angriffsstrategie«[79].

Im 12. Jahrhundert wurden Frauenbeziehungen deutlich sichtbar und ebenso wie die religiöse Frauenbewegung des 13. Jahrhunderts schließlich als bedrohlich und häretisch empfunden, so daß allerlei Versuche zu ihrer Eindämmung unternommen wurden. Am Ende des 13. Jahrhunderts fanden im Rahmen der Ketzerverfolgung durch die Inquisition in Südfrankreich die ersten Hexenprozesse statt, und zum ersten Mal drohte ein weltliches Gesetz für sexuelle Beziehungen unter Frauen die Todesstrafe durch Verbrennen an. In denkbar scharfem Kontrast zum Verschweigen und zu gelegentlicher Mißbilligung von Frauenbeziehungen im frühen und hohen Mittelalter ist gegen Ende des Mittelalters und im Zeitalter der Renaissance, der »Wiedergeburt«, für Frauen, die Frauen lieben, eine gewalttätige Verfolgungssituation entstanden, die sich im 16. und 17. Jahrhundert auf eine Massenvernichtung von Frauen als »Hexen« zuspitzt.

Wie konnte es dazu kommen? Bei dem Versuch, Ursachen zu finden und zu benennen, stoßen wir auf drei Erklärungsversuche:

1. Homosexuelle Frauen und Männer wurden mit dem Tod bestraft, weil die Kirche ihr Treiben als sündhaft ansah (Kokula).

2. Radikaler gesellschaftlicher Wandel führte im 13. Jahrhundert zu einer Einstellungsänderung gegenüber der bislang tolerierten Homosexualität; die Kirche übernahm diese feindliche Haltung (Boswell).

3. Das Verbrennen von Homosexuellen ist ein Rückgriff auf die vorchristliche germanische Strafe für Schadenszauberei und geht auf uralte soziale, nicht kirchlich bedingte Vorurteile zurück (Bleibtreu-Ehrenberg).

Die Bestrafung lesbischer Liebe als Kapitalverbrechen

In ihrem Beitrag zur Erforschung der Geschichte lesbischer Frauen versucht Ilse Kokula zu erklären, wie es zur Verfolgung homosexueller Handlungen als Kapitalverbrechen kommen konnte, indem sie die durch staatliche Rechtsprechung verhängte Todesstrafe auf die kirchliche Einschätzung gleichgeschlechtlicher Handlungen als sündhaft zurückführt:

»Im Mittelalter wurde Homosexualität innerhalb der offiziellen Kirchenmoral als Sünde angesehen. Das sündhafte Treiben homosexueller Frauen und Männer soll sogar Pestepidemien und Rattenplagen verursacht haben. So konnte auch in der Folgezeit im ersten deutschen Gesetzbuch ›Constitutio Criminalis Carolina‹... von 1532 ein Artikel 116 die Todesstrafe für weibliche und männliche Homosexuelle fordern: ›So Mann mit Mann, Weib mit Weib Unkeuschheit treiben, die haben das Leben verwürckt, und man soll sie, der gemeinen Gewohnheit nach, mit Feuer vom Leben zum Tod richten.‹«[80]

Kokula weist nach, daß lesbische Frauen entgegen der verbreiteten Annahme vom »Mythos lesbischer Straffreiheit«[81] in Mitteleuropa eine Geschichte blutiger Verfolgung von etwa 250 Jahren erleiden mußten. Genital-sexuelle Beziehungen unter Frauen wurden vereinzelt schon im späten 13. Jahrhundert mit Todesstrafe geahndet. Systematisch und staatlich wurden lesbische Frauen vom frühen 16. Jahrhundert bis ins aufgeklärte 18. Jahrhundert hinein mit der Todesstrafe verfolgt. So wurde in Preußen für »Tribadie« bis 1747 die Todesstrafe verhängt, noch bis 1794 eine Freiheitsstrafe.

Im preußischen Strafgesetz von 1851 und im Strafgesetzbuch des Deutschen Reiches von 1871 wurden dagegen nur noch homosexuelle Akte von Männern mit Strafen bedroht. Es scheint, daß nach 250 Jahren gnadenloser Verfolgung von »Hexen« und weiblicher Sexualität die Stärke und Sexualität von Frauen soweit gezähmt und unterdrückt worden war, daß sich vorerst eine weitere Verfolgung erübrigte. Eine neue Verfolgungswelle setzte erst wieder im nationalsozialistischen Unrechtsstaat ein als Gegenschlag auf das Erstarken von Frauen durch die erste Frauenbewegung und durch wachsende Möglichkeiten weiblicher Autonomie, die in der Emanzipationszeit der Weimarer Republik zu einer kurzen Blüte lesbischer Subkultur geführt hatten[82].

Wir sehen, daß die spätmittelalterliche und frühneuzeitliche Gesetzgebung, die Homosexualität als Kapitalverbrechen behandelt, Auswirkungen bis in das 19. und 20. Jahrhundert hinein gehabt hat. Es scheint jedoch kurzschlüssig und undifferenziert, allein aus der Tatsache, daß im Mittelalter homosexuelle Handlungen als sündhaft beurteilt wurden, abzuleiten, daß es die kirchliche Beurteilung gleichgeschlechtlicher Sexualität ist, die zu der blutigen Verfolgung homosexueller Menschen geführt habe. Die Mehrzahl sexueller Verhaltensweisen wurde von der christlichen leibfeindlichen Tradition als »sündhaft« abgelehnt, sofern sie nicht innerhalb der rechtmäßigen Ehe zur Zeugung führen, also zum Beispiel außereheliche heterosexuelle Beziehungen ebenso wie Selbstbefriedigung. Trotzdem wurde niemand wegen Ehebruchs oder Selbstbefriedigung hingerichtet.

»Das Christentum reflektiert eine gesellschaftliche Einstellungsänderung – verursacht sie jedoch nicht«

Sozialwissenschaftliche Forschung, die den Ursprüngen des Vorurteils gegen Homosexualität nachgeht, kommt zu dem Ergebnis, so Boswell und ähnlich auch Bleibtreu-Ehrenberg, die feindselige Ablehnung und Verfolgung homosexueller Beziehungen habe primär soziale Ursachen und gehe nicht auf kirchliche Gründe zurück.

Unser Interesse bei der Klärung dieser vielleicht nebensächlich erscheinenden Frage nach den Ursachen kann es nicht sein, die im Namen Jesu und im Namen einer Religion der Nächstenliebe von der Kirche und von Christen begangenen Verbrechen zu entschuldigen und zu beschönigen: die blutige Verfolgung von Minderheiten, Juden, Moslems und »Ketzern«, das Unrecht, das durch Religionskriege, Kreuzzüge, Zwangsmissionierung und Unterdrückung vor allem nicht-europäischen Völkern zugefügt wurde, der Holocaust an Frauen, die als Hexen ermordet wurden. Unsere Überlegung ist vielmehr: Da heute noch Kirchen als Bollwerk konservativer Kräfte in unserer Gesellschaft gleichgeschlechtliche Beziehungen ablehnen mit Berufung auf die »christliche Tradition«, hätte es Konsequenzen für unsere heutige Situation und für die Beurteilung homosexueller Beziehungen durch die Kirchen, wenn Boswells These zutrifft, daß Theologie und Kirche (auch damals konservativ) den radikalen Wandel von Akzeptanz zu Verfolgung von Homosexualität im 13. Jahrhundert viel eher widerspiegeln, als daß sie ihn verursacht hätten. Wenn gleichgeschlechtliche Liebe und christlicher Glaube im ersten christlichen Jahrtausend eine friedliche Koexistenz miteinander führten und erst gesellschaftlich bedingte Änderungen die schroffe kirchliche Ablehnung bewirkten, so könnte ein erneuter gesellschaftlicher Wandel heute in Richtung auf Akzeptanz anderer Lebensformen und eine positive Sicht menschlicher Sexualität zu kirchlicher Anerkennung von lesbischen und schwulen Liebesbeziehungen führen. John Boswells Analyse des historischen Quellenmaterials zur Sozialgeschichte der Homosexualität im christlichen Abendland über einen Zeitraum von rund 1500 Jahren erhärtet seine These, daß die im ersten Jahrtausend eher tolerante Haltung der Kirche zur Homosexualität in Anpassung an eine intolerant gewordene gesellschaftliche Haltung vom 13. Jahrhundert an ebenfalls feindselig und aggressiv wurde[83]. Die Kirche hinke der gesellschaftlichen Einstellung und der staatlichen Gesetzgebung eher hinterher, vermutlich, weil es eine so lange Tradition homoerotischer Freundschaften unter ihrem Klerus und in den Klöstern gab. Während im 12. Jahrhundert angesehene Persönlichkeiten, Bischöfe, Heilige, Mönche und Nonnen ihre Liebe zu Angehörigen des eigenen Geschlechts noch offen in ihren Werken darstellen konnten, galt zweihundert Jahre später das gleiche Verhalten als gefährliche, antisoziale Verirrung, die bekämpft werden mußte.

Zwischen 1250 und 1300 nahmen fast alle europäischen Staaten die Todesstrafe für Homosexualität von Männern (später auch von Frauen) in ihre Gesetzgebung auf, für ein Verhalten, das bis dahin legal und weithin üblich war[84]. Für die Zeit zwischen 1150 und 1350 konstatiert Boswell einen radikalen Umschwung von Offenheit und Toleranz hin zu fanatischer Unterdrückung von andersdenkenden und anderslebenden Menschen, ohne daß die Ursachen dieser einschneidenden Veränderungen bis ins letzte durchschaubar wären. Der Druck zur Konformität sei durch das Erstarken staatlicher und kirchlicher Macht und durch Zentralisierungsbestrebungen ungeheuer gewachsen. Staat und Kirche übten mit ihren Einrichtungen wachsende Intoleranz gegen Minderheiten aus und verfügten nun auch über die Machtmittel, Disziplinierung gewaltsam durchzusetzen.

Große soziale Umbrüche und Unruhen im 13. Jahrhundert und danach begünstigten die Suche nach Sündenböcken für Armut und gesellschaftliche Mißstände, Hungersnöte, Seuchen und Naturkatastrophen. Kreuzzüge gegen Nicht-Christen und Häretiker, die Vertreibung der Juden aus vielen Ländern Europas, die Gründung der päpstlichen Inquisitionsgerichte zur Ausrottung der »Ketzerei« und schließlich zum Wüten gegen »Zauberei« und »Satanskult« sind entsetzliche Zeugen eines fanatischen Hasses gegen Menschen, die in irgendeiner Weise von den Normen der Mehrheit abwichen. In den Zusammenhang der Verfolgung von Juden, Ketzern und Hexen gehört auch die Kriminalisierung von Frauen und Männern, die der »Sodomie« verdächtigt werden. Die feindselige

Die Darstellung der Christus-Johannes-Gruppe (sowie der Pietà) geht auf Einflüsse der religiösen Frauenbewegung des 13. Jhs. zurück, die eine neue Innigkeit der Beziehung des einzelnen zu Gott ausdrücken.
(Foto: Skulpturengalerie Staatliche Museen Preußischer Kulturbesitz, Berlin [West], Jörg P. Anders, Berlin)

Haltung gegenüber schwulen und lesbischen Verhaltensweisen findet Eingang in die Gesetzessammlung des späten Mittelalters und in die Schriften der scholastischen Theologen, die beide eine schlimme »Tradition« begründen, die bis in unsere Zeit reicht.

Boswells Darstellung ist in einigen Punkten für uns unzureichend. So weist er zwar den Zusammenhang zwischen der Verfolgung von Ketzern, Templern und Minderheiten und dem Sodomievorwurf nach, aber er untersucht nicht den Zusammenhang der Verfolgung von Ketzern und Hexen und lesbischen Frauen. Boswell nimmt an, daß seine Forschungsergebnisse zur Homosexualität auch für lesbische Frauen analog gelten, und befaßt sich nicht mit der Situation von Frauen. Er berücksichtigt auch nicht die Auswirkungen einer allgemeinen Frauenfeindlichkeit in der damaligen Kirche und Gesellschaft und die zunehmende Entmachtung und Unterdrückung von Frauen seit dem 12. und 13. Jahrhundert.

». . . und man soll sie, der gemeinen Gewohnheit nach, mit Feuer vom Leben zum Tod richten.«

Wer von uns hat bei diesen Worten nicht Bilder von Frauen vor Augen, die als Hexen gefoltert und verbrannt wurden? Und doch richtet sich der Wortlaut dieses Gesetzes aus dem frühen 16. Jahrhundert gegen homosexuelle Handlungen unter Frauen und unter Männern.

Die Forschungen Gisela Bleibtreu-Ehrenbergs führen weiter in diese Richtung: Die Todesstrafe des Verbrennens für Homosexualität war die vorchristliche germanische Strafe für Schadenszauberei, die weder in den jüdischen noch in den römisch-hellenistischen Ursprüngen des Christentums eine Entsprechung hat, geschweige denn in der kirchlichen Bußpraxis, die grundsätzlich keine Leibesstrafen kennt[85]. Die Sozialwissenschaftlerin leitet das »Tabu Homosexualität« und das ursprünglich nicht religiös, sondern sozial bedingte Vorurteil gegen »Homosexuelle«, die für Bleibtreu-Ehrenberg *ausschließlich Männer* sind, aus tiefsitzenden germanischen Wurzeln ab. (Ihr reichhaltiges Quellenmaterial ist für uns mit Einschränkungen von Nutzen, da sie auch, wo Quellen lesbische Frauen eigens erwähnen, diese Erwähnungen konsequent ausläßt, selbst da, wo es um den Zusammenhang von Sodomie und Hexenverfolgung geht. Offensichtlich ist bei ihr das »Tabu Lesbische Liebe« wirksam.)

Die Sündhaftigkeit der Homosexualität sei zwar im Christentum nie angezweifelt worden, so Bleibtreu-Ehrenberg, ebensowenig wie die des Sexualverkehrs zwischen Mann und Frau, sofern sie nicht verheiratet waren, und anderer »Fleischesvergehen«, die unter dem Begriff »Sodomie« zusammengefaßt waren. Homosexuelle Praktiken seien als Sünden, nicht als Verbrechen angesehen worden: die christliche Kirche beschränkte sich auf reine Kirchenbußen. Wiederaufnahme reuiger Sünder in die Gemeinschaft, nicht deren Vernichtung war das Ziel. So habe die frühe christliche Mission segensreich abmildernd auf die oft sinnlos grausamen germanischen Strafen eingewirkt und beispielsweise statt der Todesstrafe Wergeldzahlungen eingeführt. Das Wiederaufleben der vorchristlichen Feuerstrafe für homosexuelle Aktivitäten und ihr Eindringen in die einflußreiche christliche Gesetzgebung der Franken sei einer raffinierten Fälschung im Dienst kirchlicher Vormachtsansprüche zu verdanken. Der Fälscher, ein gewisser Benediktus Levita aus dem 9. Jahrhundert, bediente sich genuin germanischer Ressentiments gegen Schadenszauberer beiderlei Geschlechts und gegen Menschen mit abweichendem Sexualverhalten, um sie als Sündenböcke für Seuchen, Kriege und Hungersnöte hinzustellen. Zur »christlichen Legitimation« berief er sich auf ein Edikt des oströmischen Kaisers Justinian aus dem 6. Jahrhundert, in dem dieser die in Genesis 19 erzählte Geschichte von der Zerstörung Sodoms, die von der Verletzung des Gastrechts handelt, auf die Bestrafung Homosexueller umdeutet. Justinians Erlasse waren Waffen gegen persönliche und politische Gegner. Die von ihm erfundene »Sodommythe« hatte den propagandistischen Zweck, dem Volk in den Homosexuellen Sündenböcke für Pest und Erdbeben zu liefern. Nachdem durch diese Fälschung die germanische Feuerstrafe in die christliche fränkische Gesetzgebung eingeschleust worden war, wandten sie weltliche Gerichte in den Fällen an, wo sie nach vorchristlich-germanischem Rechtsbrauch angebracht gewesen wäre: bei Schadenszauberei (Hexerei), bei Giftmord als einer Form von Zauberei und bei der nach germanischer Vorstellung mit beiden Untaten verbundenen Homosexualität und »Sodomie«.

Sodomie, alle sexuellen Ausschweifungen, dazu Kannibalismus und Teufelsanbetung wurden den Hexen ebenso unterstellt wie gewohnheitsmäßig sämtlichen Häretikern seit frühesten Zeiten. Dies ist ein Zeichen dafür, daß sich bis zum Ende des Mittelalters Reste der alten Fruchtbarkeitsreligionen erhalten haben. Die Anklagen gegen Ketzerei enthalten schon ausdrücklich alle Anklagepunkte, die man den Hexen bezüglich der Sexualität machte: Promiskuität, Inzest und Homosexualität. Wie bei den Ketzerversammlungen fanden beim »Hexensabbat« angeblich Teufelsanbetung und wüste sexuelle Orgien statt, wo alles geboten und erlaubt war, was die Kirche sonst so streng verbot, »modo sodomitico«, auf unnatürliche Art. In den Hexenprozessen wurden die angeklagten Frauen unter Folter nach den sexuellen Praktiken des Teufels ausgefragt, da mit dem Teufelspakt prinzipiell außer Schadenszauberei stets »Sodomie« verbunden sein sollte. »Der Pakt mit dem Teufel befähigt die Frauen außerdem dazu, sich von den Männern völlig abzukehren; die Verweigerung der Frauen, die sich dann der Homosexualität und der Selbstbefriedigung zuwenden, scheint so gefährlich zu sein, daß nur ihre totale Vernichtung die Gefahr bannt.«[86]

Hier kann nicht näher auf das vielschichtige Problem Hexenwahn und Ermordung abweichender Frauen im »Zeitalter der Wiedergeburt und des Humanismus« eingegangen werden[87], dazu sei auf die Literatur verwiesen. Der enge Zusammenhang zwischen Ketzerverfolgung einerseits, dem Vorwurf der Sodomie und des Teufelspaktes und der Hexenverfolgung andererseits zeigt sich besonders deutlich bei der Entstehung der Hexenjagden im 13. Jahrhundert. Der erste Hexenprozeß gegen eine ältere, angesehene Frau, Angela Barthe, fand 1275 in Toulouse im Rahmen eines Ketzerprozesses statt. Sie gestand unter der Folter, eine sexuelle Beziehung mit dem Teufel gehabt zu haben, und wurde deshalb zusammen mit anderen »Ketzern« verbrannt. Zu diesem Zeitpunkt hatte die eigens zur Vernichtung der Ketzer um 1230 gegründete Inquisition mit ihren neuartigen Methoden der Prozeßführung, die auf Denunziation und der Verwendung von Folter beruhen, nach zwanzigjähriger blutiger Tätigkeit in Südfrankreich gerade die letzten Reste der Waldenser ausgerottet und wandte sich anschließend dem

ebenso lukrativen Unternehmen zu, die neue ketzerische
»Hexensekte« zu bekämpfen. Das erste staatliche Gesetz aus
dem 13. Jahrhundert, das neben homosexuellen Männern
eigens lesbische Frauen nennt, stammt aus derselben Zeit und
Gegend, aus der Gesetzesschule von Orléans um 1260, und
sieht als Bestrafung Verbrennung vor. Dieses strenge Gesetz
gegen Homosexualität muß wohl im Zusammenhang mit der
gleichzeitigen Tätigkeit der Inquisitionsgerichte gegen die Sodomie von Ketzern und Hexen gesehen werden.

Ein Hauptziel der aggressiven Hexenverfolgung bildeten die
»alleinstehenden« Frauen, die nicht durch ihre Assimilation in
die patriarchale Familie zu definieren waren. »Der Hexenwahn
richtete sich... in erster Linie gegen Frauen, die die Ehe abgelehnt hatten (Spinsters), und Frauen, die sie überlebt hatten
(Witwen).«[88] Unabhängige Frauen, die ohne Familien und außerhalb patriarchaler Kontrolle lebten, wurden häufig Opfer
der »Reinigung« der Gesellschaft von »exzentrischen« und die
»Ordnung sprengenden Kräften« weiblicher Stärke. Aus der
Rolle fallende Frauen, die schon durch ihr äußeres Auftreten
Protest gegen die dem weiblichen Geschlecht auferlegten Beschränkungen deutlich machten, indem sie Männerkleidung
trugen, sich wie Männer verhielten und andere Frauen liebten,
mußten diese »Anmaßung« fast immer mit dem Tod bezahlen[89].

Das streng verpönte Tragen männlicher Tracht und ihr kurz
geschnittenes Haar trugen mit dazu bei, Jeanne d'Arc, die den
französischen Soldaten vorauszog und sie zum Sieg führte, 1431
wegen Ketzerei und Hexerei auf den Scheiterhaufen zu bringen, ohne daß der später heiliggesprochenen Jungfrau von Orléans »Sodomie« vorgeworfen worden wäre[90].

Es finden sich nur wenige Hinweise zum Schicksal lesbischer
Frauen im Zeitalter der Hexenverfolgung: So im Buch zu dem
Kunstwerk »Die Dinnerparty« der amerikanischen jüdischen
Künstlerin Judy Chicago, die, stellvertretend für viele, neunundddreißig von der Geschichte vergessene Frauengestalten
symbolisch zum »Abendmahl« einlädt und die Lebensbeschreibungen von über tausend bedeutenden Frauen hinzufügt. Unter
dem Namen der »Petronilla de Meath«, die 1324 als Hexe hingerichtet wurde, werden als mögliche Anklagepunkte der

Hexenjäger genannt: »Wenn eine Frau eine lesbische Beziehung hatte, wenn sie eine Beziehung außerhalb der Ehe hatte, wenn sie ein uneheliches Kind gebar, wenn sie Empfängnisverhütung anwandte oder bei einer Abtreibung half, wurde sie der Hexerei angeklagt und – mit oder ohne Beweise – gewöhnlich umgebracht.«[91]

Ein weiterer Fingerzeig findet sich im bereits zitierten Buch von Ilse Kokula: »Lesbische Frauen wurden die Opfer bevölkerungspolitischer Maßnahmen und die Opfer der Etablierung der ›Weiblichkeit‹... die Bekämpfung aller Formen außerehelicher, nicht der Fortpflanzung dienender Sexualität tangierte auch lesbische Frauen. Auch *Frauen, die sich ›Männlichkeit‹ anmaßten,* wurden Opfer herrschender Zustände. Historisch belegt sind zwei Urteile gegen Frauen, *die hingerichtet wurden, weil sie andere Frauen liebten und Männerkleidung trugen...*

Im ›Achtbuch‹ der Stadt Speyer wurde beschrieben, daß dort 1477 eine ›Dirne aus Nürnberg‹ wegen mehrfach verübter widernatürlicher Unzucht im Rhein ertränkt worden sei. Zwei mitangeklagte Frauen, von denen die eine angab, ›daz sie nit gewust anders, dann daß sie für ayn man erkennt hab‹, mußten bei der Hinrichtung der Verurteilten schwören, niemals wieder die Stadt Speyer zu betreten.«[92]

Wenn eine Frau sich gegenüber einer anderen Frau so verhält, wie es »die Natur« nur für Männer vorgesehen hat, und sie damit gewisse männliche Vorrechte beansprucht, hat sie nach allgemeiner Einschätzung im 16. Jahrhundert die für »Sodomie« vorgesehene Todesstrafe verdient[93]. Dies wurde zwei italienischen Nonnen der Renaissancezeit zum Verhängnis, Benedetta Carlini, Äbtissin des Klosters der Muttergottes in Pescia, und ihrer Geliebten, einer Nonne namens Bartolomea Crivelli. Über den Prozeß gegen die beiden Ordensfrauen und ihre sexuellen Beziehungen zueinander existieren detaillierte kirchliche Aufzeichnungen aus den Jahren 1619 bis 1623 und neuerdings eine Studie dazu von Judith C. Brown[94]. Benedetta Carlini verteidigte sich für ihr Tun, indem sie behauptete, von einem Engel besessen gewesen zu sein. Sie sei wie in Trance gewesen, wenn ihr Engel »Splendidiello« als ein Junge von acht oder neun Jahren erschienen sei. Beide Nonnen wurden hingerichtet.

Unter dem Eindruck der Hexenjagd des 16. Jahrhunderts und der erbarmungslosen Bestrafung von gleichgeschlechtlicher Sexualität als Verbrechen verstärkte sich die negative Wertung von Homosexualität durch Theologen. Im Katechismus des Petrus Canisius, des ersten deutschen Jesuiten und heiliggesprochenen »Kirchenlehrers« (1555 erschienen, bis ins 19. Jahrhundert in mehr als vierhundert Auflagen weltweit verbreitet), wird Homosexualität unter die vier »himmelschreienden Sünden« eingereiht. Sozial besonders schädliches Verhalten wie Mord, Betrug, Unterdrückung der Armen sowie Liebe zum gleichgeschlechtlichen Mitmenschen rufe angeblich die Rache Gottes über die Menschen herab. Damit wird zum ersten Mal in der christlichen Geschichte Homosexualität gegenüber anderen sexuellen Vergehen herausgehoben und zugleich durch die Nebeneinanderstellung mit Mord in ungeheuerlicher Weise kriminalisiert[95].

Der lutherische Kirchen- und Strafrechtslehrer Benedikt Carpzow, durchaus kongenial der Erfindung himmelschreiender Sünde, stellt im 17. Jahrhundert folgende Übel als Folgen der Homosexualität fest: »Erdbeben, Hungersnot, Pest, Sarazenen, Überschwemmungen und sehr dicke gefräßige Wühlmäuse.«[96]

In der Nachfolge der mittelalterlichen Bußbücher macht sich offenbar der Franziskaner Lodovico Maria Sinstrari um 1700 in seinem Buch »Peccatum Mutum (Verschwiegene Sünde)« Gedanken über die sexuellen Praktiken zwischen Frauen . Da zu dieser Zeit die Hexenverfolgung am heftigsten tobt, hat der Beichtvater darüber zu befinden, ob es sich um eine einfache »Unkeuschheit« oder um das »Verbrechen der Sodomie« handelt, das mit dem Tod bestraft wird. Er kommt zu der abenteuerlichen Behauptung, das strafwürdige Vergehen bestehe darin, daß eine Frau eine andere mit ihrer Klitoris penetriert, ohne Penetration aber geschehe keine schwere Sünde, nur eine »Unreinheit«. Dieses phallokratische Vorurteil könnte mancher Frau das Leben gerettet haben[97].

Die Zeiten waren zu Beginn unserer »aufgeklärten« Neuzeit schwieriger geworden für unabhängige Frauen und für Frauen, die Frauen liebten, als im »dunklen« Mittelalter. Absurderweise haben gerade akademisch gebildete Männer im Zeitalter der neuen humanistischen Philosophie, der Wissenschaft und

Künste, Entdeckungen und der Technik – die Erfindung des Buchdrucks trug zur schnellen Verbreitung des Hexenwahns wesentlich bei – die Hexenverfolgung erheblich vorangetrieben. »Er (der Hexenwahn) wurde gefördert durch die kultivierten Päpste der Renaissance, durch die großen protestantischen Reformatoren, durch die Heiligen der Gegenreformation und durch Gelehrte, Juristen und Kirchenmänner im Zeitalter von Scaliger und Lipsius, Bacon und Grotius, Berulle und Pascal.«[98]

Es ist höchste Zeit für uns Frauen, die männlich geprägte Sicht der Welt und der Geschichte umzulernen, die uns in der Schule, in der Kirche, in unserer Kultur, durch die »objektive Wissenschaft« vermittelt wird, und die Kapitel unserer Frauengeschichte neu zu studieren, die in der von Männern geschriebenen Geschichte und Kirchengeschichte unterschlagen werden, auch wenn sie so schmerzlich sind wie dieses:

»Wiederhole die Silben
bevor die Lektion durchs Gehirn blutet:
Margaret Barclay, zu Tode gesteinigt, 1618
Mary Midgely, zu Tode geknüppelt, 1646
Peronette, in der Folter auf glühende Eisen gesetzt
und dann lebendig verbrannt, 1462
Schwester Maria Sanger, Sub-Priorin
des Prämonstratenser-Klosters in Unter-Zell,
angeklagt eine Lesbe zu sein;
Das Dokument, das ihre Folter bescheinigt,
ist versehen mit dem Siegel der Jesuiten,
und den Worten AD MAJOREM DEI GLORIAM –
Zum größeren Ruhm Gottes.

Was haben sie uns angetan?«[99]

Romantische Freundschaft und Liebe zwischen Frauen im 18. und 19. Jahrhundert

Und doch lebt trotz aller Verfolgung die Liebe zwischen Frauen weiter. Die brennenden Scheiterhaufen des 16. und 17. Jahrhunderts haben die Lektion, »es sei besser zu heiraten als zu brennen«, tief in das kollektive Unbewußte von Frauen eingegraben. Frauen lernten, es sei besser, auf Sexualität außer der in der Ehe zum Kindergebären notwendigen Sexualität zu verzichten, als sich foltern und verbrennen zu lassen. Am Ende von Furcht und Schrecken steht so das engelreine, mariengleiche, asexuelle Frauenbild des 18. und 19. Jahrhunderts, das der kirchlichen Sexualmoral endlich vollkommen entspricht, während Männer für sich eine Doppelmoral in Anspruch nehmen. Wenn wir heute nach der »sexuellen Revolution« die lebenslangen, monogamen Paarbeziehungen damaliger Frauen und ihre hochstilisierte Asexualität belächeln, sollten wir dabei die Millionen wegen »Sodomie«, wegen ihrer Sexualität, verbrannter Frauen nicht vergessen und bedenken, welche jahrhundertelange Gewalt und Gehirnwäsche dahintersteht, wenn Frauen Sexualität aus ihrem Selbstbild verbannten.

»Ich liebe dich mehr als alles andere auf der Welt«, schrieb die englische Schriftstellerin Geraldine Jewsbury 1841 an ihre verheiratete Freundin Jane Welsh Carlyle, die sich in ihrer Ehe mit einem Schriftsteller einsam und wertlos fühlte. Eine Wärme und Leidenschaft spricht aus diesem Briefwechsel, die über eine einfache Freundschaft hinausgehen. »O Carissima mia, Liebste, du gehst mir niemals aus dem Kopf noch aus dem Herzen. Als du mich am Dienstag verließest, fühlte ich mich so entsetzlich niedergeschlagen, zu elend, um zu schreien. Was könnten wir denn auch tun?«[100] Beide Frauen kämpften gegen die beengenden Rollenvorschriften ihrer Zeit. Die unabhängig lebende Geraldine gab Jane, die gesetzlich und sozial in einer viktorianischen Ehe an einen verständnislosen Mann gebunden war, die Zuneigung und Ermunterung, die sie brauchte. Sie träumten von einem gemeinsamen Leben auf dem Land, wie für die meisten Frauen damals ein unerreichbarer Wunschtraum. Trotz ihrer Bindungen an Männer versicherten sie sich: »Du bist mir unendlich mehr wert und wichtiger. Du bist mir näher.« Die leidenschaftliche romantische Freundschaft zwischen den beiden Frauen dauerte fünfundzwanzig Jahre, bis der Tod sie trennte. Sie waren »Neue Frauen« vor dem Zeitalter der Neuen Frauen; in einem prophetischen Brief schrieb Geraldine 1849 an Jane: »Ich glaube, daß wir an bessere Tage rühren, in denen Frauen ein wirkliches, selbstbestimmtes, eigenes Leben führen können. Dann wird es vielleicht nicht mehr so viele Heiraten geben, und Frauen werden begreifen, daß sie nicht ihre Bestimmung verfehlt haben, wenn sie allein bleiben. Sie werden imstande sein, Freundinnen und Gefährtinnen füreinander zu sein, wie sie es jetzt noch nicht sein können... Ich empfinde uns beide nicht als Versagerinnen. Wir sind die Vorbotinnen einer Entwicklung von Frausein, das bis jetzt noch nicht erkannt worden ist. ... Da werden Frauen nach uns kommen, die viel mehr die Fülle dessen erreichen werden, was Frauen möglich ist.«

Langlebige, innige und zärtliche Freundschaften zwischen Frauen waren im 18. und 19. Jahrhundert eine erotische Mode, allgemein üblich und anerkannt, wie eine Fülle von Briefen, Tagebüchern und Dichtungen bezeugt. Carroll Smith-Rosenberg schreibt in ihrem Artikel »Meine innig geliebte Freundin!«: »Diese tiefempfundenen gleichgeschlechtlichen Freundschaften waren etwas Selbstverständliches, allem Anschein nach eine wesentliche Facette des gesellschaftlichen Lebens. Zu diesen Beziehungen zählten die Zuneigung zwischen Schwestern, die sich gegenseitig Halt boten, die Schwärmereien heranwachsender Mädchen und die sinnlichen Liebesschwüre reifer Frauen. Es war eine weibliche Welt, in der Männer nur ein schattenhaftes Dasein führten.«[101]

Lillian Faderman stellt in ihrer umfangreichen Studie zur romantischen Liebe und Freundschaft zwischen Frauen fest, es sei nicht möglich, in der Korrespondenz von Frauen aus dem 19. Jahrhundert *keine* leidenschaftliche Liebesbeziehung zu anderen Frauen zu finden. Die »Liebe verwandter Seelen (love of kindred spirits)«, »sentimentale« oder »romantische Freundschaften« oder »Heiraten (Boston marriages)« zwischen intellektuell und künstlerisch tätigen Frauen galten als so edel, daß sie offen und ohne Anzeichen von Schuld und Angst gelebt werden konnten. Auf ihnen lag nicht das Stigma, mit dem das sexuell aufgeklärte 20. Jahrhundert Frauenbeziehungen straft. Und doch waren diese engen emotionalen Bindungen zwischen Frauen Liebesbeziehungen in jeder Hinsicht, ausgenommen den genitalen Aspekt. Freundinnen küßten und umarmten sich, hielten sich an den Händen, dachten beständig aneinander und sehnten sich nacheinander bei den häufigen Trennungen. Sie teilten alle Herzensgeheimnisse und oft auch das Bett miteinander. Eine enge Interpretation von sexuellem Verhalten erlaubte Frauen große Freiheit im erotischen und sinnlichen Ausdruck untereinander. Faderman glaubt, die Entstehung romantischer Freundschaft sei als Wiederaufleben antiker gleichgeschlechtlicher Liebe in der Renaissancezeit zu erklären[102]. Schriftsteller wie Montaigne haben die Philosophie der Freundschaft bei Cicero und Aristoteles durch ihr Werk bekannt gemacht, auch die Ideale des Platonismus, in dem die vollkommene Freundschaft als die Vereinigung der Seelen höher eingeschätzt werde als heterosexuelle Liebe. Richtiger ist es jedoch, von einem Weiterleben der geistlichen Freundschaft des Mittelalters zu reden, die durch die Wiederbegegnung mit antikem Gedankengut neu belebt wird.

Aus dem 16. Jahrhundert sind literarische Zeugnisse von intensiven Frauenfreundschaften selten: Der englische Roman »Rosalynde« soll hier genannt werden, weil er an ein Frauenpaar aus dem Alten Testament erinnert. Paare von Freunden und Freundinnen werden im 16. Jahrhundert dargestellt als Menschen, die sich »ein Bett, ein Haus, einen Tisch und eine Börse« teilen. Wie ihr biblisches Vorbild Ruth begleitet Alinda ihre Freundin in die Fremde und bekräftigt ihre Treue in einer Rede, die der Liebeserklärung Ruths an Noomi ähnelt, die sich heute nicht Frauen gegenseitig geben, sondern Mann und Frau bei der kirchlichen Trauung:

> »Nimmer dringe in mich, dich zu verlassen,
> vom Dir-folgen umzukehren!
> Denn wohin du gehst, will ich gehn,
> und wo du nachtest, will ich nachten, dir gesellt.
> Dein Volk ist mein Volk,
> und dein Gott ist mein Gott.
> Und wo du sterben wirst, will ich sterben,
> und dort will ich begraben werden.
> So tue Er mir an, so füge er hinzu:
> ja denn, der Tod wird zwischen mir und dir scheiden.«[103]

So wie Ruth spricht die eine Freundin zur anderen: »Du hast in deiner Alinda eine Freundin, die dir eine treue Gefährtin in all deinem Unglück sein wird, die ihren Vater verlassen hat, um dir zu folgen... Wie wir Bettgenossinnen waren im Glück, so werden wir Gefährtinnen in der Armut sein: immer will ich deine Alinda sein, und du sollst immer meine Rosalynd bleiben. So wird die Welt unsere Freundschaft erheben und von Rosalynd und Alinda reden wie von Pylades und Orestes.«[104]

In der gleichen Weise haben Nonnen im Mittelalter die Freundschaft zwischen dem Lieblingsjünger Johannes und Jesus auf sich und ihre Freundschaften bezogen. So übernehmen im 18. Jahrhundert Frauen für sich die biblische Freundschaft zwischen David und Jonathan und schwören sich gegenseitig eine Liebe, die »die Liebe der Männer übertrifft«. Von Jonathan, dem Sohn König Sauls, heißt es in den Büchern Samuels, er liebte David, wie man sein eigenes Leben liebt; die Freunde küßten sich und weinten beim Abschied voneinander. Bei der Totenklage um den gefallenen Freund singt David: »Weh ist mir um dich, mein Bruder Jonathan. Du warst mir sehr lieb. Wunderbarer war deine Liebe für mich als die Liebe der Frauen.«[105]

Die romantische Freundschaft der »Ladies von Llangollen« wird im 18. Jahrhundert in zahllosen Dichterversen als eine Freundschaft gefeiert wie die Davids, als die reine Verkörperung des höchsten Ideals geistiger Liebe. Unbefleckt von den Niederungen und den Lasten ehelicher Sexualität lebten Sarah Ponsonby und Eleanor Butler aus irischen Oberschichtfamilien in ländlicher Idylle miteinander ihren geistigen Interessen. Ihr kleines Haus in Wales, »ein Tempel, geweiht der Liebe zwischen Frauen«, einer »geheiligten Freundschaft, ewig und rein«, ist ein Wallfahrtsort für die Großen ihrer Zeit und für Dichterinnen und Dichter. Sie selbst waren »protestantische Nonnen«, viktorianisch prüde, asexuell und über jeden Zweifel erhaben erzkonservativ, keine Revolutionärinnen – und doch lebten sie den Traum ihrer Zeit von romantischer Freundschaft[106]. Die englische Dichterin Anna Sewards sieht in ihrem gemeinsamen Leben in gegenseitiger Hingabe, inmitten der Natur, ihr eigenes unerfülltes Lebensideal verwirklicht. Denn ihre romantische Freundschaft mit der früh verstorbenen Honora, die sie zudem noch wegen einer Heirat verließ, war weniger glücklich, obwohl Anna noch dreißig Jahre nach Honoras Tod ihr Liebesdichtung widmete. Die Ladies konnten um so schrankenloser bewundert werden, je weniger Frauen in der Lage waren, ihren Lebensstil nachzuahmen. Eine eigene Existenz außerhalb der Ehe oder der väterlichen Familie war undenkbar für Frauen, ökonomische Unabhängigkeit und Berufstätigkeit noch nicht in Sicht. Welche Frauen damals hatten schon das Glück, daß ihre Familien ihnen für ihr gemeinsames Leben eine kleine Rente gewährten? Wie viele brachten die Energie auf, sich so beharrlich arrangierten Ehen und Heiratsanträgen zu widersetzen, zweimal als junge Frauen in Männerkleidung davonzulaufen und die Eltern davon zu überzeugen, daß sie ihr Leben zusammen verbringen wollten.?

Die Ladies von Llangollen, »Schwestern in der Liebe« (Wordsworth), die 1778 miteinander ausgerissen waren und danach dreiundfünfzig Jahre jeden Augenblick ihres Lebens bei Tag und bei Nacht bis zum Tod der einen miteinander verbrachten, waren kein Modell einer bedrohlichen neuen Lebensweise. Ihre eheähnliche Lebensgemeinschaft und ihre Liebe zueinander, dokumentiert in Eleanors Tagebüchern, in Briefen und Dichtungen anderer, bedeuteten für romantische Freundinnen den Traum vom gemeinsamen Glück, das bis zum Ende des 19. Jahrhunderts selten verwirklicht werden konnte, aber die Phantasie anregte.

Briefe, Tagebücher und Lebenserinnerungen enthüllen all die romantischen Gefühle von Verliebtsein und Leidenschaft, die im 20. Jahrhundert nur noch in Verbindung mit einer heterosexuellen Romanze vorgestellt werden können. Romantische Freundinnen machten einander den Hof; sie waren ängstlich besorgt um die Antwort der Geliebten und um Gegenseitigkeit; sie waren eifersüchtig und untröstlich bei der oft unvermeidlichen Eheschließung, die sie zwar räumlich, aber nicht emotional trennte. Sie glaubten, ihre Liebe zueinander sei ewig, und viele bewahrten die Treue bis über den Tod hinaus.

Romantische Freundschaften unter Mädchen wurden von Eltern und weiblichen Verwandten gefördert, da sie das höchste Gut einer Frau, ihre Jungfräulichkeit, bewahren halfen. Zugleich galten sie als eine Art Ehevorbereitung, als »Probe für das große Drama« im Leben von Frauen. In der Ehe des 19. Jahrhunderts trafen zwei vollkommen fremde Menschen aufeinander, wie Angehörige einer anderen Art oder Bewohner ferner Gestirne. Die Trennung der Geschlechter in eine Männerwelt und eine Frauenwelt war so strikt und grundsätzlich, daß eine bedeutungsvolle Kommunikation nur zwischen Angehörigen des gleichen Geschlechts möglich war. Der Kontakt zum anderen Geschlecht wurde vor der Heirat unterbunden; junge Leute wuchsen in einer streng homosozialen Umgebung auf. Die Beziehungen zwischen den Geschlechtern zeichneten sich durch Förmlichkeit und Mangel an Kommunikation aus, auch in den oft nach wirtschaftlichen Interessen arrangierten Ehen mit großem Alters- und Statusunterschied. Scheidungen waren unmöglich, Seitensprünge (von Frauen) eine Katastrophe. Die Rechte von Ehefrauen glichen mehr denen von Leibeigenen und Kindern als von eigenständigen Erwachsenen.

Ehemänner nahmen die zärtlichen und intensiven Frauenfreundschaften als eine Tatsache des Lebens hin wie Schwangerschaft, Wochenbett und Kinderstube. Um in einem so ausgeprägten Patriarchat zu überleben, mußten Frauen sich gegenseitig den emotionalen Halt, das Verständnis und die Liebe geben, die sie nirgends sonst erhoffen konnten. Die von Männern wohlwollend beurteilten, gesellschaftlich nützlichen leidenschaftlichen Frauenfreundschaften galten nicht als bedrohlich, weil sie Vorrechte der Männer auf die ungeteilte gesellschaftliche Macht, auf den Zugang zu Frauen und die Herrschaft über sie noch nicht in Frage stellten. Männliches Überlegenheitsgefühl und der Stolz auf sexuelle Potenz und Geisteskraft feierten ungebrochen Triumphe. Frauen waren noch keine Konkurrentinnen, da man ihnen weder eine eigene soziale Existenz noch Sexualität zubilligte. Männer konnten bis gegen Ende des 19. Jahrhunderts von der eigenen Größe und Unentbehrlichkeit fest überzeugt sein und hatten daher wenig Anlaß, aggressiv auf Liebe unter Frauen zu reagieren.

Auch wenn einzelne Frauenpaare wie die »protestantischen Nonnen« von Llangollen ein gemeinsames Bett teilten und sich offenkundig gegenseitig alles bedeuteten, so hatte dies mit dem Dämon Sexualität nichts zu tun. 1819 entschied ein höchstes Gericht in Schottland, den bekannten Gewohnheiten von Frauen zufolge sei absolut nichts Unehrenhaftes dabei, wenn eine Frau mit einer anderen ins Bett gehe. Handele es sich um einen Mann mit einer Frau oder einem Mann, sei eine sexuelle Handlung anzunehmen. Wenn aber eine Frau eine andere Frau umarme, beweise das gar nichts, entschieden die Richter und bekräftigten damit das Dogma der puritanischen Gesellschaft von der wesenhaften Asexualität und »Reinheit« ihrer Frauen, weil es schlechterdings nichts gäbe, was zwei Frauen im Bett miteinander tun könnten. Ohne geeignetes Werkzeug könne der Akt nicht vollzogen werden. Die Ehre aller anständigen britischen Frauen der guten Gesellschaft stand gewissermaßen auf dem Spiel, wenn die beiden schottischen Lehrerinnen in dem Prozeß gegen Verleumdung nicht von dem unsäglichen Vorwurf der Tribadie freigesprochen worden wären. Es handelte sich um Miß Marianne Woods und Miß Jane Pirie[107], die gemeinsam ein vornehmes Töchterpensionat leiteten, bis es durch die in Umlauf gesetzten Gerüchte über »unehrenhaftes und kriminelles Verhalten« geschlossen werden mußte, so daß sie ihre Existenzgrundlage verloren. Eine Schülerin hatte behauptet, Miß Woods sei mehrmals nachts in den Schlafraum gekommen, den sich Miß Pirie mit etlichen Schülerinnen, je zwei in einem Bett, teilte, und sei zu Miß Pirie ins Bett gekommen. Zum Beweis des »in Britannien unbekannten Verbrechens« gab die Großmutter des Mädchens, das Miß Piries Bettgenossin war, Lukians »Hetärengespräche« an. Die Richter konnten jedoch nicht davon überzeugt werden, daß ehrenwerte Frauen aus guter Familie, Christinnen und zu aufopferungsvoller, treuer Freundschaft fähig, etwas so Schmutziges wie Sexualität freiwillig auf sich nähmen, wenn es weder um Fortpflanzung noch um eheliche Pflichterfüllung ginge. Zum Beweis für die Reinheit ihrer Gesinnung führte der Verteidiger der beiden Frauen eine Bibel vor, die Miß Pirie ihrer »liebsten irdischen Freundin« geschenkt hatte mit der Widmung, sie würde auf alles verzichten außer auf die Freundschaft Gottes, nur um die ihre zu besitzen.

Die Lordrichter von Edinburg brachten mit ihrem Urteilsspruch zugunsten der beiden befreundeten Lehrerinnen den Glauben ihrer Zeit zum Ausdruck, den Margaret Fuller, eine frühe Feministin, um 1840 formuliert, die gleichgeschlechtliche Liebe sei bei weitem der heterosexuellen Liebe überlegen. Dasselbe Gesetz lenke beide, nur die Liebe einer Frau zu einer anderen sei rein intellektuell und vergeistigt, ungetrübt durch jede Beimischung niedriger Instinkte, ungestört durch fremde Zwänge und Interessen wie in einer Ehe, während nichts fehle, was den Wert und die Freude von Liebe und Beziehung ausmache[108].

Wenn es Frauen nicht gelang, gemäß dem Idealbild der leidenschaftslosen und asexuellen Frau ihre romantische Freundschaft »rein« zu bewahren und die dem sinnlichen Ausdruck gesetzte Grenze zu respektieren, mußte dies bei der viktorianischen Verachtung der Sexualität zu quälenden Ängsten und Schuldgefühlen führen. Minnie Benson, verheiratet mit dem Erzbischof von Canterbury, schrieb 1878 in ihr Tagebuch folgende Sätze, die ihr schlechtes Gewissen über die sexuelle Beziehung mit ihrer Freundin Lucy Tait zeigen: »Wieder einmal und mit Scham, gewähre doch, oh Herr, daß die fleischliche Zuneigung in mir sterben möge, und daß alles, was zum Geist gehört, lebe und wachse. Lord, sieh herab auf Lucy und mich und laß diese Vereinigung, die wir beide so blind... andauernd ersehnt haben, vorübergehen.«[109]

Für die meisten romantischen Freundschaften und gleichgeschlechtlichen Quasi-Ehen von Frauen ist jedoch das Fehlen genital-sexueller Beziehungen typisch. Bei den geistlichen Freundschaften mittelalterlicher Nonnen regelte das Keuschheitsgelübde und die Verachtung des Körperlichen ihren Umgang miteinander. Im 19. Jahrhundert wurden Frauen durch die bürgerliche Ideologie von der asexuellen reinen Natur der Frau und dem erniedrigenden Schmutz der Sexualität dazu gebracht, ihre Liebe zueinander möglichst vergeistigt zum Ausdruck zu bringen. Um die zweite Hälfte des 19. Jahrhunderts nehmen die langlebigen monogamen Paarbeziehungen von Frauen zu, die aufgrund ihrer außerordentlichen Fähigkeiten ein künstlerisches und intellektuelles Leben führen, Neue Frauen, die, wie die amerikanische Schriftstellerin Sarah Ornett Jewett um 1880 feststellt, eher eine Ehefrau als einen Ehemann brauchten[110].

Es war unmöglich für diese selbstbewußten und kompetenten Frauen, eine eheliche Verbindung unter den Bedingungen ihrer Zeit einzugehen, die völlige Unterordnung und Aufgehen in der Familie verlangte. Viele Frauen, die »von ihrem Verstand lebten«, pflegten tiefe und umfassende Frauenfreundschaften, oft in gemeinsamer Arbeit. Frauen fanden in der feministischen Bewegung Liebe da, wo sie arbeiteten, stellte Havelock Ellis fest[111]. Als Beispiel für viele solcher Verbindungen unter Frauen seien die unter männlichem Pseudonym schreibenden »Michael Fields«-Frauen[112] Katherine Bradley und Edith Cooper genannt, »Liebende in Christus«, und ihr vollkommener Bund aus Liebe und Arbeit. Feministinnen von Jugend an, verwandt miteinander, wiesen sie nach ihrer Collegezeit die passive, einengende Frauenrolle zurück. Gegenüber einem Schriftstellerehepaar, das getrennt voneinander arbeitete und sich nicht wie sie selbst gegenseitig inspirierte und alles gemeinsam tat, bemerken sie in ihrem Tagebuch: »Wir sind enger verheiratet.« Um 1890 erklären sie in einem Gedicht: »Meine Liebe und ich nahmen unsere Hände und schworen gegen die ganze Welt: Dichterinnen und Liebende wollen wir immer sein.« Im Jahr 1907 konvertierten sie zum Katholizismus, weil sie für ewig vereint sein wollten und ihnen daher der Glaube an die Unsterblichkeit der Seele zusagte.

Gegen Ende des 19. Jahrhunderts suchten immer mehr Frauen mit geistigen Interessen und beruflichen Ambitionen andere Frauen als Verbündete und Lebenspartnerinnen. Über die Hälfte der amerikanischen Collegeabsolventinnen blieben unverheiratet; in den Einrichtungen zur höheren Bildung von Frauen (Colleges) waren um die Jahrhundertwende Frauenpaare unter den Dozentinnen eine feste Institution. Ein herausragendes Beispiel unter vielen »Boston Marriages (Ehen)« sind Mary Woolley und Jeanette Marks, berühmt und angesehen in ihrer Zeit[113]. Ihre romantische Freundschaft begann 1895, als Jeanette noch Studentin war und Mary Woolley Professorin für Biblische Geschichte. Ihre Lebensgemeinschaft bestand zweiundfünfzig Jahre lang bis zu Woolleys Tod 1947. In der Zeit von 1901 bis 1937, während Mary Woolley Präsidentin des ersten amerikanischen Frauencolleges Mount Holyoke (1837 gegründet) war, lebten beide ganz offiziell zusammen im Haus der Präsidentin; alle wußten, daß Jeanette Marys Lebensgefährtin war. Bevor sie zusammenzogen, war es allgemein im College bekannt, daß sie sich gegenseitig jeden Abend besuchten, um sich einen Gute-Nacht-Kuß zu geben.

In der Studie über ihre romantische Freundschaft meint Anna Mary Wells, die beiden Frauen hätten zuerst eine Liebesgeschichte, dann eine Heirat miteinander gehabt, ungeachtet der Frage, ob ihre Beziehung sexuelle Komponenten hatte. Jeanette Marks gibt in ihrem Buch über die Ladies von Llangollen einen Hinweis darauf, warum sie sich zusammentaten: Beide liebten ihre Unabhängigkeit und nicht ihre Verehrer. Die jüngere Jeanette stand immer im Schatten der berühmten Freundin, obwohl auch ihre Leistungen beachtlich sind, beispielsweise veröffentlichte sie nahezu zwanzig Bücher.

Als Marks und Woolley 1895 ihren Bund fürs Leben schlossen, paßte dies vollkommen in die lange Tradition romantischer Freundschaften an Frauencolleges. Tragischerweise änderte sich während ihrer Lebenszeit die gesellschaftliche Bewertung von Frauenliebe radikal: Ihre Beziehung, die eben noch edel und schön und sozial anerkannt war, galt in der Meinung der neuen deutschen Psychiatrie und Sexualwissenschaft als krankhaft, abnorm, pervers. Als Reaktion auf die zunehmende weibliche Unabhängigkeit, Bildung und Berufstätigkeit und auf den Kampf um bürgerliche Rechte für Frauen hatte sich eine breite antifeministische Phalanx von Literaten und »Wissenschaftlern« gebildet, die als eine ihrer wichtigen Kampfmethoden den Horror vor Frauenbeziehungen verbreiteten, die den Herren allmählich bedrohlich vorkamen.

In einem unveröffentlichten Essay über »Unkluge College-Freundschaften« sieht Jeanette Marks 1908 im Licht der neuesten europäischen »wissenschaftlichen« Erkenntnisse die Liebe unter Frauen, die die größte Kraftquelle ihres Lebens ist, als einen »unnormalen Zustand«, eine »Krankheit«, die von schlechten häuslichen Verhältnissen oder mangelnder Gesundheit herrührt. In starkem Widerspruch zu ihrem eigenen Leben sieht sie als einzige Beziehung, die in sich erfüllend und vollkommen sei, die Beziehung zwischen Mann und Frau. Wir können nur ahnen, wie schmerzlich und schädlich für ihr Selbstwertgefühl die neue herabsetzende Sicht romantischer Frauenfreundschaft von viktorianischen Frauen wie Marks und Woolley gewesen sein muß, die sie ihren eigenen stärksten Empfindungen und Überzeugungen entfremdete. Wissenschaftsgläubig internalisierten viele frauenliebende Frauen zu Beginn des 20. Jahrhunderts die Definition antifeministischer Psychiater, die Frauenbeziehungen als medizinisches Problem ansahen.

Von Männern wie Richard von Krafft-Ebing (Psychopathia Sexualis, 1882) und Havelock Ellis (Sexual Inversion, 1897), die hauptsächlich geistesgestörte Frauen und Mörderinnen als die »typischen Invertierten« untersuchten, übernahm das 20. Jahrhundert sein Klischee lesbischer Krankheit und Dekadenz, nachdem Carl von Westphal 1869 einen ersten »Fall« einer jungen Frau »entdeckt« hatte, die gern Jungenkleider anzog, Jungenspiele bevorzugte und sich zu Frauen hingezogen fühlte[114]. Statt einen Protest gegen die langweilige, passive und einengende Mädchenrolle des 19. Jahrhunderts zu diagnostizieren, verfiel er auf »angeborene Degeneration« und »Krankheit«. Ähnlich Freud, der bei einem achtzehnjährigen Mädchen in der »Psychogenese weiblicher Homosexualität« lesbische »Männlichkeit« feststellt – in den intellektuellen Fähigkeiten und in der Unzufriedenheit mit der weiblichen Rolle. Dieser »Fall« zeigt alle typischen Kennzeichen einer romantischen Freundschaft des 19. Jahrhunderts – mit einem einzigen Unterschied, daß er von Freud durch die Brille von vierzig Jahren medizinischer Erforschung von »Abnormalität« betrachtet wird[115].

Als die Rolle der Frauen in der Gesellschaft sich änderte, Frauen mehr Rechte für sich erkämpften und zunehmend Möglichkeiten zu einem von Männern unabhängigen Leben entstanden, ändert sich schlagartig die gesellschaftliche Bewertung der Liebe zwischen Frauen (zwischen 1850 und 1920 etwa), die nun für schlecht, dekadent und krankhaft erklärt und zum Tabu gemacht wird. Merkwürdigerweise gerade dann, als man entdeckt, wie die »wahre Freundschaft« zwischen Frauen, die in »ihren reinen Flammen alle anderen Formen von Liebe vereint« das Potential in sich trägt, ein ungerechtes System männlicher Vorherrschaft und weiblicher Unterordnung zu bedrohen. Auch hier ist für uns eine Lektion Frauengeschichte neu zu lernen: zu erkennen, welche Motive hinter der Pathologisierung, Diffamierung und Tabuisierung von Frauenbeziehungen stehen.

Die Absurdität der Beurteilung von Liebe und Freundschaft zwischen Frauen durch Menschen des 20. Jahrhunderts wird besonders deutlich, wenn die starken emotionalen Bande zwischen Frauen des 18. und 19. Jahrhunderts als krankhaft diskriminiert werden, die in ihrer Zeit vorbildlich und sozial erwünscht waren. Lebensbeschreibungen und Briefe, die offen und unbefangen von Zärtlichkeit und leidenschaftlicher Liebe unter Frauen reden, werden in unserem sexuell so freien und aufgeklärten Jahrhundert ängstlich zensiert und überarbeitet. Um den guten Ruf der amerikanischen Dichterin Emily Dickinson »zu retten«, kürzt ihre Nichte Martha Dickinson Bianchi 1924 unter dem Eindruck Freuds deren um 1850 geschriebene leidenschaftliche Liebesbriefe an Sue Gilbert um alle Passagen, die im 19. Jahrhundert völlig normal waren und im 20. Jahrhundert als »pervers« gelten[116].

Romantische Liebe und Freundschaft zwischen Frauen, die im 18. und 19. Jahrhundert so angesehen und verbreitet war wie die geistliche Freundschaft unter Nonnen im Mittelalter[117], erhält rückwirkend durch moderne Interpreten etwas Suspektes, wo doch, wie in lesbischer Liebe heute, nur Gutes, Schönes und Wertvolles war. Die intensive Zuneigung der englischen Königin Anne zu Sarah Churchill und anderen Frauen im 18. Jahrhundert lege nahe, meint ein heutiger Kritiker, irgend etwas mit ihren Gefühlen sei nicht in Ordnung, und fügt irritiert hinzu, auch die Schwester der Königin, Mary, scheine offenbar eine ähnliche Leidenschaft für ihre Freundin Frances Apsley gehegt zu haben, der sie zur Hochzeit folgenden Liebesbrief[118] schrieb:

»Ich bleibe auf in dieser Nacht,
um meiner lieben lieben lieben liebsten Frau zu sagen..., daß ich immer mehr Liebe für dich empfinde,
jedesmal, wenn ich dich sehe.
Ich habe dich so lieb,
daß ich es gar nicht anders ausdrücken kann,
als zu sagen:
ICH BIN DEINE LAUS AM BUSEN,
und ich wäre sehr glücklich,
dir immer so nahe zu sein.«

Heute, nachdem du frei entscheiden kannst...
Schlußbetrachtung

Phantasiedorf, den 21. März 2025

Liebe Herta, liebe Monika, liebe Ute!

Heute kommen wir mit einem Anliegen zu Euch. Wir sind zwei historisch interessierte Frauen und schreiben an einer Forschungsarbeit mit dem Titel: »Der Beitrag lesbischer Frauen zur Neugestaltung christlicher Gemeinschaften«. In der Flut der Literatur zu lesbischen Frauen in den Kirchen sind wir auf Euer Buch aus dem Jahr 1987 gestoßen. Diese Arbeit gehört wohl mit zu den Anfängen des sichtbaren Aktivwerdens von lesbischen Frauen in den Kirchen.

Die Situation der Kirchen hat sich in unserem Land in den letzten 45 Jahren grundlegend geändert – weg von der Volkskirche, hin zu kleinen Gemeinschaften, die von engagierten Frauen und Männern getragen werden.

Wir gehören zu einer Hauskirche von Frauen und sind von daher besonders daran interessiert zu erfahren, welche Rolle lesbische Frauen in diesem Veränderungsprozeß gespielt haben.

Wir möchten Euch bitten, uns zu schreiben, wie es Euch damals erging, welche Ansätze Ihr gesehen habt, welche Hoffnungen und Ängste Euch bewegten, wie Ihr heute die Veränderung einschätzt. Denn uns ist es wichtig, nicht nur mit Büchern

zu arbeiten, sondern von den Erfahrungen der Frauen zu hören, die vor uns aktiv waren.
Auf Eure Antwort sind wir sehr gespannt
und grüßen Euch herzlich

Natascha *Adele*

Traumstadt, den 30. April 2025

Liebe Natascha, liebe Adele,

habt Dank für Euren Brief. Eure Arbeit ist spannend und nachdenkenswert, und wir wollen Euch gerne Eure Fragen beantworten. Dazu haben wir uns im hohen Alter noch einmal zusammengesetzt und ein wenig Bilanz gezogen.

Auch wir fanden es damals wichtig, uns an die Frauengeschichte anzuschließen. So haben wir Marga Bührig und Else Kähler um ein Vorwort für unser Buch gebeten, weil sie zu den Frauen gehören, die schon vor uns wichtige Schritte gegangen sind. Und was wir faszinierend finden, ist, daß Frauen in den Kirchen in der ganzen Geschichte immer wieder Ansätze zur Veränderung machten.

Das Leben in Frauenbeziehungen war in der Zeit, als wir unser Buch schrieben, für viele schon selbstverständlich, nur das Sichtbarwerden noch nicht. Aber es war ein großer Fortschritt gegenüber der Zeit vor der Frauenbewegung der siebziger Jahre. Trotzdem waren es Jahrzehnte des Verschweigens. Das hatte seine Gründe in unserer patriarchalen Gesellschaft, die noch nicht den Übergang in das integrale Zeitalter gefunden hatte und in der Ehe und Familie als Keimzelle der Gesellschaft galten – obwohl bereits jede dritte Ehe geschieden und viele Partnerschaften ohne Trauschein gelebt wurden. Es war die Zeit, in der sich Frauen immer noch in bezug auf Männer zu definieren hatten und Männer Frauen die volle Gleichwertigkeit und Mitbeteiligung verweigerten. Es ging nicht nur um Sexismus, wir nannten es sogar Heterosexismus, denn heterosexuelle Erfahrung samt ihrer hierarchischen Struktur war die Norm.

Auch in den Kirchen sah es damals nicht anders aus – eher schlimmer. Ehe galt als die von Gott gewollte einzige Form des Zusammenlebens von Frau und Mann, in der Sexualität sein durfte. Alle, die in anderen Lebensformen Sexualität lebten, mußten sehen, wie sie in das kirchliche Modell von menschlicher Gemeinschaft paßten, und mußten für sich klären, inwieweit sie nach außen etwas vorgeben wollten, was sie so nicht lebten.

Es war in den Kirchen eine Zeit der doppelten Moral!

Wir wollten da nicht mehr mitmachen, sondern selbstbewußt unsere Lebensform leben und darstellen.

Sicher ist Euch aus der Geschichte bekannt, welche Auswirkungen die Frauenbewegung der siebziger Jahre auf das gesamte gesellschaftliche Leben hatte. Für uns Lesben war sie von besonderer Bedeutung. Durch sie wurde Frauenliebe aus der Ecke abnormen, krankhaften Verhaltens[1] herausgeholt und in einem neuen Licht gesehen.

Damals waren die heute für uns selbstverständlich gewordenen Theorien über lesbische Existenz noch meistens unbekannt. Die Gesellschaft sträubte sich vehement dagegen, Heterosexualität in Frage stellen zu lassen. Erst nachdem Jahre später erkannt wurde, daß der Kern dieser Kritik gerade den heterosexuellen Partnerschaften zugute käme, ließ die ängstliche Abwehr nach. Nach und nach erkannten auch jene Kreise, die dem Feminismus kritisch gegenüberstanden, daß gerade im Sinne eines menschlicheren Umgangs zwischen den Geschlechtern ein Zwang zur Heterosexualität weder Männern noch Frauen dienlich sei.

Damals forderten wir eine Wahlfreiheit zwischen der Liebe zu einer Frau oder einem Mann. Wir versprachen uns unter anderem davon, daß Männer, die in Konkurrenz zu Frauen ihre Liebesfähigkeit unter Beweis stellen müßten, auch zu mehr partnerschaftlichem Handeln bereit wären.

Wir glauben heute, daß wir dieser Utopie ein Stück näher gekommen sind. Lesbische Partnerschaften werden von seiten des Staates mittlerweile den heterosexuellen Bindungen gleichgestellt. Überhaupt ist es schön, zu sehen, wie der Wert der Frau heute die Kultur durchdringt und mitprägt.

Wir sind stolz darauf, daß wir als lesbische Frauen in den Kirchen dazu beitragen konnten.

Damals war es bestärkend, daß wir Frauen insgesamt in den Kirchen in Bewegung gekommen waren. Eine zentrale Rolle spielte dabei die feministische Theologie, die unser Fragen, Suchen, Forschen, unsere Entdeckungen widerspiegelte. Die Vorstellungen, die Bilder von Gott, die ganze Kirchensprache waren noch hierarchisch und sexistisch – oft schon ein »Götzendienst des Männlichen«. Wir wollten die schöpfende, lebensspendende Kraft weiblich denken oder von Gott in Kategorien der »Freundschaft«[2] reden, wollten das lineare Denken und seine Formen wieder mit unserem alten Wissen von Zyklen verbinden.

In dieser Suche zeigte sich, welch schöpferische Kraft wir in Gesellschaft und Kirche haben, wenn wir unsere Freundschaft zu Frauen ernst nehmen, so ernst, wie wir lange genug den Wert »Beziehung zum Mann« als einzigen genommen hatten.

Wir gingen Wege, wo wir Frauen uns zusammenschlossen und unter uns blieben, weil wir nur so inhaltlich weiterkamen und weil das nach außen Wirkung zeigte.

Wir sind froh, daß Ihr und wir da heute weiter sind.

In der damaligen »Volkskirche« war der Versuch, alle zusammenzuhalten – von fundamentalistisch, konservativ bis befreiungstheologisch – sehr mühsam. Manchmal hatten wir das Gefühl, die einen terrorisierten die anderen, weil sie sich für die Rechtgläubigen hielten.

Heute, nachdem Du frei entscheiden kannst, ob Du zu einer Religionsgemeinschaft gehören willst, welcher kleineren Gemeinschaft, Frauen-Hauskirche, Basisgemeinde Du Dich anschließt, was Du dafür finanziell aufbringst, heute, nachdem sich die Gruppen in ihrer Unterschiedlichkeit nicht gegenseitig den Glauben absprechen, macht es wieder Freude dazuzugehören. Die Gruppen sind lebendig, die Aufgaben der einzelnen wechseln, und Rituale werden neu geformt und gelebt. Damals hatten wir nur die Hoffnung, jetzt ist es selbstverständlich, daß auch Lebensgemeinschaften von zwei oder mehreren Frauen (oder Männern) gefeiert und gesegnet werden.

In jener Zeit hatten wir die Sorge, daß wir die Kirche konsequenterweise ganz verlassen müßten oder eine Art Außenseiterinnenkirche würden, wenn sich nichts ändert. Aber die Ver-

Schlußbetrachtung

änderung betraf ja nicht nur Kirche – es drängte angesichts der drohenden Selbstvernichtung unserer Erde auf allen Ebenen nach Wandel. Wir mußten wegkommen von dem im Patriarchat so betonten »macht euch die Erde untertan«, hin zum Bewahren der Schöpfung. Das bedeutete anders leben – in doppelter Hinsicht: in den zwischenmenschlichen Beziehungen und im Verhältnis zur Natur.

Zwischenmenschlich mußten Herrschaftsverhältnisse zwischen Männern und Frauen, zwischen Klassen, Rassen und Völkern aufgehoben werden. Gerechtigkeit statt Ausbeutung war das Ziel. Und wir waren der Meinung, daß lesbische Freundschaften im kleinen ein Modell für Beziehungen sind, in denen Menschen sich nicht besitzen, sondern sich teilen, gegenseitig unterstützen, respektieren, füreinander Sorge tragen und in Gemeinschaft mit anderen eingebunden sind. Auch wir hatten mit unserem patriarchalen Denken und den Verhaltensweisen oft zu kämpfen, die wir durch unsere Erziehung gelernt hatten. Wichtig war und ist uns, daß das Kriterium für Beziehungen zwischen Menschen die Liebe ist.

Einige Gesellschaftsphilosophen und -philosophinnen, die diese Zeit als »Wendezeit«[3] bezeichneten, kamen zu der Erkenntnis, daß der Feminismus und die Wiedereinbeziehung des Weiblichen eine wesentliche Rolle in diesem Wandel spielen. Es war gut, daß viele andere in jener Zeit von den verschiedensten Ansätzen her wie Friedens-, Ökologie-, Befreiungs- und Neue Spiritualitätsbewegung mit zu dem neuen Bewußtsein und zu neuen Lebensweisen beitrugen.

Die Kirche mußte da einfach mitgehen, mußte auch neue Formen finden, weil die Verkündigung des Reiches Gottes die Verwirklichung von Gerechtigkeit und Frieden auf Erden verlangt. Damals war das noch schwierig, zum Teil gab es gute Ansätze in Gruppen, aber die Institutionen selbst waren eher restaurativ. Unser Buch kam in eine Zeit, in der eher wieder aus- und abgegrenzt wurde. Wir meldeten uns damals zu Wort, weil wir die Kraft unserer Beziehungen nicht länger verschweigen wollten.

So viel für heute. Es tat uns gut, über all das noch einmal zu reden und zu sehen, daß sich doch viel verändert hat. Wir

freuen uns, daß Ihr mutig, radikal und selbstkritisch die Geschichte lesbischer Frauen sichtbar macht.
Es grüßen Euch schwesterlich
Eure

Hetra, Monika und Ute

Anmerkungen

Unser Schweigen wird uns nicht schützen

1 AUDRE LORDE, Auf Leben und Tod, Krebs-Tagebuch, Berlin 1984, S. 26
2 Vgl. HELMUT KENTLER, Die Menschlichkeit der Sexualität. Berichte, Analysen, Kommentare, ausgelöst durch die Frage: Wie homosexuell dürfen Pfarrer sein?, München 1983
   HANS GEORG WIEDEMANN, Homosexuelle Liebe, Stuttgart 1982
3 HELMUT KENTLER, a. a. O. (s. Anm. 2), S. 11
4 Anzeigen in: Publik-Forum, Schlangenbrut, Courage, Emma u. a., veröffentlicht im 8. Rundbrief »Christenrechte in der Kirche«, Nov. 1983
5 SUSANNE VON PACZENSKY, Verschwiegene Liebe. Zur Situation lesbischer Frauen in der Gesellschaft, München 1981, S. 169
6 § 9,4 des Kirchlichen Anstellungsvertrages der Evangelischen Landeskirche in Württemberg (Hervorhebung durch uns)
7 Eine Dokumentation – Der »Fall«, in: HELMUT KENTLER, a. a. O. (s. Anm. 2), S. 229 ff.
8 Bericht des Sonderausschusses für Fragen der Lebensführung kirchlicher Mitarbeiter. Aktenstücke der 19. Landessynode der Evang.-Luth. Landeskirche Hannovers, Nr. 179, Anlage 2, Blatt 17, Art. 3.5. Vgl. dazu Auszüge aus diesem Aktenstück im Anhang
9 Siehe Fragebogen im Anhang. – Alle im vorliegenden Buch nicht ausgewiesenen Zitate stammen aus den Antworten zu diesem Fragebogen.
10 Denkschrift zu Fragen der Sexualethik, Gütersloh 1971, These 4, S. 14
11 Denkschrift, a. a. O. (s. Anm. 10), These 8, S. 15
12 Denkschrift, a. a. O. (s. Anm. 10), These 67, S. 39
13 Katechismus-Kommission der Vereinigten Evangelisch-Lutherischen Kirche Deutschlands, Hg. JENTSCH / JETTER / KIESSIG / RELLER, Evang. Erwachsenen-Katechismus, Gütersloh 1975, S. 649
14 Denkschrift, a. a. O. (s. Anm. 10), These 68, S. 40
15 Römer 1, 18–32, hier speziell V. 26 und V. 32
16 Diakonie und Homosexualität. Eine Handreichung des Diakonischen Werkes vom Evang. Kirche von Westfalen vom 10. 6. 1985 und die Kritik daran in: idea-spectrum, Bekenntnisbewegung gegen westfälische Diakonie: Ja zu homosexuellen Mitarbeitern? – Kirchenleitung soll personelle Konsequenzen ziehen.
17 In Zentren und Gruppen, vielfach von lesbischen Frauen getragen, wird Frauen frauenbezogenes Leben, Kultur und Spiritualität angeboten, z. B. Inanah – Freies Institut für matriarchale Philosophie, Forschung und Lehre e. V., oder ARKUNA,, Zentrum für weibliche Entfaltung, Stuttgart
18 AUDRE LORDE, a. a. O. (s. Anm. 1), S. 25
19 AUDRE LORDE, a. a. O. (s. Anm. 1), S. 26–27

Kapitel 1
Hättest du gedacht, daß wir so viele sind?

1 Eigene Fragen stellen. Ein Konflikt um Küng, Wissenschaftsfreiheit und lesbische Liebe. Frauenforschung an der Männeruniversität. Eine Dokumentation. Hg.: HEINZ BLANKE, LISA NAPHOLCZ, ANNE SIMON, GERD WILD, UTE WILD, Tübingen 1986, Bestelladresse: U. Wild, Mithrasstr. 45, 6000 Frankfurt 50, DM 5,–
2 ANNABELL FARADAY, Die Befreiung der Lesbenforschung, in: KENNETH PLUMMER, Hg., The Making of the Modern Homosexual, London 1981, S. 112–129. Nicht autorisierte deutsche Übersetzung: Petra Schlierkamp und Käthe Weiß im Begleitbrief zum Info 18 des Forum »Weibliche/männliche Sexualität und Sozialwissenschaften« vom 27.2.1986, S. 22
3 BRIGITTE REINBERG / EDITH ROSSBACH, Stichprobe: Lesben, Pfaffenweiler 1985, S. 9
4 ADRIENNE RICH, Zwangsheterosexualität und lesbische Existenz, in: DAGMAR SCHULTZ, Hg., Macht und Sinnlichkeit, Berlin 1983, S. 139
5 REINBERG / ROSSBACH, a. a. O. (s. Anm. 3), S. 8

Kapitel 2
Die Frauenbewegung verhalf mir zur Sprache

1 Im Folgenden sind alle Zitate, die nicht gekennzeichnet sind, den Antworten der Fragebögen entnommen.
2 Dieser Frage wird u. a. von Judith Offenbach nachgegangen. Vgl. JUDITH OFFENBACH, Feminismus – Heterosexualität – Homosexualität, in: LUISE PUSCH, Hg., Inspektion der Herrenkultur, Frankfurt 1983
3 LILLIAN FADERMAN, Surpassing the Love of Men. Romantic Friendship and Love Between Women from the Renaissance to the Present, New York 1981, S. 340, (übers. U. W.)
4 ADRIENNE RICH, Zwangsheterosexualität und lesbische Existenz, in: DAGMAR SCHULTZ, Hg., Macht und Sinnlichkeit, Berlin 1983, S. 157
5 Vgl. AUDRE LORDE und ADRIENNE RICH, Ihr Werdegang aus eigener Sicht, in: DAGMAR SCHULTZ, Hg., Macht und Sinnlichkeit, a. a. O. (Anm. 4), S. 23
6 ADRIENNE RICH, a. a. O. (Anm. 4), S. 168
7 ADRIENNE RICH, a. a. O. (Anm. 4), S. 146 ff.
8 ALICE SCHWARZER, Der kleine Unterschied – und seine großen Folgen, Frankfurt 1975
9 Vgl. BERNADETTE BROOTEN in Kap. 4
10 MARY E. HUNT, Lovingly Lesbian: Toward a Feminist Theology of Friendship, in: ROBERT NUGENT, Hg., A Challenge to Love. Gay and Lesbian Catholics in the Church, New York 1983, S. 138 (übers. U. W.)
11 ADRIENNE RICH, a. a. O. (Anm. 4), S. 168
12 JUTTA BRAUCKMANN, Die Vergessene Wirklichkeit, Männer und Frauen im weiblichen Leben, Münster 1984
13 JUTTA BRAUCKMANN, a. a. O., S. 108 f.

14 JUTTA BRAUCKMANN, a. a. O., S. 113
15 CARTER HEYWARD, Und sie rührte sein Kleid an. Eine feministische Theologie der Beziehung, Stuttgart 1986, S. 200
16 MARY HUNT, a. a. O. (Anm. 10), S. 139
17 vgl. CARTER HEYWARD, a. a. O. (Anm. 15), S. 197 ff.
18 ADRIENNE RICH, a. a. O. (Anm. 4), S. 159
19 CARTER HEYWARD, a. a. O. (Anm. 15), S. 203
20 CARTER HEYWARD, a. a. O. (Anm. 15), S. 17
21 CARTER HEYWARD, a. a. O. (Anm. 15), S. 204

Kapitel 3
Die Bemühungen gingen in Richtung Heterosexualität

1 Fragebogenaktion zu diesem Buch. Fragebogen im Anhang
2 JÖRG BOPP, Die Priesterschaft der Therapeuten, in: Psychologie heute, 12 Jg. 11/1985, S. 36–45
3 JUDITH OFFENBACH, Feminismus–Heterosexualität–Homosexualität, in: LUISE PUSCH, Hg., Inspektion der Herrenkultur, Frankfurt 1983; LISING PAGENSTECHER, Die Entdeckung der Normalität von Frauenbeziehungen, in: Feministische Studien, Weinheim, 2. Jg. 1/1983, S. 70–84; ADRIENNE RICH, Zwangsheterosexualität und lesbische Existenz, in: DAGMAR SCHULTZ, Hg., Macht und Sinnlichkeit, Berlin 1983; Rundbriefe des Forums Weibliche/männliche Sexualität und Sozialwissenschaften
4 Diakonie und Homosexualität. Eine Handreichung des Diakonischen Werkes der Evang. Kirche von Westfalen vom 10. 6. 1985
5 RÜDIGER LAUTMANN, Seminar Gesellschaft und Homosexualität, Frankfurt 1977
AKTION SÜHNEZEICHEN / FRIEDENSDIENSTE, Hg., Homosexuelle in der Kirche?, Berlin 1985
FRITZ MORGENTHALER, Homosexualität – Heterosexualität – Perversion, Frankfurt 1984
6 BRIGITTE REINBERG / EDITH ROSSBACH, Diskriminierung lesbischer Frauen, Unveröffentlichte Diplomarbeit FU Berlin 1984, S. 145
7 JUDITH OFFENBACH, a. a. O. (s. Anm. 3), S. 213
8 HERRAD SCHENK, Sexismus in der Wissenschaft, in: HERRAD SCHENK, Hg., Geschlechtsrollenwandel und Sexismus, Weinheim 1979, S. 212–221
9 Lesben und Therapie (übertragen ins Deutsche von H. BIRKMANN), Orig.: DOROTHY J. RIDDLE, BARBARA SANG, Psychotherapy with Lesbians, ersch. in: Lesbenstich 1/1984, S. 38–41
10 RUTH GROSSMASS, Feministische Therapie, in: EMMA 7/1986, S. 50–54
11 SHEILA ERNST, LUCY GOODISON, Selbsthilfe Therapie, München 1982[1]; SABINE SCHEFFLER, Feministische Therapie, in: Beiträge zur Feministischen Theorie und Praxis, Neue Heimat Therapie, Köln 17/1986
12 Unveröffentlichte Examensarbeit: Sexuelle und soziale Probleme lesbischer Frauen und ihre Bearbeitung durch professionelle Beratung und autonome Selbsthilfe, Düsseldorf 1983
13 CHRISTINA THÜRMER-ROHR, Die Gewohnheit des falschen Echos, in: Bei-

träge zur Feministischen Theorie und Praxis, a. a. O. (s. Anm. 11), S. 113-119

BRUNHILDE SAUER-BURGHARD, ... die »böse Mutter« kehrt zurück – das Wiederaufleben des Reduktionismus und Biologismus in der Feministischen Therapie-Debatte, Beiträge zur Feministischen Theorie und Praxis, a. a. O. (s. Anm. 11), S. 125-133

Ergänzende Literatur:
ILSE KOKULA, Homosexualität–Frauen–fehlende Sexualerziehung, Schikanen im Beruf und Diskriminierung ihrer Lebensgemeinschaft, in: MARIELUISE JANSSEN-JURREIT, Hg., Frauenprogramm gegen Diskriminierung, Reinbek bei Hamburg 1979
ANNETTE DRÖGE, Sexualität und Herrschaft, Münster 1976
JOEL KOVEL, Kritischer Leitfaden der Psychotherapie, Frankfurt 1984[3]

Kapitel 4
Darum lieferte Gott sie entehrenden Leidenschaften aus

1 Zeilen 175-227. Zitiert nach: Jüdische Schriften aus hellenistisch-römischer Zeit IV/3, übers. von NIKOLAUS WALTER, Gütersloh 1983, S. 213-216. Engl. Übers.: P. W. VAN DER HORST, The Sentences of Pseudo-Phocylides. With Introduction and Commentary, Studia in Veteris Testamenti Pseudepigrapha 4, Leiden 1978, S. 225-257. Als Entstehungszeit gibt Van der Horst 30 v. Chr.-40 n. Chr. an, als Entstehungsort Alexandrien (a. a. O., S. 81-83).

2 Stünde Zeile 192 nicht in ihrem jetzigen Zusammenhang, dann könnte sie sich auch auf Frauen beziehen, die Männer in anderer Hinsicht sexuell nachahmen, indem sie nämlich die aktive Rolle im heterosexuellen Verkehr übernehmen. Die Ablehnung lesbischer Frauen und die Mißbilligung nichtpassiver heterosexueller Frauen sind, wie sich unten noch zeigen wird, eng miteinander verwandt. Eine andere erwähnenswerte jüdische Quelle in griechischer Sprache sind die Psalmen Salomos 2,13; darin ist von den Töchtern Jerusalems die Rede, »die sich selbst in zügelloser Vermischung befleckt hatten«, zitiert nach SVEND HOLM-NIELSEN, Die Psalmen Salomos, Jüdische Schriften aus hellenistisch-römischer Zeit IV/2, Gütersloh 1977, S. 64. Das könnte sich auf Blutschande (so Holm-Nielsen), Sodomie oder auf Geschlechtsverkehr mit Frauen beziehen.

3 Sifra, über Lev. 18,3 (Aharei Mot, Parascha 9), hg. von A. H. WEISS, Wien 1862 (Übers. J. Fl.)

4 J. GITTIN 49 c, 70-71

5 Babylonischer Talmud: Schabbat 65 a–b; Jebamot 76 a (vgl. zu beiden Stellen den mittelalterlichen Kommentator Raschi); MAIMONIDES, Mischne Tora, 'Issurei Bi'ah (Verbotener Geschlechtsverkehr) 21,8; 'Ewen Ha 'Ezer 20,2

6 Das Fragment des Parmenides zitiert in: CAELIUS AURELIANUS, 9,134-135 (5. Jh. n. Chr.), (hg. und übers. von ISRAEL E. DRABKIN, Chicago 1950,

S. 902–903) scheint sich auf Frauen und Männer zu beziehen und könnte deshalb für eine noch frühere Erwähnung gehalten werden.
7 PLATON, Symposion, 191 e
8 PLATON, Gesetze, 636 b–c; vgl. auch 836 a–837 a
9 PLATON, Gesetze, 63 c. Zitiert nach der Übersetzung von KLAUS SCHÖPSDAU, in: GUNTHER EIGLER (Hg.), Platon. Werke in Acht Bänden. Griechisch und Deutsch, Bd. 8/1, Darmstadt 1977, S. 37. John Boswell weist auf die mögliche Zweideutigkeit der Worte *para physin* hin, geht aber nicht auf die Ausdrücke »verwegene oder schamlose Handlung« oder »Mangel an Selbstkontrolle« ein. Siehe J. BOSWELL, Christianity, Social Tolerance, and Homosexuality. Gay People in Western Europe from the Beginning of the Christian Era to the Fourteenth Century, Chicago 1980, S. 13–14, Anm. 22.
10 Anthologia Graeca 5,206, hg. von HUGO STADTMUELLER, Leipzig 1894, Bd. 1, S. 168–169; siehe schol.[B]
11 SENECA D. Ä., Controversia 1,2,23
12 OVID, Metamorphosen 9,666–797, zitiert nach: Publius Ovidius Naso, Metamorphosen. Epos in 15 Büchern, hg. und übers. von HERMANN BREITENBACH, Die Bibliothek der Alten Welt, Zürich 1964[2], S. 648–661.
13 OVID, Metamorphosen 9,726–763; Breitenbach, S. 657
14 Die Geschichte der Caenis/Caeneus, einer Frau ohne jegliches Interesse an sexuellem Verkehr mit Männern, die in einen Mann verwandelt wurde, sollte hier auch erwähnt werden. Eine der Hauptquellen für diese Erzählung ist OVID, Metamorphosen 12,171–535.
15 PHAEDRUS, Liber Fabularum 4,16. Wahrscheinlich schrieb Phaedrus die Fabeln von Buch 4 als alter Mann (siehe: PETER L. SCHMIDT, Der Kleine Pauly, Art. »Phaedrus«). Zu beachten ist, daß hier tatsächlich von entsprechenden Sexualorganen die Rede ist. Hält der Autor sie für eine aktive Rolle von Frauen im Sexualverkehr für nötig?
16 Vgl. JUVENAL, Satiren 6,423
17 MARTIAL, Epigrammata 7,67 u. 70, zitiert nach Martial, Epigramme, hg. und übers. von R. HELM, Zürich / Stuttgart 1957, S. 280, 279. In der griechisch sprechenden Welt war Philaenis als Autorin eines Buches über Sexualpraktiken bekannt, obwohl manche es für eine Bösartigkeit hielten, ihr dieses Werk zuzuschreiben. Siehe: PAULY-WISSOWA, Real-Encyclopädie der classischen Altertumswissenschaft, 19,2 (1938), S. 2122. Vielleicht hat Martial daran gedacht.
18 Das Verb *futuo* in Zeile 2 von 7,70 bezeichnet ebenso wie das deutsche Wort »ficken« den Beischlaf eines Mannes mit einer Frau.
19 MARTIAL, Epigramme 1, 90, zitiert nach HELM, S. 82
20 JUDITH P. HALLETT, Autonomy as Anomaly: Roman and postclassical Greek reactions to female homoerotic expression. Unveröffentlichtes Referat, das im Juni 1981 bei der Fifth Berkshire Conference on the History of Women im Vassar College, New York gehalten wurde.
21 Auch Peter Howell meint, Martial denke bei den Stellen 1, 90 (Bassa) und 7,67 (Philaenis) an eine physische Penetration: Von einigen Frauen – so schreibt er – hieß es, ihre Klitoris sei groß genug gewesen, um Frauen oder sogar Tieren beizuwohnen, aber er hält es für wahrscheinlicher, daß der

Gebrauch eines Phallusersatzes gemeint ist. Siehe P. HOWELL, A Commentary on Book One of the Epigrams of Martial, London 1980, S. 298. Daß Phaedrus *tribades* so beschreibt,als hätten sie tatsächlich männliche Sexualorgane, unterstützt ebenfalls die Interpretation Halletts, zumal Martial das Werk des Phaedrus kannte und benutzte. Siehe dazu PETER L. SCHMIDT, Der Kleine Pauly, Art. »Phaedrus«.

22 Siehe SENECA, Controversiae 1,2,23
23 HALLETT, Autonomy as Anomaly, S. 15 (Übers. B. B.)
24 JUVENAL, Saturae 6,306–313, zitiert nach: Juvenal Satiren, eingel. und übers. von HARRY C. SCHNUR, Stuttgart 1969, S. 64. Edward Courtney weist auf Stellen hin, an denen Metaphern von Reiten auf sexuelle Praktiken angewendet werden; siehe E. COURTNEY, A Commentary on the Satires of Juvenal, London 1980, S. 298. LUDWIG FRIEDLÄNDER bezeichnet das als »tribadische Unzucht«, in D. Iunii Iuvenalis Saturarum Libri V. Mit erklärenden Anmerkungen, Bd. 1, Leipzig 1895, S. 319.
25 JUVENAL, Satiren 2,43–48, a. a. O., S. 21. Laronia gibt allerdings nicht unbedingt die Meinung Juvenals wieder; sehr wahrscheinlich bezieht sich Juvenal nämlich an anderer Stelle (6,306–313) auf sexuelle Praktiken unter Frauen.
26 PLUTARCH, Vitae, Lycurgus 18,9. Zitiert nach: Plutarch, Lykurgos, in: Große Griechen und Römer, Bd. 1, eingel. und übers. von KONRAD ZIEGLER, Die Bibliothek der Alten Welt, Zürich / Stuttgart 1954, S. 125–167, hier S. 150
27 Zu Plutarchs Vorstellungen von weiblichen Ehepflichten, siehe besonders sein Traktat »Coniugalia Praecepta (Moralia 138A–146A); dazu siehe KATHLEEN O'BRIEN WICKER, First-Century Marriage Ethics: A Comparative Study of the Household Codes and Plutarch's Conjugal Precepts, in: JAMES W. FLANAGAN / ANITA WEISBROD ROBINSON (Hg.); No Famine in the Land. Studies in Honor of John L. McKenzie, Claremont/CA 1975, S. 141–153. Plutarch rät in seinem Traktat eher zu weiblicher Unterordnung als zu weiblicher Autonomie.
28 Dieses Fragment des Jamblichos mit dem Titel BABYLONIACA blieb in der Bibliothek des Patriarchen Photios (10. Jh.) erhalten, siehe in: PHOTIUS, Bibliothèque, hg. und übers. von RENE HENRY, Bd. 2, Paris 1960, Nr. 94, S. 44–46. Siehe auch die kritische Ausgabe der Fragmente des Jamblichos von ELMAR HABRICH (Hg.), Iamblichi Babyloniacorum Reliquiae, Leipzig 1960, S. 58–65 und die Diskussion bei BOSWELL, Christianity, Social Tolerance, and Homosexuality, S. 84. Boswells Übersetzung von *ekthesmos* mit »inordinate« (unmäßig) statt mit »gesetzlos« oder »contre nature« (widernatürlich: Henry) ist nicht haltbar; siehe die Bedeutungen von *ekthesmos* in den einschlägigen griechischen Lexika von LIDDELL / SCOTT / JONES, LAMPE UND PREISIGKE.
29 Siehe auch ALKIPHRON (2. Jh.), Hetärenbriefe 14, die Berichte von rein weiblichen Festen mit erotischen Anklängen enthalten.
30 PSEUDO-LUKIAN, Amores 28
31 ARTEMIDOROS, Oneirocritica 1,80
32 CAELIUS AURELIANUS, Tardarum passionum 4,9,132–133
33 PTOLEMAEUS, Tetrabiblos 3,14; 4,5, zitiert nach: Claudius Ptolemaeus,

Tetrabiblos. Nach der von Philipp Melanchthon besorgten und mit einer Vorrede versehenen seltenen Ausgabe aus dem Jahre 1553 griech. und lat., übers. von M. ERICH WINKEL, Berlin-Pankow 1923, S. 91, 114
34 VETTIUS VALENS, Anthologiarum Libri 2,36 (Übers. B. B.)
35 MANETHO, Apotelesmatica 4,24, (Übers. B. B.). Siehe auch FIRMICUS MARTERNUS, Matheseos Libri VIII, 7,25,1; in dieser systematischen Arbeit über Astrologie wiederholt er das Motiv von Frauen, die wie Männer werden.
36 Siehe auch CAELIUS AURELIANUS, Tardarum passionum 4,9,132: »Frauen, die *tribades* genannt werden, weil sie beide Arten von Liebe pflegen« (Übers. J. Fl.).
37 Ein dritter hier zu nennender Autor des zweiten Jahrhunderts ist der christliche Autor CLEMENS VON ALEXANDRIEN, der schreibt: »Männer spielen die passive Rolle von Frauen, und Frauen benehmen sich wie Männer, indem sie gegen die Natur verheiratet werden und heiraten.« Paedagogus 3,21,3 (Übers. J. Fl.)
38 KENNETH J. DOVER, Homosexualität in der griechischen Antike, München 1983, CE 34, Erörterung auf S. 153; GISELA M. A. RICHTER, Korai. Archaic Greek Maidens, London 1968, Tafel VIII–C
39 DOVER, Homosexualität, R207, Erörterung auf S. 173; JOHN BOARDMAN / EUGENIO LA ROCCA / ANTONIA MULAS, Eros in Griechenland, München 1976, S. 111–112; J. D. BEAZLEY, Paralipomena: Additions to *Attic Black Figure Vase-Painters* and *Attic Red-Figures Vase-Painters*, Oxford 1971, S. 333
40 Ob der Gebrauch eines Phallusersatzes hier relevant ist, ist nicht sicher. Siehe: DOVER, Homosexualität, S. 95–97, 118–120; SARAH B. POMEROY, Goddesses, Whores, Wives and Slaves, Women in Classical Antiquity, New York 1975, Tafel 12; ROBIN SCROGGS, The New Testament and Homosexuality. Contextual Background for Contemporary Debate, Philadelphia 1983, S. 141, 143
41 HORAZ, Episteln 1,19,28. Siehe auch Horaz zu Folia von Ariminum, der er »maskuline Libido« zuschreibt, in: Epoden 5,41–46
42 PLUTARCH, Moralia 406 A
43 MAXIMOS VON TYROS 18,7
44 OVID, Tristien 2,365–366; ders., Heroides XV (Briefe der Sagenfrauen); vgl. auch OVID, Metamorphosen 9,666–797
45 TATIAN, Oratio ad Graecos 33 (Übers. J. Fl.)
46 ADA ADLER (Hg.) Suidae Lexicon, Leipzig 1928–1938, Nachdr.: Stuttgart 1967–1971, Bd. 1,4, S. 322–323
47 Zu Röm 1,18–32 als Ganzes siehe die Römerbrief-Kommentare von C. E. B. CRANFIELD, ULRICH WILCKENS, HEINRICH SCHLIER, ERNST KÄSEMANN, OTTO MICHEL, C. K. BARRETT, HANS LIETZMANN, M. J. LAGRANGE UND WILLIAM SANDAY UND ARTHUR HEADLAM, die auch weitere Literaturhinweise enthalten. Zum Diskussionsstand bezüglich der besonders umstrittenen Struktur der Perikope siehe WIARD POPKES, Zum Aufbau und Charakter von Röm 1,18–32, in: New Testament Studies 28 (1982), S. 490–501. Zu Römer 1,26–27 siehe auch: GERALD T. SHEPPARD, The Use of Scripture within the Christian Ethical Debate Concerning Same-

Sex Oriented Person, in: Union Seminary Quarterly Review 40 (1985), S. 13–35; GEORGE R. EDWARDS, Gay/Lesbian Liberation. A Biblical Perspective, New York 1984, S. 70–80; BOSWELL, Christianity, Social Tolerance, and Homosexuality, S. 107–117; PETER COLEMAN, Christian Attitudes to Homosexuality, London 1980, S. 88–93; ELSE KÄHLER, Exegese zweier neutestamentlicher Stellen (Römer 1,18–32; 1. Korinther 6,9–11), in: THEODOR BOVET (Hg.), Probleme der Homophilie in medizinischer, theologischer und juristischer Sicht, Bern / Tübingen 1965, S. 12–43

48 Ich beziehe Vers 26 auf gleichgeschlechtliche Liebe und nicht auf irgendeine andere Form sexuellen Verhaltens, das Paulus als unnatürlich bezeichnen würde. Der Hauptgrund dafür ist das parallelisierende »ebenso« in Vers 27, in dem eindeutig von männlicher Homosexualität die Rede ist. Doch selbst wenn sich Vers 26 auf Frauen beziehen würde, die in einer heterosexuellen Beziehung die aktive Rolle übernehmen, hätte die folgende Auslegung immer noch Geltung. M. E. gibt es nicht genügend Anhaltspunkte dafür, Vers 26 und 27 auf analen und oralen Vekehr zu beziehen.

49 Siehe besonders MARY DOUGLAS, Implicit Meanings. Essays in Anthropology, London 1975; dies., Natural Symbols. Explorations in Cosmology, New York 1970. (Dtsch. Übers.: Ritual, Tabu und Körpersymbolik. Sozialanthropologische Studien in Industriegesellschaft und Stammeskultur, Frankfurt 1974); dies., Purity and Danger. An analysis of concepts of pollution and taboo, London 1966. Siehe auch SHELDON R. ISENBERG / DENNIS E. OWEN, Bodies, Natural and Contrived: The Work of Mary Douglas, in: Religious Studies Review 3 (1977), S. 1–17; JACOB NEUSNER, The Idea of Purity in Ancient Judaism. The Haskell Lectures, 1972–1973. With a Critique and a Commentary by Mary Douglas. Studies in Judaism in Late Antiquity 1, Leiden 1973

50 MARY DOUGLAS in: NEUSNER, The Idea of Purity, S. 139 (Übers. J. Fl.)

51 MARY DOUGLAS, Purity and Danger, S. 55 (Übers. H. W.)

52 Zu dieser Auslegung siehe ULRICH WILCKENS, Der Brief an die Römer, EKK 6,1–3, Zürich / Neukirchen-Vluyn 1978–82, Bd. 1, S. 109 und andere Kommentare

53 PHILON, De specialibus legibus 3, 37–39; dtsch.: Über die Enzelgesetze, übers. von I. Heinemann, in: LEOPOLD COHN (Hg.), Die Werke Philos von Alexandria, Bd. 2, Breslau 1910, S. 194–195; vgl. U. WILCKENS, Der Brief, Bd. 1, S. 325; PHILON, De Abrahamo 133–144, dtsch.: Über Abraham, übers. von J. Cohn, in: L. COHN (Hg.), Werke Bd. 1, Teil 1, Breslau 1909, S. 124–126; PHILON, De vita contemplativa 59–63, dtsch.: Über das betrachtende Leben, übers. von Karl Bormann, in: L. COHN / I. HEINEMANN, M. ADLER u. a. (Hg.), Philo von Alexandria. Die Werke in deutscher Übersetzung, Bd. 7, Berlin 1964, S. 62–63

54 Zu Quellen über männliche Homosexualität in der Antike siehe besonders R. SCROGGS, The New Testament and Homosexuality; J. BOSWELL, Christianity, Social Tolerance, and Homosexuality, S. 61–87; K. DOVER, Homosexualität. Zu »weiblicher« Kleidung bei Männern siehe besonders H. HERTER, Art. »Effeminatus«, in: Reallexikon für Antike und Christentum 4 (1959), S. 620–650

55 Siehe HELMUT KÖSTER, Art.: »Physis«, in: GERHARD KITTEL / GERHARD

FRIEDRICH (Hg.), Theologisches Wörterbuch zum Neuen Testament 9 (1973), S. 246–271

56 M. DOUGLAS, Purity and Danger, S. 53 (Übers. J. Fl.)

57 Siehe WAYNE A. MEEKS, The First Urban Christians. The Social World of the Apostle Paul, New Haven 1983, S. 100–101, 228

58 BRUCE J. MALINA, The New Testament World. Insights from Cultural Anthropology, Atlanta 1981, S. 47 (Übers. J. Fl.)

59 B. MALINA, a. a. O., S. 42–48

60 In seinem Kommentar zu Röm 1,26 (PG 60, 417) schreibt Johannes Chrysostomus: »Das Schandvollste dabei ist aber, daß auch Weiber diesen Geschlechtsverkehr suchten, die doch mehr Scham hätten haben sollen als die Männer«, zitiert nach: JOHANNES CHRYSOSTOMUS, Kommentar zum Briefe des hl. Paulus an die Römer, Teil 1, in: Bibliothek der Kirchenväter, Des Heiligen Kirchenlehrers Johannes Chrysostomus Ausgewählte Schriften, Bd. 5, übers. von JOSEF JATSCH, München 1922, S. 52

61 Das Buch von RUTH TIFFANY BARNHOUSE trägt den bezeichnenden Titel: Homosexuality. A Symbolic Confusion, New York 1979

62 Es ist nicht möglich, hier näher auf die schwierigen exegetischen Probleme von 1 Kor. 11,2–16 einzugehen (wie z. B. auf die Bedeutung von *kephale* oder darauf, ob in der Perikope auch von Schleiertragen die Rede ist). Eine andere Auslegung bringt: ELISABETH SCHÜSSLER FIORENZA, In Memory of Her. A Feminist Theological Reconstruction of Christian Origins, New York 1983, S. 46, 226–230, 239–240; siehe auch die dort zitierte Literatur. Dieses Buch wird demnächst in deutscher Übersetzung im Chr. Kaiser Verlag erscheinen.

63 Zu beachten ist, daß Lukian im 2. Jahrhundert und also später als Paulus lebte. Siehe auch LUKIAN, Fugitivi 27

64 Siehe dazu BERNADETTE J. BROOTEN, Patristic Interpretations of Romans 1:26, in: ELISABETH A. LIVINGSTONE (Hg.), Studia Patristica XVIII. Papers of the 1983 Oxford Patristics Conference, Kalamazoo/MI 1985; Bd. 1, S. 287–291

65 JOHANNES WEISS, Der erste Korintherbrief, KEK, Göttingen 1977 (Nachdr. 9. Aufl. 1910), S. 272

66 JEROME MURPHY-O'CONNOR, Sex and Logic in 1. Corinthians 11:2–16, in: Catholic Biblical Quarterly 42 (1980), S. 490. Siehe auch RICHARD KROEGER AND CATHERINE CLARK KROEGER, St. Paul's Treatment of Misogyny, Gynephobia, and Sex Segregation in First Corinthans 11:2–6 [sic], in: PAUL J. ACHTEMEIER (Hg.), Society of Biblical Literature 1979 Seminar Papers, Missoula/MT 1979, Bd. 2, S. 213–221. JOHN P. MEIER, On the Veiling of Hermeneutics (1. Cor. 11:2–16), in: Catholic Biblical Quarterly 40 (1978), S. 219, Anm. 15; ROBIN SCROGGS, Paul and the Eschatological Woman, in: Journal of the American Academy of Religion 40 (1972), S. 297; C. K. BARRETT, The First Epistle to the Corinthians, Black's New Testament Commentary, London 1968, S. 257

67 Siehe AUDRÉ LORDE, Uses of the Erotic. The Erotic as Power, New York 1978

68 J. BOSWELL, Christianity, Social Tolerance and Homosexuality, S. 87 (Übers. J. Fl.). Die Bedeutung von Boswells Buch muß ausdrücklich her-

vorgehoben werden; er berücksichtigt auch Quellen, die seine Thesen nicht belegen (ein Zeichen für gute wissenschaftliche Arbeit).
69 R. SCROGGS, The New Testament and Homosexuality, S.126 (Übers. J.Fl.)
70 R. SCROGGS, a. a. O., S. 140–144
71 Zur Definition von »lesbisch« siehe ADRIENNE RICH, Zwangsheterosexualität und lesbische Existenz, in: DAGMAR SCHULTZ (Hg.), Macht und Sinnlichkeit, Berlin 1983, S. 138–168; siehe dazu auch die Stellungnahme von MARTHA E. THOMPSON, in: Signs 6 (1981), S. 790–794, and ANN FERGUSON / JACQUELYN N. ZITA / KATHRYN PYNE ADDELSON, in: Signs 7 (1981), S. 159–199. Zum Unterschied zwischen der Frauengeschichte in der Antike und der Geschichte männlicher Ansichten über Frauen siehe BERNADETTE J. BROOTEN, Frühchristliche Frauen und ihr kultureller Kontext. Überlegungen zur Methode historischer Rekonstruktion, in: Einwürfe 2, München 1985, S. 62–93. Autorisierte Übersetzung aus dem Amerikanischen. Der Beitrag ist unter dem Titel »Paul's Views on the Nature of Women and Femal Homoeroticism« erschienen in »Immaculate and Powerfil. The Female in Sacred Image and Social Reality«, edited by Clarissa W. Atkinson, Constance H. Buchanan and Margaret R. Miles, (©) 1985 by Clarissa W. Atkinson, Constance H. Buchanan and Margaret R. Miles. Mit freundlicher Genehmigung von Beacon Press, Massachusetts.
72 Dieser Aufsatz entstand im Rahmen des Sonderforschungsprojekts »Frau und Christentum« am Institut für ökumenische Forschung der Universität Tübingen. Ich danke der Stiftung Volkswagenwerk für die Finanzierung dieses Projekts und den folgenden Mitgliedern des Projektteams für kritische Kommentare, das Schreiben des Manuskriptes, für bibliographische Arbeiten und die Übersetzung aus dem Amerikanischen: Inge Baumann, Christina Bucher, Jutta Flatters und Dr. Linda Maloney. Dankbar bin ich auch Dr. Hildburg Wegener, Gisela Köster und den Herausgeberinnen dieses Bandes für die sorgfältige Durchsicht und für ihre Verbesserungsvorschläge. Eine Monographie zu dem Thema dieses Aufsatzes ist in Vorbereitung; sie soll eine breite Dokumentation und kritische Diskussion des Quellenmaterials enthalten, was hier aus Platz- und Formatgründen nicht möglich ist.

Kapitel 5
Meine Schwester, meine Braut...

Wir danken herzlich Frau Prof. Dr. Elisabeth Gößmann, Tokio / München, für ihre kritische Durchsicht und für Anmerkungen, Dr. Bernadette J. Brooten, vormals Tübingen, jetzt Cambridge, Mass., für Anregungen, Kritik und Literaturhinweise und Dr. Hildburg Wegener, Frankfurt, für sachliche und stilistische Kritik und für ihre liebevolle Unterstützung beim Schreiben.
1 Rosemary CURB / Nancy MANAHAN (Hg.), Die ungehorsamen Bräute Christi. Lesbische Nonnen brechen das Schweigen, München 1986
2 Die Begriffe »frauenliebend« und »homoerotisch« werden vorzugsweise gebraucht, um die liebenden Beziehungen von früher lebenden Frauen zu benennen. »Homosexuell« bezeichnet vor allem schwule Männer und ist

wegen seiner Betonung der Sexualität kaum geeignet, die Freundschaften mittelalterlicher Frauen oder von Frauen im 18. und 19. Jh. zu kennzeichnen. Der Begriff »lesbisch«, mit dem heute lebende Frauen, die andere Frauen zum Zentrum ihres Lebens machen, sich selbst bezeichnen, wird gelegentlich im Sinne eines historischen »lesbischen Kontinuums« (Adrienne Rich) mit den Vorschwestern gebraucht. Es ist uns deutlich bewußt dabei, daß das Entstehen einer lesbischen Identität frühestens zum Ende des 19., besser erst im 20. Jahrhundert anzusetzen ist und daß wir von den Beziehungen früher lebender Frauen, von ihrem Selbstverständnis und ihrer Sexualität allzu wenig wissen. Aber welchen anderen Ausdruck hätten wir für emotional intensive, umfassende Freundschaften, in denen Frauen sich primär aufeinander beziehen, als »lesbisch« (Mary E. Hunt)? Vgl. zur Verwendung von »lesbisch« für historische Frauen den Gebrauch des Begriffes »Ehe« für historische Ausgestaltungen, die so wenig miteinander zu tun haben wie die »Ehe« der Patriarchen und Könige im AT, »Ehe« zur Zeit Luthers, im 19. Jahrhundert und in der modernen Industriegesellschaft.

3 Elisabeth GÖSSMANN, Das Wohlgelahrte Frauenzimmer. Archiv für philosophie- und theologiegeschichtliche Frauenforschung, Bd. 1, München 1984, S. 41, 44

4 Vgl. den Konflikt mit männlich dominierter theologischer Wissenschaft und Universitätsstruktur im Forschungsprojekt »Frau und Christentum«, Tübingen, in dem die hier veröffentlichte Untersuchung zu Römer 1,26 von Bernadette J. Brooten wegen ihrer Fragestellung unterbunden werden sollte: »EIGENE FRAGEN STELLEN. Dokumentation zum Konflikt um Küng, Wissenschaftsfreiheit und lesbische Liebe«, hrg. v. H. Blanke, L. Napholcz, A. Simon, G. Wild, U. Wild, Tübingen 1986 (Bestelladresse: Christenrechte in der Kirche, c/o Wild, Mithrasstr. 45, 6 Frankfurt 50, 5,-DM)

5 Unveröffentlichter Vortrag, E. Ann MATTER, University of Pennsylvania, My Sister, My Spouse: Woman-identified Women in Medieval Christianity, American Academy of Religion, 1985 Meeting Women's Caucus Consultation: Lesbianism and Patriarchal Religion

6 John BOSWELL, Christianity, Social Tolerance, and Homosexuality. Gay People in Western Europe from the Beginning of the Christian Era to the Fourteenth Century, Chicago / London 1980. Lesbische Frauen betreffend: S. 82–84 (römisch), S. 135 Perpetua u. Felicitas, S. 152 Ovid, Iphis u. Ianthe, S. 180f. Bußbücher, S. 185 Schmähgedicht, 6. Jh., S. 204 Hinkmar v. Reims, S. 220f. Liebesgedicht einer Nonne, S. 256f., Anm. 53, S. 290, Anm. 58 Strafgesetz, S. 313, Anm. 40 Abaelard

7 z. B. Hans Georg WIEDEMANN, Homosexuelle Liebe. Für eine Neuorientierung in der christlichen Ethik, Stuttgart 1982; Helmut KENTLER (Hg.), Die Menschlichkeit der Sexualität. Berichte. Analysen. Kommentare ausgelöst durch die Frage: Wie homosexuell dürfen Pfarrer sein? München 1983; John J. McNeill SJ, The Church and the Homosexual, London 1977, u. a.

8 Brigitte REINBERG / Edith ROSSBACH, Stichprobe: Lesben. Erfahrungen lesbischer Frauen mit ihrer heterosexuellen Umwelt, Pfaffenweiler 1985

9 Adrienne RICH, Zwangsheterosexualität und lesbische Existenz, in: Dag-

mar SCHULTZ (Hg.), Macht und Sinnlichkeit. Ausgewählte Texte von Adrienne Rich und Audre Lorde, Berlin 1983, S. 157; zum »lesbischen Kontinuum« s. S. 158

10 SAPPHO. Strophen und Verse, übers. u. hg. von Joachim Schickel, Frankfurt 1978, vgl. HAAG / ELLIGER (Anm. 20), S. 138–141, CHICAGO (Anm. 41), S. 65f., 120

11 BOSWELL (Anm. 6), S. 84

12 RICH (Anm. 9), S. 148, 159

13 Elisabeth SCHRAUT / Claudia OPITZ, Frauen und Kunst im Mittelalter, Katalog zur Ausstellung, Braunschweig 1983 (C. Opitz, Blarerstr. 52, 7750 Konstanz), S. 10

14 John BOSWELL, Rediscovering Gay History. Archetypes of Gay Love in Christian History. The Fifth Michael Harding Memorial Adress, Gay Christian Movement 1982, reprint 1985, S. 18–21

15 BOSWELL (Anm. 6), S. 188–191

16 BOSWELL, S. 218–220

17 BOSWELL, S. 191

18 BOSWELL, S. 135

19 Ines BRENNER / Gisela MORGENTHAL, Sinnlicher Widerstand während der Ketzer- und Hexenverfolgungen, in: BECKER / BOVENSCHEN / BRACKERT u. a., Aus der Zeit der Verzweiflung. Zur Genese und Aktualität des Hexenbildes, Frankfurt 1977, S. 207f.

20 BOSWELL (Anm. 6), S. 158; aus dem Lateinischen übersetzt von U. W.; vgl. zur christlichen Sexualfeindlichkeit: Herbert HAAG / Katharine ELLIGER, »Stört nicht die Liebe«. Diskriminierung der Sexualität – ein Verrat an der Bibel, Olten 1986, S. 35–46; Augustinus, S. 39, 62

21 BOSWELL, S. 133

22 Carter HEYWARD, Und sie rührte sein Kleid an. Eine feministische Theologie der Beziehung, Stuttgart 1986; Mary E. HUNT, Lovingly Lesbian. Toward a Feminist Theology of Friendship, in: A Challenge to Love. Gay and Lesbian Catholics in the Church, Robert Nugent (Hg.), New York 1983; Janice RAYMOND, A Passion for Friends. Toward a Philosophy of Female Affection, London 1986

23 RAYMOND (Anm. 22), S. 87 (übers. aus dem Engl. U. W.); vgl. BOSWELL (Anm. 6), S. 222–226

24 Interessant ist, daß die Entstehung der künstlerischen Darstellung der Christus-Johannes-Gruppen ebenso wie der Pietà auf Einflüsse aus der religiösen Frauenbewegung des 13. Jahrhunderts zurückgeführt werden kann, die eine neuartige Hinwendung der einzelnen Seele zu Gott und eine neue Innigkeit der Beziehung entdeckt (Vortrag der Kunsthistorikerin Scurie in Marburg am 24. 10. 82, zit. in: SCHRAUT / OPITZ [Anm. 13], S. 21). Dies beweist, daß die Frauen in Klöstern sich und ihre geistigen Freundschaften ebenso mit Christus und Johannes identifizieren.

25 RAYMOND (Anm. 22), S. 81; Eva SCHIRMER, Mystik und Minne. Frauen im Mittelalter, Berlin 1984, S. 58ff., S. 66

26 Peter DRONKE, Medieval Latin and the Rise of European Love-Lyric, Oxford 1968, Bd. I, S. 226

27 DRONKE (Anm. 26), Bd. II, S. 474f.

28 DRONKE, Bd. II, S. 478, Auszug aus Brief VI,28–39 (übers. aus dem Lat. U. W.)
29 DRONKE, Bd. II, S. 476
30 Brief V,6–10 (übers. aus dem Lat. U. W.). Zu V,1–3a »cara karissime dulcissime dulcis« kann wie in den übrigen Briefen entsprechend dem antiken Briefformular als Angabe von Absenderin und Adressatin verstanden werden, chiastisch angeordnet, wobei »karissime« nach mittellateinischem Gebrauch Dativ ist, »Die Liebe der Liebsten, der Süßesten die Süße« statt mit Dronke (Bd. II, S. 477) als Anrede »most dearly dear, most sweetly sweet one«. »cara carissimae« zeigt, daß eine Frau eine andere Frau grüßt.
31 BOSWELL (Anm. 6), S. 220
32 SCHIRMER (Anm. 25), S. 79
33 SCHRAUT / OPITZ (Anm. 13), S. 36–39
34 SCHRAUT / OPITZ, S. 30f.; SCHIRMER, S. 100
35 DRONKE (Anm. 26), Bd. II, S. 482
36 zit. in: R. W. SOUTHERN, The Making of the Middle Ages, New Haven 1953, S. 24, nach MATTER (Anm. 5), S. 2 (aus dem Engl. übers. U. W.)
37 in engl. Übersetzung in: BOSWELL (Anm. 6), S. 218f.
38 zit. in RAYMOND (Anm. 22), S. 88f., R. W. SOUTHERN, Saint Anselm and His Biographer: A Study of Monastic Life and Thought 1059 – c. 1130, Cambridge 1963, S. 69
39 HILDEGARD VON Bingen, Briefwechsel. Nach den ältesten Handschriften übers. u. nach den Quellen erläutert v. Adelgundis FÜHRKÖTTER OSB, Salzburg 1965, S. 15
40 FÜHRKÖTTER (Anm. 39), S. 17
41 Judy CHICAGO, The Dinnerparty. A Symbol of Our Heritage, New York 1979, S. 75f., 144; BECKER / BOVENSCHEN / BRACKERT (Anm. 19), S. 98 bis 105
42 wie die Herausgeberin der Briefe – FÜHRKÖTTER (Anm. 39), S. 93 – anmerkt, Benediktinerin in der seit 800 Jahren bestehenden Abtei St. Hildegard in Eibingen-Rüdesheim, in nach-freudianischer Sicht des 20. Jh., vgl. auch ihre Bewertung, Hildegard habe Richardis »zu sehr auf der Ebene der Natur geliebt« (S. 97)
43 FÜHRKÖTTER (Anm. 39), S. 100
44 FÜHRKÖTTER, S. 95
45 nach Hildegards Autobiographie, FÜHRKÖTTER, S. 94
46 FÜHRKÖTTER, S. 95f.
47 FÜHRKÖTTER, S. 96f.
48 FÜHRKÖTTER, S. 98
49 FÜHRKÖTTER, S. 99
50 FÜHRKÖTTER, S. 100
51 SCHIRMER (Anm. 25), S. 81–95; BECKER / BOVENSCHEN / BRACKERT (Anm. 19), S. 72–75
52 Brief 25 (aus dem Engl. übers. U. W.), zit. in: MATTER (Anm. 5), S. 5, Hadewijch: The Complete Works, ed. and trans. Mother Columba HART, New York 1980, S. 105f.
53 zit. in: Sallie McFAGUE, Metaphorical Theology, Philadelphia 1982, S. 174f.

54 SCHIRMER (Anm. 25), S. 114–124, S. 102
55 MATTER (Anm. 5), S. 6f.; vgl. BOSWELL (Anm. 6), S. 265; Lillian FADERMAN, Surpassing the Love of Men. Romantic Friendship and Love Between Women from the Renaissance to the Present, New York 1981, S. 49f. (aus dem Engl. übers. U. W.)
56 RAYMOND (Anm. 22), S. 90; vgl. Kap. The Nun As Loose Woman, S. 71–114
57 Johannes WALTERSCHEID / Gundolf GIERATHS OP, Kirchengeschichte in Übersichten, Kevelaer 1961, S. 131; vgl. Erika LORENZ / Veronika STRAUB (Hg.), Frauen der Kirche, München 1986, S. 62; aus der Mädchenfreundschaft ist bei Lorenz ein Flirt mit einem Vetter geworden.
58 zit. in RAYMOND (Anm. 22), S. 96, Vita SACKVILLE-WEST, Adler und Taube. Eine Studie in Gegensätzen, übers. A. Halfeld, Frankfurt / Berlin / Wien 1982, S. 31f.
59 aus Teresa, Weg der Vollkommenheit, zit. in: RAYMOND (Anm. 22), S. 92 (aus dem Engl. übers. U. W.)
60 aus Teresa, Weg der Vollkommenheit, zit. in: RAYMOND, S. 92f. (aus dem Engl. übers. U. W.)
61 SCHRAUT / OPITZ (Anm. 13), S. 22, nach Karl Bücher, Die Frauenfrage im Mittelalter, Tübingen 1910
62 May B. BRODA, Herr über sie. Ein Versuch über die Typisierung der Frau in der Reformation, in »Jungfräulichkeit«. Feministische Studien, 5. Jg./ Nr. 1, Mai 1986, S. 48 (Hervorhebung d. V.)
63 BRODA (Anm. 62), S. 51; Elisabeth GÖSSMANN, Die streitbaren Schwestern. Was will die Feministische Theologie? Freiburg 1981, S. 95f.
64 zit. in: BECKER / BOVENSCHEN / BRACKERT (Anm. 19), S. 22, Weimarer Ausgabe, Tischreden, Bd. IV, S. 162f.
65 Joseph LORTZ, Geschichte der Kirche in ideengeschichtlicher Betrachtung, Münster 1950, S. 251
66 RAYMOND (Anm. 22), S. 95
67 SCHIRMER (Anm. 25), S. 93
68 SCHIRMER, S. 73f.
69 BRODA (Anm. 62), S. 52f.
70 zit. in: RAYMOND (Anm. 22), S. 106f.; Lina ECKENSTEIN, Women Under Monasticism, 1896, reprint New York 1963, S. 473f.
71 MATTER (Anm. 5), S. 7–10; BOSWELL (Anm. 6), S. 180ff.; Gisela BLEIBTREU-EHRENBERG, Homosexualität. Die Geschichte eines Vorurteils, Frankfurt 1981, S. 206–218
72 BOSWELL (Anm. 6), S. 180
73 BOSWELL, S. 203–205; vgl. MATTER (Anm. 5), S. 10f.
74 BOSWELL, S. 204 (aus dem Lat. übers. U. W.), Hervorhebung d. V.
75 BOSWELL, S. 312, Anm. 40
76 vgl. das grob frauenfeindliche lat. Schmähgedicht gegen eine lesbische Frau aus dem 6. Jahrh., das ähnlich dem Stil und der Argumentation von Martial VII,67 ist (s. Brooten), lat. u. engl. in: BOSWELL, S. 185
77 s. dazu GÖSSMANN (Anm. 3) u. Bd. 2 derselben Reihe: Eva Gottes Meisterwerk, München 1985
78 Helmut BRACKERT, »Unglückliche, was hast du gehofft?« Zu den Hexen-

büchern des 15. bis 17. Jahrhunderts, in: BECKER / BOVENSCHEN / BRAKKERT (Anm. 19), S. 176
79 REINBERG / ROSSBACH (Anm. 8), S. 214ff., 220ff.
80 Ilse KOKULA, Weibliche Homosexualität in zeitgenössischen Dokumenten, München 1981, S. 9
81 vgl. MATTER (Anm. 5), S. 19, Anm. 43: Louis CROMPTON, The Myth of Lesbian Impunity: Capital Punishment from 1270 to 1791, Historical Perspectives on Homosexuality, ed. Licata and Petersen, S. 13
82 Ilse KOKULA, Lesbisch leben von Weimar bis zur Nachkriegszeit, in: ELDORADO. Homosexuelle Frauen und Männer in Berlin 1850–1950. Geschichte, Alltag und Kultur. Ausstellungskatalog, Berlin 1984, S. 149–161
83 BOSWELL (Anm. 6), S. 269ff., S. 333f.
84 In den deutschen Gesetzessammlungen des 13. Jahrhunderts wird Homosexualität noch nicht erwähnt. Sexuelle Beziehungen unter Frauen werden (mit Ausnahme eines französischen Gesetzes) in der Gesetzgebung des 13. Jh. noch nicht kriminalisiert; Zauberei, Ketzerei und Giftmord werden jedoch mit Todesstrafe verfolgt.
85 BLEIBTREU-EHRENBERG (Anm. 71), S. 201, 228
86 BRENNER / MORGENTHAL (Anm. 19), in: BECKER / BOVENSCHEN / BRAKKERT, S. 230
87 vgl. dazu die scharfsinnige Analyse v. Mary DALY, Gyn/Ökologie. Eine Metaethik des radikalen Feminismus, München 1981, S. 199–241 »Hexenverbrennungen in Europa: Der Leib Christi wird gereinigt«; GÖSSMANN (Anm. 63), S. 89–94; Thomas HAUSCHILD / Heidi STASCHEN / Regina TROSCHKE, Hexen. Katalog zur Ausstellung, Hamburg 1979; wichtig (auch zur Situation der Frau im Mittelalter u. in der frühen Neuzeit) Gabriele BECKER / Silvia BOVENSCHEN / Helmut BRACKERT / Sigrid BRAUNER / Ines BRENNER, Aus der Zeit der Verzweiflung. Zur Genese und Aktualität des Hexenbildes, Frankfurt 1977; Erika WISSELINCK, Hexen. München 1986
88 DALY (Anm. 87), S. 204
89 vgl. FADERMAN (Anm. 55), S. 47–61, S. 49, 52, S. 423, Anm. 7 (zu Hexen)
90 BLEIBTREU-EHRENBERG (Anm. 71), S. 387; CHICAGO (Anm. 41), S. 148f.
91 CHICAGO (Anm. 41), S. 148, aus dem Engl. übers. Margarete Tagura, in: The Dinnerparty. 999 Kurzbiographien berühmter Frauen (Auszug), hg. v. Die Dinnerparty in Deutschland e. V., 6 Frankfurt 70, Schneckenhofstr. 35, Frankfurt 1985; vgl. zu lesbischen Frauen »Natalie Barney«, S. 93f., S. 204–206
92 KOKULA (Anm. 80), S. 9f.
93 FADERMAN (Anm. 55), S. 419, Anm. 14
94 MATTER (Anm. 5), S. 13f.; Judith C. BROWN, Lesbian Sexuality in Renaissance Italy: The Case of Sister Benedetta Carlini, Signs: Journal of Women in Culture and Society. The Lesbian Issue 9,4, 1984 (Buchveröffentlichung dazu geplant, Oxford University Press)
95 Handbuch der Christlichen Ethik, Bd. 2, 2. Tl. Ehe und Familie, Kap. Sexuelle Abweichungen (Dieter Faßnacht), Freiburg 1978, S. 184f.; Herbert HAAG / Katharina ELLIGER, »Stört nicht die Liebe«. Diskriminierung der Sexualität ein Verrat an der Bibel, Olten 1986, S. 148; siehe auch

S. 136–156 Das »Existenzmanko« der Homosexualität, Lesbische Liebe, S. 149f., siehe ihre Kritik zu kirchlichen Stellungnahmen S. 150–154, zur Erklärung der Glaubenskongregation (1975): »Die Beurteilung der Homosexualität durch die oberste Instanz der Kirche ist erschütternd. Es erfolgt keinerlei Auseinandersetzung mit dem heutigen Stand der Wissenschaft, es werden Vorurteile wiederholt, es wird lieblos und ohne Begründung über Menschen, die nicht in die kirchliche Norm passen, der Stab gebrochen... Und die heutigen Ereignisse der Bibelwissenschaft werden nicht zur Kenntnis genommen«, S. 152f.

96 WIEDEMANN (Anm. 7), S. 75; vgl. Stellungnahmen zur Homosexualität von Kirchen S. 91–106
97 FADERMAN (Anm. 55), S. 35–37
98 zit. in: DALY (Anm. 87), S. 212, H. R. Trevor-Roper, The European Witch Craze, New York 1969, S. 91
99 zit. in: DALY, S. 199, Robin Morgan, The Network of the Imaginary Mother
100 Lillian FADERMAN, Surpassing the Love of Men. Romantic Friendship and Love between Women from the Renaissance to the Present, New York 1981, S. 164–166 (aus dem Engl. übers. U. W.) Eine umfassende literaturwissenschaftliche Frauenforschung liegt für den deutschen Sprachraum nicht vor, so daß exemplarisch Frauen aus dem anglo-amerikanischen Kulturkreis ausgewählt wurden.
101 Carroll SMITH-ROSENBERG, »Meine innig geliebte Freundin!« Beziehungen zwischen Frauen im 19. Jahrhundert, in: Claudia HONEGGER / Bettina HEINTZ (Hg.), Listen der Ohnmacht. Zur Sozialgeschichte weiblicher Widerstandsformen, Frankfurt 1984, S. 241
102 FADERMAN (Anm. 100), S. 65–73. Aelred von Rievaulx, 12. Jh. las wie das gesamte Mittelalter bereits die gleichen Autoren, die in der Renaissance wiederentdeckt wurden.
103 Ruth 1,16f. in der Übersetzung Martin Bubers, zit. in: Renate RIEGER, Gedanken zu feministischer Bibellektüre. »Denn wohin du gehst, will ich gehen, und wo du nachtest, will ich nachten, dir gesellt«, Rut 1,16. Schlangenlinien: Feministische Wissenschaft. Feministische Theologie, AGG Frauenbroschüre, Bonn 1984, S. 225 (AG Kath. Stud. u. Hochschulgemeinden, Rheinweg 34, 53 Bonn)
104 FADERMANN (Anm. 100), S. 67, Roman von Thomas Lodge
105 2. Sam 1,26 (Einheitsübersetzung); vgl. 1. Sam 18,1–4; 19,1–6; 20,1– 42
106 FADERMAN (Anm. 100), S. 120–125, 137; CHICAGO (Anm. 41), S. 205
107 FADERMAN, S. 147–154
108 FADERMAN, S. 160
109 FADERMAN, S. 208 (aus dem Engl. übers. U. W.)
110 FADERMAN, S. 198
111 FADERMAN, S. 242
112 FADERMAN, S. 208–213
113 FADERMAN, S. 228–230; Anna Mary Wells, Miss Marks and Miss Woolley, Boston 1978
114 FADERMANN, S. 239, vgl. KOKULA (Anm. 80)
115 FADERMAN, S. 323–325, Freud (1920)

116 FADERMAN, S. 174 f., 15
117 für den deutschen Raum vgl. Karoline von Günderode und Bettina von Arnim, Rahel Varnhagen und Pauline Wiesel u. a. Christiane von LENGERKE, »Homosexuelle Frauen«. Tribaden, Freundinnen, Urninden, in: ELDORADO. Homosexuelle Frauen und Männer in Berlin 1850–1950. Geschichte, Alltag und Kultur, Berlin 1984, S. 133 f.
118 FADERMAN, S. 120 (übers. aus dem Engl. U. W.), Hervorhebung d. Verf. Unsere Suche nach frauenliebenden Vorschwestern endet mit dem 19. Jh., weil wir trotz unserer Bemühungen über kirchliche frauenidentifizierte/lesbische Frauen in der ersten Frauenbewegung und in den zwanziger Jahren nichts finden konnten.

Heute, nachdem du frei entscheiden kannst...

1 Vgl. dazu: JUDITH OFFENBACH, Feminismus – Heterosexualität – Homosexualität, in: LUISE PUSCH, Hg., Feminismus, Inspektion der Herrenkultur, Frankfurt a. M. 1983, S. 210 ff.
2 Vgl. dazu: MARY HUNT, Lovingly Lesbians: Toward a Feminist Theology of Friendship, in: ROBERT NUGENT, Hg., A Challenge to Love. Gay and Lesbian Catholics in the Church, New York 1983; und CARTER HEYWARD, Und sie rührte sein Kleid an. Eine feministische Theologie der Beziehung, Stuttgart 1986, S. 52 ff.
3 Vgl. dazu: MARILYN FERGUSON, Die sanfte Verschwörung, Basel 1982; und FRITJOF CAPRA, Wendezeit, Bern u. a. 1983

Anhang

Fragebogen

1. Es gibt verschiedene Möglichkeiten, mit Kirche in Verbindung zu sein, z. B. beruflich – ehrenamtlich – in Gruppen – familiär – glaubensmäßig – durch kirchlich/religiöse Sozialisation – durch »Exodus« (Auszug) aus der Kirche. In welchen Bereichen stehst Du in Verbindung und wie erlebst Du sie als lesbische Frau?
2. Was wurde Dir in der Kirche über gleichgeschlechtliche Liebe vermittelt – und wo in der Kirche (z. B. Religionsunterricht, Predigt, Gruppen, religiöse Erziehung)?
   – Was hat das für Deine Entwicklung und Dein Selbstbild bedeutet?
   – Wie verbindest Du das heute?
3. Wie hast Du als Mädchen und junge Frau die Ausrichtung auf heterosexuelle Liebe erfahren und wie erlebst Du das heute?
4. Verschweigst Du Dein Lesbischsein?
   – Wem gegenüber ja? – Warum?
   – Wem gegenüber bist Du offen? – Warum?
5. Was bedeutet Dir die Liebe zu Frauen?
   Wie lebst Du Dein Lesbischsein?
   Welche Rolle spielt für Dich Sexualität in Deiner Liebe zu Frauen?
6. Falls du im kirchlichen Bereich Diskriminierung erlebt hast, wie war das – und wie hast Du darauf reagiert?
   Falls Du im kirchlichen Bereich Ermutigung/Unterstützung erfahren hast – wo und wie war das?
7. Welche Erlebnisse/Erfahrungen hast Du mit Beratung/Therapie gemacht?
8. Was bedeutet Dir die Frauenbewegung, der Feminismus?
9. Möchtest Du noch etwas hinzufügen, was Dir wichtig ist?

Auszüge
aus dem Aktenstück 179 der 19. Landessynode der Evang.-luth. Landeskirche Hannovers

Bericht des Sonderausschusses für Fragen der Lebensführung kirchlicher Mitarbeiter, betr.: Homosexualität kirchlicher Mitarbeiter

»... Der Sonderausschuß konnte sich auf kein gemeinsames Positionspapier einigen. Es entstanden im Fortgang der Beratung zwei Positionspapiere: Bericht A ... und Bericht B. Er versteht die vorgelegten Positionspapiere als Arbeitspapiere, an denen weiter gearbeitet werden müßte.« 11.2.1983

Aus *Bericht A:*

Blatt 5, Artikel 3.1
»Der biblische Befund schließt die Möglichkeit aus, Homosexualität als schöpfungsmäßige Variante und damit als selbstverständliche Form von Sexualität zu begreifen. Die oben aufgeführten Einzelaussagen stehen ebenso dagegen wie der Schöpfungsbericht, nach dessen Aussage Sexualität ihre Erfüllung in der Lebensgemeinschaft von Mann und Frau findet.«

Blatt 9, Artikel 3
»Der Umgang der Kirche mit homosexuellen Mitarbeitern
3.1 Die homosexuelle Prägung von Mitarbeitern kann bekannt werden, ohne daß dies dienstrechtliche Folgen hat.
3.2 Eine öffentliche Billigung homosexueller Praxis kann die Landeskirche homosexuellen Mitarbeitern wegen der unterschiedlichen Gewissensprägung ihrer Gemeindemitglieder nicht geben.
3.3 Im dienstlichen Bereich wird von einem homosexuellen Mitarbeiter ebenso Zurückhaltung erwartet wie von einem heterosexuellen Mitarbeiter. Darüber hinaus ist es notwendig, daß homosexuelle Mitarbeiter in der Öffentlichkeit ihres Arbeitsfeldes auf eine Darstellung einer homosexuellen Beziehung verzichten. Zu einem solchen Verhalten sollte der homosexuelle Mitarbeiter wegen der unterschiedlichen Einstellung der Gemeindemitglieder zur Homosexualität bereit sein.

Artikel 4
Aus dem Respekt vor der unterschiedlichen Gewissensprägung der Gemeindemitglieder ergibt sich, daß der homosexuelle – ebenso wie der heterosexuelle – Mitarbeiter das Recht auf ein Privatleben hat, das er nach verantwortlicher Gewissensentscheidung gestaltet und das in der Regel nicht Gegenstand öffentlicher Erörterung sein kann. Hier haben die Ansprüche anders geprägter Gemeindeglieder eine Grenze.«

Aus *Bericht B:*

Blatt 16, Artikel 3
»3.1 Die Wahrheit des christlichen Zeugnisses der Gemeinde erweist sich darin, daß deutlich zwischen der seelsorglichen Beratung und Hilfe für den

homosexuellen Mitarbeiter und der Ablehnung der homosexuellen Praxis als Bedingung für die Erfahrung erfüllter christlich-menschlicher Bestimmung unterschieden wird.

3.4 Ein Homosexueller, der nicht bereit ist, auf eine sexuelle Praxis mit Gleichgeschlechtlichen zu verzichten, kann nicht zum öffentlichen Predigtamt ordiniert oder zum Dienst in der Kirche eingesegnet werden. Würde eine Ordination oder Einsegnung unter solchen Voraussetzungen vollzogen, wäre damit eine öffentliche Anerkennung homosexueller Praxis als biblisch-kirchlich legitimiert verbunden.

3.5 Auch andere Mitarbeiter, deren homosexuelle Praxis offenbar wird, müssen angehalten werden, diese aufzugeben. Ein homosexueller Mitarbeiter, der nicht bereit ist, die homosexuelle Praxis aufzugeben bzw. in einer Partnerbeziehung lebt, ist mit Rücksicht auf das biblische Gesamtzeugnis und die verkündigende Wirkung durch das Beispiel von seinem kirchlichen Auftrag zu entbinden, wenn nicht eine eindeutige Erklärung des Verzichtes auf homosexuelle Betätigung erfolgt. Wer diesen Verzicht nicht meint auf sich nehmen zu können, dem ist eine Tätigkeit im kirchlichen Dienst in der Regel zu versagen.

Es muß ausdrücklich betont werden, daß damit kein Urteil über die Stellung des homosexuellen Menschen vor Gott getroffen ist. Für den homosexuell veranlagten Menschen wie für einen jeden anderen gilt, daß wir als Gottlose gerechtfertigt werden allein aus Glauben um Christi willen.«

Empfehlenswerte Literatur zum Thema

BOSWELL, John: Christianity, Social Tolerance, and Homosexuality: Gay People in Western Europe from the Beginning of the Christian Era to the Fourteenth Century, Chicago 1980

BRAUCKMANN, Jutta: Die vergessene Wirklichkeit. Männer und Frauen im weiblichen Leben, Münster 1984

CURB, Rosemary / MANAHAN, Nancy (Hg.): Die ungehorsamen Bräute Christi. Lesbische Nonnen brechen das Schweigen, München 1986

FADERMAN, Lillian: Surpassing The Love Of Men. Romantic Friendship and Love between Women from the Renaissance to the Present, New York 1981

HEYWARD, Carter: Und sie rührte sein Kleid an. Eine feministische Theologie der Beziehung, Stuttgart 1986

KOKULA, Ilse: Weibliche Homosexualität um 1900 in zeitgenössischen Dokumenten, München 1981

PUSCH, Luise (Hg.): Feminismus. Inspektion der Herrenkultur. Ein Handbuch, Frankfurt 1983; darin: OFFENBACH, Judith, Feminismus – Heterosexualität – Homosexualität

REINBERG, Brigitte / ROSSBACH, Edith: Stichprobe: Lesben, Pfaffenweiler 1985

SCHULTZ, Dagmar (Hg.): Macht und Sinnlichkeit, Berlin 1983

ZANOTTI, Barbara (ed.): A Faith of one's own. Explorations by Catholic Lesbians, New York 1986

LESBENSTICH – EINE ZEITUNG DER LESBENBEWEGUNG
Vertrieb: Autor A / Verlagsauslieferung, Knobelsdorffstr. 8, 1000 Berlin 19

Adressen

für lesbische kirchliche Mitarbeiterinnen
Maria-Martha-Netzwerk*
Postfach 110662
1000 Berlin 11

* »Wir sind lesbische kirchliche Mitarbeiterinnen und treffen uns zweimal jährlich, Mitte Juni und Ende Oktober, um uns gegenseitig zu informieren und uns zu unterstützen. Anliegen des Netzwerkes ist es, lesbischen Frauen im kirchlichen Dienst Mut zu machen, d. h. einander kennenzulernen und zu sehen, daß wir keine Einzelfälle, geschweige denn Außenseiterinnen sind. Im Falle beruflicher Diskriminierung finden Frauen Frauen, mit denen sie im geschützten Kreis über ihre Erfahrungen, Wünsche, Ängste und Hoffnungen sprechen können. Das Netzwerk ist bundesweit. Kostenbeitrag DM 20,-. Namen und Adressen werden vertraulich behandelt. Es erscheinen Rundbriefe.«

überregional, Kirchentagsarbeit, Treffen
AK Lesben und Kirche
c/o Ute Wild
Mithrasstr. 45
6000 Frankfurt 50

Zusammenschluß von Schwulen und Lesben mit ca. 20 Regionalgruppen
Homosexuelle und Kirche
(HuK e. V.)
Postfach 910206
8500 Nürnberg

Lesbische Theologiestudentinnen/Vikarinnen und schwule Theologiestudenten/Vikare in der EKU (Rheinland, Westfalen, Berlin-W.). Gäste aus anderen Landeskirchen sind willkommen.
Hajo Witte
Max-Brauer-Allee 193
2000 Hamburg 50

autonome Frauenbewegung
Lesbenring e. V
Petrinistraße 15 HH
8700 Würzburg

Tagungen
Evangelische Akademie
Herta Leistner
7325 Bad Boll

Lesbenberatung:
Auskünfte über Beratungsstellen sind bislang in den Frauenzentren und bei der Telefonseelsorge zu erhalten

Die Autorinnen

MONIKA BARZ, geboren 1953, aufgewachsen in Gerlingen bei Stuttgart. Studium an der Pädagogischen Hochschule Karlsruhe; Tätigkeit als Grund- und Hauptschullehrerin im Schwarzwald; Studium der Erwachsenenbildung an der Universität Tübingen mit dem Abschluß der Diplom-Pädagogin; Wissenschaftliche Mitarbeiterin an der Pädagogischen Hochschule Reutlingen. Seit 1983 als pädagogische Mitarbeiterin in der kirchlichen Erwachsenenbildung.

DR. BERNADETTE J. BROOTEN, geboren 1951, katholische Theologin, Neutestamentlerin. 1982 bis 1984 Wissenschaftliche Mitarbeiterin im Forschungsprojekt »Frau und Christentum«, Tübingen. Seit 1985 Assistant Professor of Scripture and Interpretation an der Divinity School of Harvard University in Cambridge MA, USA.

Dr. phil. MARGA BÜHRIG, geboren 1915, ist Germanistin und Theologin. Sie war von 1959 bis 1971 Studienleiterin und von 1971 bis 1981 Leiterin des Evangelischen Tagungs- und Studienzentrums Boldern/Schweiz; von 1976 bis 1982 Präsidentin der Ökumenischen Vereinigung der Akademien und Laieninstitute in Europa; 1983 wurde sie ins Präsidium des Ökumenischen Rates der Kirchen gewählt.

GISELA B., geboren 1945, Diplompsychologin. Seit 1976 im kirchlichen Bereich tätig. Name und Anschrift ist dem Verlag bekannt.

Dr. theol. ELSE KÄHLER, geboren 1917, ist Theologin. Ihre Dissertation schrieb sie zum Thema »Stellung der Frauen in den paulinischen Briefen«. 1959 zur Studienleiterin an das Evangelische Tagungs- und Studienzentrum Boldern berufen. Schwerpunkte ihrer Arbeit waren: Alters-, Trennungs- und Scheidungsfragen sowie Homosexualität. Seit 1983 im Ruhestand.

HERTA LEISTNER, geboren 1942 in Altensteig/Schwarzwald. In jungen Jahren Mitglied und ehrenamtliche Leiterin in Gruppen der Evangelischen Mädchenarbeit. Später Ausbildung zur Diakonin und hauptberuflich als Bezirksleiterin des Evangelischen Mädchenwerks im Dekanat Ulm tätig. Während des Abendabiturs als Sekretärin in der Landesstelle des Evangelischen Mädchenwerks in Württemberg. Anschließend Studium in Tübingen mit Abschluß als Diplom-Pädagogin. Seit 1974 Studienleiterin in der Evangelischen Akademie Bad Boll. Dort nach einigen Jahren gruppendynamischer Kursarbeit Aufbau der Werkstatt Feministische Theologie zusammen mit Heidemarie Langer und Durchführung von Tagungen zu Anliegen von Frauen in Kirche und Gesellschaft.

UTE WILD. Ich lebe seit 1941 in Frankfurt, mit studien- und auslandsaufenthaltsbedingten Unterbrechungen (5 Jahre in Istanbul, Ausbildung in Beratung und Kommunikation). Ich arbeite (bezahlt) seit 1969 als Lehrerin für Katholische Religion und Latein, mit familienbedingten Unterbrechungen (Martin 17 J., Benjamin 14 J.). Ich arbeite (unbezahlt) seit 7 Jahren in Gruppen bzw.

einer Gemeinde, die der »Initiative Kirche von unten« angehören, insbesondere im »Komitee Christenrechte in der Kirche« für Menschenrechte und Frauenrechte in den Kirchen.

Seit unserem ersten »Fall«, Pfarrer Klaus Brinker in Hannover 1980, Kontakte mit christlichen Schwulen, Solidaritätsarbeit bei Kirchen- und Katholikentagen (von unten). Der patriarchalen Kirche entfremdet, 1982 feministische Wiedergeburt und Konversion zur Frauenkirche, zur feministischen Theologiebewegung.

Von der Solidaritätsarbeit für andere zu eigener Betroffenheit: Ich bemerkte, daß ich selbst einer unterdrückten Mehrheit angehöre, und fing an, mich mit meinen eigenen lesbischen Anteilen auseinanderzusetzen. Seit 1983 Suche nach Erfahrungen lesbischer Frauen mit Kirche, die es nicht zu geben schien als Ergebnis perfekter Totschweigestrategie und Selbstzensur.

Und ich fand viele. Viele Frauen, die mich darin bestärkten, meine eigene Liebesfähigkeit und meine Kompetenz für Freundschaft, meine Parteilichkeit für Frauen und meine Stärke in unserem gemeinsamen Kampf zu bejahen und diese frauenidentifizierte Haltung lesbisch zu nennen. Ohne die Liebe und die Freundschaft von Frauen wäre mein Leben nicht reich und erfüllt.

Ich bin seit 19 Jahren verheiratet und lebe in einer auf Gegenseitigkeit und Freundschaft gegründeten liebevollen Beziehung mit dem Kunsterzieher und Basiskatholiken Gerd Wild. Unsere Ehe, gegen den Strom gesellschaftlicher Erwartungen, hat schon so manchen Sturm überstanden: Ich bin immer ich selbst geblieben, ich habe Unterstützung und Verständnis von meinem Lebensgefährten erfahren und Freiheit für mein persönliches Wachstum gefunden. Wir teilen zur Hälfte Berufstätigkeit, Familien- und Hausarbeit miteinander ebenso wie das ehrenamtliche Engagement in Kirche und Gesellschaft.

Lesbisch und verheiratet? Das bedeutet eine anstoßerregende Existenz in Grenzbereichen. Es bedeutet, an der Grenze von Identitäten zu leben, die einander auszuschließen scheinen – wie katholisch und Feministin zu sein, Nonne und lesbisch zu sein – als Frau in einem Patriarchat an der Grenze zu lieben und zu leben.

Marga Bührig
Die unsichtbare Frau und der Gott der Väter
Eine Einführung in die feministische Theologie
140 Seiten, kartoniert

Marga Bührig gibt eine knappe und dabei keineswegs theoretische, sondern lebensnahe Einführung in dieses Gebiet. Ihr Band ist hervorgegangen aus Vorlesungen, welche die evangelische Theologin auf Einladung der katholischen Fakultät Luzern im Sommer 1986 gehalten hat.
Die Autorin wendet sich an diejenigen, die dem Engagement christlicher Frauen mit Mißtrauen und Unverständnis begegnen. Sie gibt einen Überblick über Kernfragen feministischer Theologie und nimmt persönlich dazu Stellung. Es ist einmal die Unsichtbarkeit der Frauen in der christlichen Tradition, die bereits im Neuen Testament ihren Ursprung hat. »Unsichtbar« bedeutet zugleich unhörbar. Glauben und Leben der Frauen wurden immer wieder übersehen und überhört, als habe es sie nie gegeben. Frauen wollen heute sichtbar und hörbar werden. Da ist zum zweiten die kritische Auseinandersetzung mit der Bibel und zum dritten die Frage nach dem Gottesbild, zum vierten das Verhältnis zwischen Mann und Frau, wie es aus der Geschichte von Adam und Eva hergeleitet wird. Im letzten Beitrag entwirft die Autorin das Bild einer Kirche, die sich an jesuanischem Geist orientiert, eine herrschaftsfreie Gemeinschaft, in welche Frauen ihren Beitrag einbringen können.

Kreuz Verlag

*H. Langer / H. Leistner /
E. Moltmann-Wendel*
Mit Mirjam durch das Schilfmeer
*Frauen bewegen die Kirche
92 Seiten, kartoniert*

Wie drei Frauen die biblische Geschichte vom Auszug des Volkes Israel aus der ägyptischen Sklaverei für sich entdecken und nacherleben und wie aus diesem Prozeß eine ungewöhnliche Bibelarbeit für das erste Frauen-Forum auf dem Deutschen Evangelischen Kirchentag in Hamburg 1981 entstand, ist Inhalt dieses Bandes, der die Bibelarbeit im originalen Wortlaut enthält und auch den Schlußdialog vom Frauen-Forum.

*H. Langer / H. Leistner / A. Schönherr /
E. Moltmann-Wendel*
Wir Frauen in Ninive
*Gespräche mit Jona
128 Seiten, kartoniert*

Die Bibelarbeit über das Buch Jona, die beim Frauen-Forum auf dem Deutschen Evangelischen Kirchentag in Hannover 1983 gehalten wurde, steht im Mittelpunkt. Die Prozesse, die sich im Zusammenhang damit unter den vier Frauen und in ihnen abspielten, sind Thema der ergänzenden Kapitel, in denen es um Gewalt und Liebe, um Buße und die Friedensbewegung geht.

Kreuz Verlag